U0680775

作者简介

邓 庄 男，湖南永州人，传播学博士、副教授，先后就读于暨南大学新闻与传播学院、武汉大学新闻与传播学院，曾在珠三角媒体从事过十年新闻采编工作，现任教于衡阳师范学院新闻与传播学院，获得全国商报好新闻奖一等奖、广东新闻奖二等奖，中国地市报新闻奖二等奖等8项省级以上新闻奖，主持和参与多项国家和省级科研项目，近年来在《中国出版》《中国记者》《出版与发行研究》等CSSCI及核心期刊上发表学术论文10多篇。

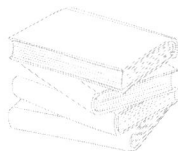

中国书籍·学术之星文库

城市传播

媒介与城市互动的视角

邓　庄◎著

中国书籍出版社
China Book Press

图书在版编目（CIP）数据

城市传播：媒介与城市互动的视角/邓庄著．
—北京：中国书籍出版社，2016.8
ISBN 978-7-5068-5707-9

Ⅰ.①城…　Ⅱ.①邓…　Ⅲ.①城市—传播学—中国
Ⅳ.①G206

中国版本图书馆 CIP 数据核字（2016）第 172914 号

城市传播：媒介与城市互动的视角

邓　庄　著

责任编辑	刘　娜
责任印制	孙马飞　马　芝
封面设计	中联华文
出版发行	中国书籍出版社
地　　址	北京市丰台区三路居路 97 号（邮编：100073）
电　　话	（010）52257143（总编室）　　（010）52257153（发行部）
电子邮箱	chinabp@ vip. sina. com
经　　销	全国新华书店
印　　刷	北京彩虹伟业印刷有限公司
开　　本	710 毫米×1000 毫米　1/16
字　　数	208 千字
印　　张	15
版　　次	2017 年 1 月第 1 版　2017 年 1 月第 1 次印刷
书　　号	ISBN 978-7-5068-5707-9
定　　价	68.00 元

版权所有　翻印必究

序

秦志希

　　法国学者潘什梅尔说："城市既是一种景观，一片经济空间，一种人口密度，也是一个生活中心或劳动中心。更具体地说，是一种气氛，一种特征，一种灵魂。"城市是一个具有丰富包容性的概念，它是作为地方的城市、作为空间的城市、作为文化的城市、作为生活方式的城市等的混合体，人们可以从不同层面去感受城市、理解城市，而媒介是认识城市的一种重要视角。

　　中国正处在一个城市化加速的社会进程中，在此背景下，研究传媒与城市化进程的互动具有重要的理论价值和现实意义。作者站在一个宏大的社会变迁的角度，探讨城市发展与报业发展的互动关系，具有研究架构上的创新意义。作者分析和阐释了城市化对传媒发展的重要影响，这对于传媒如何根据外部形势变化进行调整和转型具有启发价值。尤其是本书对于现代传媒在城市化进程中的角色扮演，或者说是对报业在中国社会转型和现代化进程中的历史使命和社会责任，进行了多层次探讨，在相当程度上深化了人们对于传媒角色和功能的认识。

　　注重理论与实际的紧密结合，是该书的一个鲜明特色。作者以自己很熟悉的城市区划及传媒（佛山及佛山报业）作为考察对象，综合运用了新闻传播学、社会学和经济学等相关理论进行研究，并能从实际出发，深入挖掘个案当中最具探讨价值的问题，比如佛山传媒集团是国内最早尝试跨媒体组建的传媒集团之一，作者对其探索中的成功经验和存在的问题作了力所能及的阐述，并试图上升到理论认识的高度予以解读，这些努力使得研究具有一定的理论创新价值，且具有现实指导意义。

　　希望作者能将此书作为探索城市与传媒领域课题的起点，因为这个领域蕴含着很多富有意义的研究话题，比如城市空间与媒介空间的互动、城市化与传媒互动的模型和内在关系，新媒体崛起后城市传播格局的变化等等。相信对这些课题的研究，会使我们对城市化与传媒的关系有一个更深入、更全面、更动态的理解。这是我对作者的期待。

　　　　　　　　　　（作者系武汉大学新闻与传播学院教授、博士生导师）

目　录
CONTENTS

绪　论

一、问题的提出

21 世纪是城市化的世纪。作为世界上人口最多的发展中国家，未来 20 年我国城市化进程将对全球产生深刻影响。诺贝尔经济学奖获得者斯蒂格利茨预言：中国的城市化和美国的高科技发展将是影响 21 世纪人类发展的两大课题。

中国的城市化、都市化进程并不仅仅意味着人口的集中，经济的转型，更是文化教育、价值观念、生活方式等社会演化过程，是社会结构的变化，是传统性逐渐减弱、现代性逐步增强的过程，是从农村生活方式向城市生活方式发展、质变的全过程，是现代化的集中体现。也就是说，城市化是现代化的基本进程和重要标志，是现代化的题中应有之义，是现代化不可逾越的发展过程。报业的生成、发展以及当前发生的变革，正是以走向城市化、现代化的中国为框架展开的。城市化不仅仅是一个背景，而是以无处不在的方式渗透在报纸的各个方面；报纸也不仅仅是城市化、现代化的镜像，它参与了中国城市化、现代化的发展进程；双方彼此嵌入，互相促动。

改革开放以来，珠江三角洲的经济取得飞跃发展，城市化在不断推进，而佛山是珠三角城市化的典型代表，伴随着佛山的都市化进程，大众传播日益普及化，大众传媒成为推动社会变迁的动力之一。可以说佛山报纸见证和参与了城市的现代化历程，并以自己的发展塑造了勇于创新、不断开拓的现代城市文化形象。因此，无论是佛山的城市化进程，还是佛山的报业，在珠三角地级市中都极具代表性，通过对佛山报纸和城市化互动发展的研究，来把握城市社会变迁与报业发展之间的互动关系，这对全国诸多地级城市媒体的发展具有重要的理论和实践意义，也是对地市报研究的一个补充。

本人希望通过对佛山的报业和城市化的分析，来把握社会发展和媒介发展之间的良性互动关系，把握新闻信息与社会现实之间所构成的多层次复合关系，多角度地反映传媒的社会价值。

要探讨城市化与传媒的互动发展问题，就必须回答现代媒体在城市化的发展过程中能扮演什么角色，该怎样扮演好这个角色，也就是大众传媒在城市化进程中的责任、作用与挑战的问题。

基于区域城市的经济实力和发展空间，各城市的传媒竞争日趋激烈。传媒业如何借助城市化进程的动力支持，通过战略定位调整、产品内容形式创新、经营管理变革，实现转型，进一步提升传媒在区域经济发展和城市形象塑造等方面的影响力？

城市化是社会分化过程，利益冲突加剧，价值和需求日趋个性化、多元化，需要大众传媒将城市社会成员共有的不同价值集合起来，形成共同的社会纽带，充分调动城市社会所有成员积极参与城市社会的现代化建设，也就是大众媒介如何扮演社会整合者的角色，成为重新建构社会的重要工具的问题。

在城市化进程中，工业文明不断把文化的价值简化为物质化形态，文化的结构功能相对滞后，一系列物质文明与精神文明不相吻合的冲突，迫切需要以大众传媒作为中介来发挥文化在社会当中的协调功能和润滑作用，也就是大众媒介如何积极参与现代城市文化建构的问题。

二、相关研究成果综述

本书文献回顾包括三个部分：关于城市化与传媒关系的研究；关于城市化推动传媒转型的研究；关于佛山媒体的研究。

（一）关于城市化与传媒关系的研究

在大众传媒经历印刷媒介到电子媒介的过程中，都市的空间背景始终存在，并且越发突出。都市与大众传媒的联系不能作表面化的理解。都市代表的不仅是一种现代的生活方式，都市文明是西方文明的本质，它的内核即是现代性。马克思、韦伯、涂尔干、西美尔等 19—20 世纪的社会学开创者认为，都市提供了资本主义、工业化、理性的展开空间。正是在西方都市中产生了政党与政治家，产生了现代意义上的科学，产生了西方艺术史上所有独特的现象，孕育了近代文明的承担者——市民阶层和市民社会。① 因此，在现代性理论的视角中，现代性、城市、报纸，是由社会制度和文化心理制约的、被紧紧连接在一起的社会存在。②

从历史源头看，现代化过程中伴随着城市化以及报纸的产生和成长。追溯报纸的发展历史，可以深入地探寻现代报纸和现代性、城市的有机联系。

从西方学者的相关论述中也可以发现，最初的大众传媒——报纸与城市有着不可分割的联系，现代报纸源于城市，报纸是适应城市生活而产生的。

19 世纪上半叶美国出现了第一次城市化浪潮。内战后伴随美国工业化的迅速发展，城市化也进入一个鼎盛时期，这突出反映在城市化的速度上。1860－1900 年，城市人口占全国总人口的比例由 19.8％ 上升

---

① 包亚明：《现代性与空间的生产》，上海教育出版社 2003 年版，第 2 页。
② 孙玮：《现代中国的大众书写——都市报的生成、发展与转折》，复旦大学出版社 2006 年版，第 2 页。

到 39.6%，这一速度在美国历史上是空前的。城市的数量也有显著增长，其中 10000~25000 人的城市由 58 个增加到 280 个，100 万人口以上的城市由 9 个增加到 38 个。①

发生变化的不仅是美国的社会生活，报纸也在变，顺应城市化和工业化的需求，美国报纸迎来一个迅猛发展的时期。西方报业发展史证明了这一点。从 1870 年到 1900 年，美国人口增加了 1 倍，城市居民的人数增加了 2 倍，但在这 30 年中，报纸数量增加了 3 倍，日销售量增长了近 6 倍。日报数量和总发行量的增长速度甚至超过了孕育它们的城市的发展速度。面向大众发行的英文日报从 1870 年的 489 家增加到 1900 年的 1967 家。所有日报的发行量从 1870 年的 260 万份上升到 1900 年的 1500 万份。报纸数量和规模与都市新阶层人口规模的同时膨胀，也暗示着它们之间存在着某种必然联系。《美国新闻史》就指出，城市的兴起成为报业发生巨大变化的重要原因，"从 1880 年到 1890 年 10 年内，美国的城市化获得了最迅速的发展，也是日报业酝酿最大发展的年代。"②

19 世纪 30 年代的美国，诞生了被称为"平等主义时代的美国新闻革命"的便士报。③"在纽约和布鲁克林共有人口 30 万，便士报每日销量不少于 7 万份。……几乎所有车夫走贩在工作闲暇之际，均一报在手"，便士报"到达了社会最底层，并搅动了大型日报不曾到达的、平静的、而力量强大的水流"。④ 便士报的新闻内容也与之前的报纸大不相同，它们均表示要提供现实生活的图景。《纽约太阳报》一创刊，就大量提供地方性的新闻内容，《先驱报》也宣称"要提供一幅世界的正确图画，包括华尔街、交易所、警察局、剧院和歌剧界，一句话，充分

① 丁则民、黄仁伟、王旭等：《美国内战与镀金时代》，人民出版社 2002 年版，第 296 页。
② [美] 迈克尔·埃默里、埃德温·埃默里：《美国新闻史——大众传播媒介解释史》，新华出版社 2001 年版，第 182 页。
③ [美] 舒得森：《探索新闻》，何颖怡译，远流出版事业股份有限公司 1993 年版，第 59~60 页。
④ Mott, Frank luther, American Journalism. A History：1690~1960, The Macmillan Company, 1962, PP. 241.

展示人性与现实生活的特异之处。"报纸的版式也发生了变化：报纸变小，标题的字体放大，运用插图，强化新闻的导语。便士报的发行方式也有所改变。此前标准的商业报纸一直是以订阅方式销售的，但便士报主要在街头叫卖。①

《美国新闻史》的作者埃默里解释说，报纸的这些变化是为了契合工人的需要。工人不仅无力预付大笔订费，而且许多人流动频繁，无法长期订阅报纸。工人因为工作贫穷而根本看不到报纸的情况常常出现；沿街叫卖的方式可以使报纸到达这类读者手上，并且主编们设法通过美化版面而采用易于阅读的字体从竞争对手那里将读者吸引过来。②

《太阳报》在社论中也明确提出："自从《太阳报》的光芒普照纽约城的居民，劳工阶级的条件发生了决定性的变化。通过启蒙普通民众而不是其他的阶层有益于社会。"③ 可见，《太阳报》不仅把自己的服务对象确认为城市的普通人，并且它还相信自己改变了他们的生活。

美国学者迈克尔·舒得森在《探索新闻：美国报业社会史》一书中就美国城市化发展对于报业的影响进行了深入阐述："1880 年代，煽情主义成为纽约报纸的主流……娱乐与新闻并重，因为大众对娱乐的兴趣大过讯息。这种改变与都市生活的变化息息相关。1880 年代的都市生活已和 1830 年代大不相同，它是不同民族和社会形态的拼贴，同时也充满社会经济和地理位置的流动。中产阶级的地理流动是一种前所未有的经验，1900 年代，都市交通已由 1850 年代的以步行为主，进步成以乘骑为主。1890 年代逐渐增多的公共马车和铁路和后来发展出来的电缆车，都使得人们在 1900 年后可以移居郊区，而造成了都会生活的分离现象：穷人住在市区，而富人住在郊区。这些变化都影响了报纸的

---

① 张军芳：《报纸是"谁"——美国报纸社会史》，中国传媒大学出版社 2008 年版，第 117 页。

② [美]迈克尔·埃默里等：《美国新闻史：大众传播媒介解释史》，中国人民大学出版社 2004 年版，第 129 页。

③ Bleyer, Willard Grosvenor. Main Currents in the History of American Journalism, The Riverside Press, 1927, PP. 160.

发展。……《世界报》的煽情风格便是为了因应越来越多的通勤人口：譬如传统报纸的小字体和大纸张，在车上就很不方便阅读。所以《世界报》将字体放大、加大头条新闻的处理、大量使用图片和缩小纸张，并强调新闻写作的导言，将所有重要讯息放在第一段。1840年代，导语的产生是因为电报传讯的昂贵，迫使讯息要尽量精简；到了现在，它是要适应阅读者的时间有限。同样的，插图的大量使用和头题的加大，一方面是要适应移民劳动阶层的性格，另一方面也是要迎合新兴通勤者的需求。"①

"1880和1890年代的美国，尤其是市中心，越来越有消费倾向，不光是制造能力与人口的增加形成了新的供需关系，更因为都市人际关系网络的改变。……整个社会也越来越趋于经济导向，联结人们的是一个以商品为表征的社会系统。以广大读者为目标的报纸如《世界报》因应了都会居民的改变与认知，表现在报纸上的，就是娱乐功能的扩大以及现代人所说的'实用报'（use - paper）而非'新闻报'（news-paper）的导向，强调它是都市居民生活的指引。"②

舒得森认为，便士报是现代报业的远祖，而民主化市场社会的兴起正是便士报的起源。与传统意义的依靠面对面人际关系维系的社群相比较，"社会"是对一种现代社会秩序的描述，它是城市陌生人的偶遇圈，以个人为单位。社会学者沃尔斯（Louis Wirth）将这种"都市化生活方式"描述为："次要接触的取代、族群关系的转弱、家庭重要性的递减、邻居的消失和维系社会团结的传统价值消失。"从农村到都市化，从自给自足的家庭内生产体系到市场导向的商业及制造业经济，人们从封闭的旧习俗中解脱开来，寻获形成个人人格的机会，并在人际关系冷淡的现代生活中找到新的机会。舒得森认为："随着城市和商业的发展，日常生活获得了日新月异的魅力，以前从未出现过的'社会'

---

① ［美］舒得森：《探索新闻》，何颖怡译，远流出版1993年第1版，第104页~105页。
② 同上书，第104页。

开始浮现，报纸，特别是便士报，是这种变化的推动者和表达者。"①

传播在芝加哥学派眼中成为社会得以可能的基础，是人与人之间关系赖以成立和发展的机制，而媒体被看作与移民和城市发展有关的社会文化心理现象，是恢复受工业化、城市化和移民侵蚀的大众民主和政治一体化的组织机构。帕克通过对以进入美国城市的欧洲移民为读者的移民报刊的研究，给新闻下了这样一个定义："新闻是人们在做调整以应对一个新的环境时需要的一种紧急信息，用它来改变旧习惯，形成新观点。"② 帕克的观点反映出他对当时都市里普通大众心理需要的判断，他们迫切需要了解世界环境的变化，这一环境对他们而言是全新的，超越了以往的旧习惯与经验。③

都市在西美尔的视野中是现代性展开的空间。在西美尔看来，城市化是现代化最重要的社会学结果之一。都市生活的过度理性化，塑造了冷漠的现代性人格，西美尔还提出了四种在都市里特征性明显的、相互关联的文化形式：理智性强，都市居住者用理智而非情感来处理日常或工作事务；精于计算，都市居住者对于自己的行动要权衡利弊得失，考虑再三；厌倦享乐；人情冷漠，都市居住者大多躲藏在自我保护的幕墙后面，很少显露感情或直接向他人表露思想，人与人之间的关系非常淡漠疏远。④ 不仅是西美尔，19 世纪后期欧洲古典社会学家关注到社会转型期"都市化的工业社会中人际关系的瓦解和远距离的、非个人的社会控制的新形式"，也就是说，他们把大众传媒的兴起，看作社会转型期填补传统的人际关系纽带瓦解带来的真空的社会控制形式。⑤

---

① ［美］舒得森：《探索新闻》，何颖怡译，远流出版 1993 年第 1 版，第 60～61 页。

② Park, Robert E. The Immigrant Press and Its Control, Brothers Publishers, 1922, PP. 9.

③ 张军芳：《报纸是"谁"——美国报纸社会史》，中国传媒大学出版社 2008 年版，第 121 页。

④ 孙玮：《现代中国的大众书写——都市报的生成、发展与转折》，复旦大学出版社 2006 年版，第 10 页。

⑤ 张咏华：《传播基础结构、社区归属感与和谐社会构建：论美国南加州大学大型研究项目〈传媒转型〉及其对我们的启示》，http://www.studa.net/xinwen/060527/17502050.html

英国学者斯特里纳蒂认为："在大众社会和大众文化出现的背后，是与土地相联系的劳动为基础的土地所有制的消除，紧密结合的乡村社群的瓦解，宗教的衰落和与科学知识的增长相联系的社会的世俗化，机械化的、单调的、异化的工厂劳动的扩展，在拥塞着毫无个性特征的人群的、庞大杂乱的城市中建立的生活模式，以及道德整合作用的相对缺乏。"[①] 斯特里纳蒂道出了西方现代社会尤其是生活模式、伦理观念及个体认同等方面的巨大转型，这一转型正是置于城市化的背景之中。"整个现代化时期，城市发展不仅仅是空间意义上的，而且是根据文化意义而构成的领土，城市也以此方式被理解，被展现出来。它渐渐地神话化了——虽然是以一种矛盾的方式。"[②] 一旦城市以文化的方式被理解，它就需要并促生一种整体象征化的现代叙事话语机制，这就是大众传播。[③]

从西方学者的论述中可以发现，整个西方大众传播的发展一直与城市紧密结合在一起，大众传播是西方现代性话语机制最为典型的一个组成部分，这一现代性话语源发于城市，立足于城市，并以城市为表现对象，可以说现代性话语就是以城市为主导对象的叙事话语，文化的当代形式因此就打上了城市的深深烙印。

国内学者也对城市化与传媒的关系进行了相关论述。孙玮分析了报纸与都市之间的不可分割的密切关系。孙玮认为，报纸依附于都市，都市又依赖报纸实现着自身的运转；报纸受制于、得益于都市生活，并对都市生活产生不可替代的影响。都市提供了大众对于信息广泛、经常的需求，都市是一个高度分化、人们彼此依赖的生存空间和社会组织，分化引发了联结的需要，报纸是联结手段之一；都市提供了社会的整合需求，日益分化的都市群体必须通过整合成为一个整体，在现代都市中，整合越来越依靠大众传媒这样的中介机构实现；都市提供了大众对于报

① ［英］多米尼克·斯特里纳蒂：《通俗文化理论导论》，商务印书馆2001年版，第11页。
② 罗纲、王中忱：《消费文化读本》，中国社会科学出版社2003年版，第174页。
③ 于德山：《当代媒介文化》，新华出版社2005年版，第69页。

纸的心理需求，都市居住者对报纸的依赖既是物质的，又是精神的，报纸是联结陌生的都市居住者的工具；都市不仅提供了报纸产生的社会需求，也提供了报纸生存的物质基础。①

　　喻国明等人认为，作为一种重要的社会资本，传媒融资讯、文化和意识形态于一身，是区域发展的助推器。传媒与区域发展的关系至少体现在三个纬度：传媒业的竞争水平首先是当地文化产业、信息内容产业发展水平的重要组成部分；传媒业为区域发展提供投资、消费、金融、商业等多种社会经济建设活动的资讯交流平台；传媒业的知识特性和智慧特性促成区域文化的整合和市民精神的凝结，对区域内在共识的达成上有战略意义。区域传媒与区域经济的深入整合强化了区域实力。②

　　陈卫星、刘宏从社会传播角度对都市报与都市化的关系进行了研究，提出要认真看待都市化是一种具有历史内涵和包含变量因素的社会发展状态，首先，社会分工专业化和利益分配多元化的现实导致都市的社会发展更需要扩大社会沟通渠道和信息传播空间，以便积极引导大众和整合社会秩序，也就是说，都市化的发展是社会发展的集中缩影，它扩大了信息资源，推动了社会传播。其次，都市社会的大众传媒的发展创造了新的信息源，丰富了各种集体和个人的话语形式，从质量上和数量上提高了社会服务水平，都市报在帮助都市市民积极参与社会的同时，自身也在向产业化经营发展，从而创造了大众传媒自身的社会效果和经济效益。总之，都市化的发展推动中国的大众传播业逐步扩大社会传播空间，而都市报的实践证明，新闻传媒不再仅仅限于单独的宣传使命，而成为重新建构社会的重要工具，促进城市的进一步繁荣。③

　　蔡尚伟探讨了城市、城市文化、传媒文化的关系，提出城市文化是

---

①　孙玮：《现代中国的大众书写——都市报的生成、发展与转折》，复旦大学出版社 2006 年版，第 13 页。

②　喻国明、王斌：《规制与突破：传媒产业布局的演变路径》，《传媒观察》，2007 年第 4 期。

③　陈卫星、刘宏：《解析都市报的传播空间》，载《媒介文化》第一辑，四川大学出版社 2001 年版，第 36 页。

城市现代化发展的推动力，现代城市文化的发达与其本身的现代化是对城市现代化的折射，也是它的构成要素。而传媒文化是现代城市文化的重要标志和组成部分。城市传媒的发展史在某种程度上说就是城市文化现代化的历史。城市及城市文化的现代化进程与发展方向深刻地影响着传媒的发展。反过来，传媒记载着城市及城市文化的发展轨迹，折射着城市风格的演进，同时也塑造着不同城市不同的文化内涵与城市形象，传媒的城市意识影响到广大市民城市意识的形成，影响到城市关系的形成，甚至影响到城市决策的走向。①

陈坤侧重从文化角度来阐述媒介与城市的互动关系，作者通过对综合类、生活服务类、经济类三种报纸在上海迅猛发展状况的解析，阐明城市文化与传播媒介发展变化之间的互动关系。作者认为，在相当长时间内，上海新兴报纸与城市文化之间的关系是在矛盾中互动，新兴报纸的文化意义在于它们已经成为具有文化个性的媒介，并与上海各阶层市民之间存在消费者"身份认同"关系。随着社会力量在权力结构调整中的不断上升，社会形态超越地域性，中间阶层不断扩大，生活方式的演变，新兴报纸的发展将成为上海都市文化相当活跃的组成部分，而新兴报纸也将对传统海派文化的重构有所推动，导致地域局限逐渐消除，市民社会特征的延续和加强，并成为阶层分化的助推器。②

（二）关于城市化推动传媒转型的研究

城市化进程对新闻传媒所产生了巨大影响，新闻传媒如何顺应城市化要求，从观念、体制、内容、形式、运营等方面进行一系列变革与创新，成为近年来业界和学界重点探讨的内容。

张晋升探讨了城市化对报业发展带来哪些积极的影响，报业发展又如何适应目前这种城市化的趋势，不断拓展自身的发展空间。城市化为

---

① 蔡尚伟：《成都、重庆的城市文化与报业》，博士学位论文，四川大学，2003 年，第 9 页。

② 陈坤：《城市文化重构背景下的上海新兴报纸研究》，硕士学位论文，上海大学，2004 年，第 3 页。

报业发展创造了良好的经济环境、人文环境，提供了广泛的信息需求和受众需求，同时也促进了报业自身的改革，使报业从观念、体制到内容、方式等多方面发生了日新月异的变化，体现出与城市化进程相适应的趋势。①

常征认为，市场经济体济体制的逐步完善，城市化进程的逐步加快，正深刻地影响着报业，追求短、新、快、活，注重社会新闻、娱乐新闻，讲求效益意识的趋向已越来越明显，并出现了一大批适应市民口味的大众化报纸。在城市化过程中，报业体现出几个特点：一是现实性，日益趋向实用化、生活化，追求纯粹的娱乐与消遣；二是理性化，借助于新闻热点，塑造健康的社会认知结构，帮助读者形成健康的、科学的价值观；三是参与性，注重读者，以民为本，加大社会新闻的报道力度，加强舆论监督。作者也指出报业在城市化进程中仍然存在很大的缺陷：一是理性化程度和社会参与程度的不足，二是过度的功利性行为。②

吴旭华探讨了城市化和地方报新闻传播发展之间的关系，提出研究城市化中的精神需求并不断满足这种需求，作出正确的定位，是地方报顺应城市化也是应对报业竞争的重大策略。作者认为，城市化对地方报的报道内容和报道方式产生了巨大影响，地方报也对此进行了相应的改革与创新。③

范计春分析了影响晚报都市报发展的城市因素，提出研究晚报都市报的发展战略，不能脱离分析报纸所依托的城市即城市化程度，不能不以"城"论"报"。范计春认为，城市间的差异，不同城市市民的政治经济和文化生活空间的距离，为城市报纸的多样性、多类性和多种性留下了发展余地；特定城市的晚报、都市报与当地报刊市场上发行的区域性中心城市报要有特殊质的区别，要形成特定城市读者认可的、具有特

---

① 张晋升：《城市化中的报业发展趋向》，《中国记者》2003 年第 2 期。
② 常征：《城市化与城市报纸的发展》，《中国记者》2002 年第 5 期。
③ 吴旭华：《城市化：地方报广阔而深邃的发展空间》，《新闻战线》2005 年第 2 期。

定城市鲜明个性特征的媒体形象。①

　　都市群（圈）是城市化发展的新态势，对报业格局产生重大影响。阮晓琴认为，区域组合城市格局的形成，加速了圈内新闻资源的流动，为报业发展提供更为广阔的空间。但市场机会并不均等，同处一个组团中的多家报纸竞争会愈加激烈，城市资源将支撑少数特大媒体的形成，它的势力范围可能呈现跨城市，甚至多媒体兼营；竞争中最不利的当数组团城市中的地市报和县（市）报。因此地市报、都市报、晚报等都存在重新定位、进一步拓展市场的问题。②

　　随着我国城市化进程加快，媒体关于城市化议题的报道内容逐渐增多，业界和学界也从微观上对媒体的城市化报道进行了一些研究。

　　汪源研究了城市化议题的报道规律及特色，综合报纸城市化议题的报道，作者将其按内容划分为三类：城市化相关政策的解读、城市化的成就报道、城市化的问题报道。媒体对于城市化议题的报道，不仅仅是一种因城市化背景而起的应时之举，更是媒体发挥对社会事物的整合作用，发挥社会协调功能，以促进城市良性发展、构建和谐社会的责任之举。③

　　工业化过程伴随着城市化发展，大中小城市的建设与发展越来越多地成为媒体报道的热点与焦点。郑也夫提出，城市不仅是地理概念，更是一个社会概念，从不同的视角考量，它既代表一种生活方式，也可以反映一类发展模式，更可以体现社会发展过程中特有的矛盾聚合，折射整个时代的特质与特色。这就要求媒体在报道城市时观照社会的、经济的、人文的、历史的多种因素，以更系统的思维解读城市中的人、人的城市，以更系统的处理方法记录城市变迁、记录城市发展、发现需要解

---

① 范计春：《城市化的报纸与报纸的城市化——影响晚报都市报发展的城市因素》，《中国记者》2002 年第 10 期。
② 阮晓琴：《城市化与地方报业》，载《中国记者》，2002 年第 5 期。
③ 汪源：《媒体对城市化议题的设置》，《当代传播》2006 年第 3 期。

决的问题。①

中国急速的城市化进程，带给城市外表、城市节奏、城市风俗和居民生活与心境的巨大变化。王鹤分析认为，都市报纸的副刊，对这一变化下的渐进过程和市民情绪有相当及时和充分的呈现。通过阅读副刊，能够了解一个时代的城市面貌、变迁轨迹，乃至风俗民情、世道人心。在 21 世纪初的集体无意识中，报纸用副刊实现了对城市的立体阅读、多重阅读。②

（三）关于佛山报业的研究

对佛山报业的研究的文章比较少，而且主要集中在采编、经营等业务方面。周燕群、陈芳回顾了佛山近年来的报业发展历程，他们认为，在佛山的城市化发展进程中，在经济结构调整与产业升级与转移中，在城市与城市之间的辐射与互补关系中，相关因素对区域报业市场的影响正以更多的组合方式发生着作用，打破着均衡。佛山无疑会在城市化进程中迎来发展的爆发期，报业市场的开发将会与城市发展同步。③

伦少斌分析了佛山的报业竞争格局，他认为，佛山本地报纸在惨烈的竞争中摸索出一套自己的"本土"路线，不仅抵御了大报的入侵，而且日渐壮大，取得了与大报"共赢"的良好局面。④

谢昭良认为，跨媒体的牡丹江传媒集团、佛山传媒集团、成都传媒集团的出现，表明城市发展的强大推动力正在促进媒体改革、创新。这种力量在那些城市化进展较快、传媒业相对落后的地级市表现得更为明显，媒体合作必定同媒体竞争一样，成为推动报业创新的原动力。⑤ 李燕萍对佛山传媒集团资源整合进行探讨，分析了全国第一个跨平面与广

---

① 郑也夫：《城市问题及其报道的梳理——一个人文学者眼中的城市》，《中国记者》2005年第 9 期。
② 王鹤：《副刊对城市的多重阅读》，《新闻界》2007 年第 6 期。
③ 周燕群、陈芳：《与城市一齐成长——珠三角三城记之历史回顾》，《中国记者》2005 年第 7 期。
④ 伦少斌：《报业"强龙"与"地虎"的双赢性竞争——以佛山市场的报业博弈为例》，《中国报业》2008 年第 4 期。
⑤ 谢昭良：《媒体合作：推动报业创新、进步的新亮点》，《中国记者》2007 年第 3 期。

电媒介的传媒集团成立的必要性与可行性，探讨了佛山传媒集团的未来发展方向。①

（四）小结

综上所述，业界和学界对城市化与传媒发展之间的关系进行多角度的阐述，城市化无疑为传媒业提供巨大的发展动力和生存空间，城市化的发展也离不开传媒业的支撑。

从历史角度考察，大众传媒与城市化有着现实的关联，大众传媒是在城市化进程中产生和成长起来的，大众传媒在城市这个空间里获得了存在的可能和发展的动力；从文化角度来看，城市化的灵魂是文化，传媒业是文化产业的核心，是推进当代城市文化建设的主力军；从社会角度来看，城市化带来社会分化，而大众传媒是进行社会整合的重要工具，对社会调节和社会发展起着积极作用；从现代社会心理的分析角度看，大众传媒既是都市人心理本质性焦虑的产生原因之一，又是都市人心理释放和缓解的通道，也许是最重要的通道。

针对近年来城市化发展与传媒发展的特点，国内学者还探讨了传媒如何顺应城市化要求，从观念、体制、内容、形式、运营等方面进行变革与创新。

对于佛山报业，甚至对于地市报，迄今为止大多是从报业竞争、采编经营等方面来对其研究，还没有研究者系统地从城市发展与报业发展之间的互动关系来进行研究。

三、研究方法与创新之处

本人采用新闻传播学、社会学、经济学的理论，通过对佛山报纸的个案研究，来探讨城市化与传媒发展的互动关系。

20 世纪七八十年代，媒介社会学的研究开始兴盛。学者们通常将

---

① 李燕萍：《佛山传媒集团资源整合初探》，硕士学位论文，暨南大学，2005 年。

媒介社会学分为三种研究取向：政治经济学、媒介的社会组织分析和文化研究。政治经济学取向，是将新闻生产与国家的政治经济结构联系起来，尤其是与作为媒介经济基础的所有制联系起来；媒介的社会组织分析取向，主要是侧重分析新闻媒介组织内部的结构和政策、新闻专业的规范、新闻生产过程的各种常规行为框架以及社会关系对记者工作的牵制；文化研究的取向，是将新闻工作与更广泛的文化传统和象征表达系统相联系，注重新闻作为叙述形式（narrativeform）所包含的价值观念。而在实际的研究中，这三种研究取向是很难截然分开的。本书也使用了三个研究取向中的某些范畴和概念。

在研究方法上，本人采用定性考察与定量分析相结合、内容分析与个案研究相结合等方法，对城市化与传媒的互动发展问题进行了探讨。本书文本分析的主要资源来源于佛山近年来所出版的三份综合性报纸电子版，报社内部讲话、总结及文件，佛山经济社会发展资料等。

对于地市报的研究，迄今为止大多是从报业竞争、采编经营等方面来进行，还没有研究者系统地从城市发展与报业发展之间的互动关系来进行研究。本书通过对报纸和城市化互动发展的研究，把握新闻信息与社会现实之间所构成的多层次复合关系，把握社会发展和媒介发展之间的良性互动，多角度地反映传媒的社会价值。这对全国诸多地级城市媒体的发展具有重要的理论和实践意义，也是对地市报研究的一个补充。

本书通过分析阐述了城市化对传媒发展的重要影响，传媒适应城市社会转型所进行的传媒转型，体现出媒介系统在与社会系统的互动作用中完成与社会环境的适应，尤其体现在方兴未艾的媒介融合和跨媒介发展上，已经成为传媒适应城市社会文化环境变化和媒介竞争形势，提升传媒服务社会能力的重要手段。这有助于思考传媒如何根据外部形势变化进行调整和转型，以顺应城市化需求应对媒介竞争。

本书通过研究提出并回答了现代媒体在城市化的发展进程中能扮演什么角色，该怎样扮演好这个角色的问题，也就是大众传媒在城市化进程中存在责任、作用与挑战的问题：在城市社会分化加剧的背景下，社会整合成为社会转型的重要趋势，大众传播是建构社会认同、实现社会整合的基本手段；在城市社会转型时期，构建良性的现代都市文化成为顺利推进经济社会转型的重要保证，大众传媒可以构建多层面的城市文化传播体系。这对于正确认识传媒的社会功能和社会价值具有启示意义。

四、研究思路与基本框架

城市化是现代化的基本进程和重要标志，是现代化不可逾越的发展过程。报业的生成、发展以及当前发生的变革，正是以走向城市化、现代化的中国为框架展开的。在报纸的发展历程中，城市化不仅仅是一个背景，而是以无处不在的方式渗透在报纸的各个方面；报纸也不仅仅是城市化、现代化的镜像，它参与了中国城市化、现代化的发展进程；双方彼此嵌入，互相促动。本书希望通过对佛山的报纸和城市化的分析，来把握社会发展和媒介发展之间的良性互动，把握新闻信息与社会现实之间所构成的多层次复合关系，多角度地反映传媒的社会价值。

大众传媒从诞生到发展，一直伴随着城市化的进程，并对城市化产生了重大影响。时至今日，大众传媒的发展水平已经成为衡量一个国家或地区城市化水平、综合经济实力以及科学技术、文化教育是否发达的重要标志。而城市化为报业发展创造了良好的经济环境、人文环境，提供了广泛的信息需求和受众需求，大众传媒在都市这个空间里获得了存在的可能和发展的动力，城市特别是中心城市承载着重要的文化传播功能，是大众传媒的孵化器和加速器。

城市化的进程就是一个社会转型的过程，是社会结构的转换、社会体制的更新、社会利益的重组与价值观念的嬗变的过程。在这样一个急剧变动的都市社会转型过程中，大众媒介系统完成了与社会环境的适应而得到转型，传媒转型是传媒对都市社会转型和传媒社会环境因子的全面适应和与之相互作用的结果，转型成为报纸的基本生存状态，报纸在转型过程中不断发展，体现出与城市化进程相适应的趋势，进而提升了城市的软实力。

城市化的发展是一个社会分化的过程，随着社会分化、文化分化的加剧，我们的媒体中普遍出现了传播分化、传播失衡的问题，而且进一步加剧了社会分化。随着社会分化的加剧，社会整合成为社会转型的重要趋势，时代对报纸提出新的角色与功能要求，报纸要成为社会各阶层利益表达的工具，成为促进社会冲突与问题的解决，帮助社会实现调解和跨阶层沟通的整合工具，报纸的这一转型也将有力地推动城市社会的转型与发展。

城市社会转型时期，观念和文化层面面临多重复杂的矛盾冲突，渗透着对人文精神的挑战和冲击，而构建良性的城市文化，即建立在多元的文化生态、良好的人际关系、高尚的道德水准、团结互助的社会风尚基础上的城市风貌，成为顺利推进经济社会转型的重要保证。作为现代城市文化的重要组成部分，现代传媒必须积极参与现代城市文化的建构，在满足市民文化多元化需求的基础上，整合提升城市文化，构建多层面的城市文化传播体系。

本书共分六个部分，绪论部分提出了所要解决的主要问题，对本领域已有的研究成果进行文献综述，找到研究的逻辑起点，最后交代本书的研究路径。

第一章"城市化与大众传媒"，探讨城市、城市化与大众传媒的互动关系，阐述了大众传媒在城市化过程中扮演的角色与功能以及城市化对大众传媒发展的影响与作用。

第二章"城市化进程与报业发展"，分析了佛山的城市化和报业发展历程，阐述了城市化与报业发展的互动关系。

第三章"城市化与传媒转型"，探讨了报业如何借助城市化进程的动力支持，通过发展战略调整、产品内容形式创新等，实现转型，进一步提升传媒在区域经济发展和城市形象塑造等方面的影响力，重点分析了佛山媒介融合的转型。

第四章"城市社会分化与传媒整合"，探讨了城市化过程中，社会分化日益加剧，价值和需求日趋个性化、多元化，报纸如何扮演社会整合者的角色，成为重新建构社会的重要工具。

第五章"城市文化建构与传媒提升"，探讨了在城市社会转型期，观念和文化层面面临多重复杂的矛盾冲突，报纸如何积极参与现代城市文化建构，在满足市民文化多元化需求的基础上，整合提升城市文化，构建多层面的城市文化传播体系。

第一章

城市化与大众传媒

　　城市化是一个综合的、系统的社会变迁过程，城市化进程并不仅仅意味着人口的集中、经济的转型，更是文化教育、价值观念、生活方式等社会演化过程，是从农村生活方式向城市生活方式发展、质变的全过程，是现代化的集中体现。一方面，大众传播媒介从诞生到发展，一直伴随着城市化的进程，并对城市化产生了重大影响。时至今日，大众传媒的发展水平已经成为衡量一个国家或地区城市化水平、综合经济实力以及科学技术、文化教育是否发达的重要标志。另一方面，大众传媒只有在城市这个空间里才能获得存在的可能和发展的动力，城市特别是中心城市承载着重要的文化传播功能，是大众传媒的孵化器和加速器。

第一节　城市、城市化的内涵和意义

一、城市的内涵与意义

　　考察城市的起源可以发现，农业与建筑是最先出现的两种重要实用艺术，让四处迁徙的部落，在新石器时代动态的地图上落下第一个固定的坐标。以此为基础，有的村落发展为小镇，更有一部分小镇成长为城市。

　　城市发展到公元前 8000 年至公元前 5000 年之间时，不只对农业及建筑影响深远，对当时的人类更有非常重大的影响。根据芒福德（L. Mumford）的看法，那时候的城市已经成为"整个社群之权力与文化的汇集中心，以及各种层面生活的凑合焦点，其社会影响力及重要性持续增加。城市乃社会关系整合的一种形式与象征，也是教堂、市集、法院、学校的集结地。城市是文明繁衍之地，也是文明汇聚之所"。①

　　要给城市作出一个确切的定义，除了着眼于人口密度，还要从政治和社会生活的精神面貌上，给城市一个说法，城市社会学对城市进行了充分详细的研究。

　　马克斯·韦伯（Max Weber）把城市定义为一个政治上独立自主的市集，西美尔（Georg Simmel）用精神生活来给大城市下定义。路易斯·沃思（Louis Wirth）认为，城市是一种生活方式，同时也是一个社会的网络，在城市中，每个人尝试建立自己生活与关系的网络。卢曼（Niklas Luhmann）则尝试利用系统理论，来理解和研究社会中不同层次的网络体系。②

　　西美尔从考察城市生活的社会心理出发研究城市，将城市文化的起因归结为货币经济支配和作用的结果。现代社会是以货币经济为主导的社会，而城市是货币经济的中心，因此现代城市显示出与传统极端不同的文化特征。竞争、专业化和货币经济，提升了城市居民工具理智主义化的程度，维系居民之间关系的，不再是个人的好恶或情感，而是利害关系与金钱。西美尔将大城市居民最为常见的三种心理状态归纳为：冷漠化、浅薄化和理智化（善于计较），这种心理状态使城市居民变得没有人情味，缺乏激情，形成理智、专业化、隔膜和原子化的个性。③

　　芝加哥学派对都市发展的动力以及都市对社会生活的影响做了大量

---

① Mumford L., The Culture of Cities, New York：Harcourt Brace Jovanovich, 1938, PP. 3.
② 黄凤祝：《城市与社会》，同济大学出版社 2009 年版，第 4 页。
③ 同上书，第 106 页。

研究工作，开创了人类生态学。创始人帕克（Robert E. Park）认为，城市是生态、经济和文化相互作用的综合产物，城市不单是各种物质集聚现象的显示，还是个人、礼俗、传统、文化和历史等心理现象的聚合体，新的种族、新的文化、新的社会形态由此孕育，各种新型的人格都是城市的产物。①

帕克等人类生态学家注意到，在城市环境下，人口大规模流动导致以下后果：社区人口变化加快；人们对地方的依恋感情被破坏；流动量增加使得城市生活的刺激强度增加，从而模糊了人的理念，破坏了人的道德。距离上的相近与邻里感情相联系，交通和通信的发展则使社区人口可以同时生活在若干个不同的社会环境里，所有这些都瓦解着邻里，使邻里这一城市地方组织和政治组织中最小的单位失去了原有的稳定性、原始性和亲密性。邻里关系的变化意味着首属团体中原有的抑制作用和道德训诫被削弱了，次级关系取代首属关系成为趋势，基于道德的社会控制被基于成交法律的社会控制取代。② 在这一社会重组的过程中，越轨行为大大增加了，犯罪、离婚、遗弃、贫困等成为人类生态学关注的主要城市问题。

芝加哥学派另一位代表人物路易斯·沃尔斯（Louis Wirth）第一次明确地把城市化理解为社会生活方式的变革过程，都市环境产生了一种特殊的社会生活即都市主义，城市中的社会生产是建立在某种正式关系和由不同成分组成的人口所构成的复杂劳动分工基础之上的，都市中的社会生活更具刺激性、同时也更异化。沃尔斯认为，城市的本质是异质性，城市是由 "城市异质性的个人组成的、较大规模的、较高密度的永久性的聚落"。③ 人口异质性的增加、人口规模的扩大，人口密度的

---

① 罗伯特·帕克等：《城市社会学——芝加哥学派城市研究文集》，宋俊岭等译，华夏出版社 1987 年版，第 5～6 页。

② 蔡禾：《都市社会学研究范式之比较——人类生态学与新都市社会学》，《学术论坛》2003 年第 3 期。

③ Wirth L, Urbanism as a way of life, in Hatt, P. Reiss, A. J. Jr. Cities and society Glencoe: The Free Press, 1938, P. 46.

提高综合作用于城市生活，他将这种"都市化生活方式"描述为："次要接触的取代、族群关系的转弱、家庭重要性的递减、邻居的消失和维系社会团结的传统价值消失。"

不过，英国社会学家安东尼·吉登斯认为，沃尔斯的观点带有明显的局限性，虽然现代城市经常包括非个人的、匿名的社会关系，但它们也是多样性的来源，而且有时也是亲密关系的来源。

吉登斯解释说，首先，同生态学方法一样，沃尔斯的理论也主要基于对美国城市的观察，然后推论到一般的城市化现实中去，而城市化并不是在所有时间和空间上都是相同的，在很多方面古代城市就同现代城市相当不同；其次，对早期城市中的大多数人来说，城市生活并不比在村落社区中更具匿名性或非个人化；第三，沃尔斯夸大了现代城市的非个人化特征，在现代城市社区中，由亲密的朋友或亲缘关系形成的团体，要比他所设想的更为持久；更重要的是，城市生活似乎经常是积极地创造出了包括亲密的亲属关系和人际联系的邻里关系，而它们不只是以前在城市生活中曾存在过一段时间的生活方式的残留物。克劳德·费舍尔（Claude Fisher）进一步解释说，为什么大规模的城市化实际上往往会促进各种亚文化的发展，而不是在一个匿名的环境中把每一个人淹没，因为那些在城市中生活的人，能够与其他具有相似背景和兴趣的人合作，发展出地方性的联系，而且他们可以参与特色各异的宗教、种族、政治和其他亚文化群体，而一个小镇或村庄就不可能容许如此多样的亚文化的发展。①

20世纪初叶，西方资本主义仍处于一个崇信市场自发调节、反对政府干预的自由资本主义阶段，同时西方工业国家正经历迅速的城市化过程，人口的快速增加带来了城市中多民族、多文化的聚集和冲突以及社会适应和社会整合问题，因此社会关注的焦点，是人们如何通过群体发展适应变化的城市环境，即群体内部的联系、规范和文化，而不是群体间的差异、冲突和斗争。

---

① ［英］安东尼·吉登斯：《社会学》，赵旭东等译，北京大学出版社2003年版，第734页。

　　随着资本主义的发展，社会的阶级结构和社会关系不断发生变化，社会冲突也出现了新的形式，面对西方城市发展中涌现出的新问题与危机，新城市社会学兴起。新城市社会学认为，生态学派提出的城市通过竞争与适应而自动达到社会平衡的观点无法解释欧美社会普遍出现的城市骚乱，城市社会并非日益整合、有序，而是阶级冲突和种族不平等日益严重。①

　　法国社会学家列斐伏尔开展了有关日常生活批判和城市理论的研究。他认为，近代社会和现代性加速了日常生活的都市化过程，越来越多的平民集中到由现代文化（文明）控制的大都市中生活，使越来越多的人的日常生活在大都市结构中度过。近代社会的都市化，从根本上改变了人的日常生活方式及其意义。②

　　列斐伏尔引入"社会空间"这一富有创造性的理念，社会空间是一种制度化的"生活空间"（lived space）。这种空间有一定的秩序和准则，这些秩序和准则是由统治者的共识产生，与一般人的共识没有多大的关系。统治者运用法律结构和暴力来维护这些共识，并运用社会机制，使之成为意识形态，变成社会的共识，变成社会的"日常生活"。日常生活指的是在特定空间下，被该空间制约的生活，是服从统治者意识形态的生活。如在西方都市中，社会空间要受到"交换价值"和"使用价值"的制约，即资本主义空间是由商品生产来制约的。城市空间不仅为商品生产提供了方便，也是这种生产关系冲突和斗争的平台。普通人生活在一种程序化的空间中，人的消费受到媒体和广告的左右，空间的权力是中心化和等级化的。因此，日常生活政治化必然使消费成为政治斗争和意识形态竞争的直接内容。列斐伏尔认为，一个社会的转型，必须具有真正革命的性质，对于日常生活、语言、空间都必须给予创新的力量。要促进城市的社会多元主义的发展和差异空间的产生，用地方化的力量来削弱中心化的权力，使社区能够获得更多的自治权力，

---

①　孙明洁：《城市社会学的主要理论及其发展》，《城市问题》1999 年第 3 期。

②　高宣扬：《当代法国思想五十年》，台北五南图书出版公司 2003 年版，第 91 页。

使社会事务能从高度的抽象性，回归地方的现实。①

　　曼纽尔·卡斯特尔（Manuel Castell）指出，现代城市已不再是传统意义上的生产和交换中心，而是生产力再生产和集体性消费过程的中心。城市生产力的再生产，是一种集体化和社会化的过程，也是形成集体性消费的过程，促进生产力的再生产，必须依赖国家的干预，保障劳工的身体健康，即给劳工提供一定的医疗保障、社会福利、教育、技能培训和休闲活动。卡斯特尔认为，正是由于国家提供的社会福利，城市才没有走向消亡，而是获得新生。为了使社会制度获得稳定的发展，政府有必要对阶级冲突和生产力的再生产进行干预，通过提供集体性消费的物质，淡化阶级对立，实现生产力的再生产，保障企业生产顺利进行，这是政府的首要任务，也是现代城市最为重要的功能。② 而集体消费供给和福利主义推行，又势必引起政府财政收支不平衡，最终导致政府的财政危机，从而引发各种城市危机。

　　可以说，城市的内涵和外延十分丰富，我们可以从不同的维度来对城市进行解读。

　　（一）作为地方的城市

　　城市一直是具有鲜明地方感的物质象征，地理学家段义孚主张将一座城市整体作为一个地方，"城市是一个地方，主要是意义的中心，它具有许多极为醒目的象征；更重要的是，城市本身就是一个象征。传统的城市象征着超验与人造的秩序，而与现世或地狱的自然之狂乱力量相对抗；其次，它是理想的人类社区之代表。"③

　　地方是最为复杂的地理概念，在当代文化地理学中，地方一般有三重含义：作为地方讲，它是地球表面的某个地点，即地方所在的地理空间关系；作为地方意识讲，它是个体或群体对地方的主观感受，包括地

---

① The Production of space, Malden: Blackwell Publishing, LEFEBVRE H, 1991, P. 381.

② Mike Savage and Alan Warde, Urban Sociligy, Capitalism and Modernity, Macmillan, 1993, P. 28.

③ 邵培仁、杨丽萍：《媒介地理学——媒介作为文化图景的研究》，中国传媒大学出版社2010 年版，第 98 页。

方在个人和团体中的作用；作为场所讲，它是人们日常生活和交往的背景和场所，包括社会环境和文脉。①

地方具有以下特征：地方不是静止的，而是动态的，亦即地方是不断变化的过程；地方不是封闭的，而是开放的，地区的分隔边界已经越来越不具有实质的意义；地方不只是客观的存在，也是主观的感受和叙述；地方不是单一的认同，而是独特的感受，承认并尊重地方之间联系与差异显得非常重要；地方的特殊性不具有专利权，它是可以克隆、复制和再生产的。②

曼纽尔·卡斯特尔在《网络社会的崛起》一书中阐述说，生产、贸易、金融、政治和文化的全球化，加之媒介、交通和通信技术的推动，使得世界成为一个"地球村"，"空间流"——人流、信息流和物流——正在越来越有力地打破地方之间保持个性和差异的樊篱，体现地方个性和特色的内容逐渐被淡化，全球性消解了本土性。

然而，当代人文地理学家认为，全球化并不简单地意味着地方的终结，地方性与非地方性的事件和关系是交织在一起的社会存在，全球化背景下地方与地方感在嬗变，传统意义上的"地方"或"地方性"消失了，人们在不断反思、扩展和丰富地方的含义，对其注入新形式和新内容，新的地域不断产生出来。

把地方视为地球表面特定的点，这是地方最初和最古老的含义。由于全球化的到来，把地方界定为空间中各不相同的点的概念已经不切实际了，人们必须重新考虑关于地方的概念。全球化的地方是地方差异与地方依存同时发生的地方，地方不仅是空间中各不相同的点，而是更大的全球体系中的"切换点"或者是跨越地方的网络中的"节点"，不同

---

① ［英］萨拉·L. 霍洛韦、斯蒂芬·P. 赖斯、吉尔·瓦伦丁：《当代地理学要义——概念、思维与方法》，商务印书馆 2008 年版，第 133 页。

② 邵培仁：《地方的体温：媒介地理要素的社会建构与文化记忆》，《徐州师范大学学报（哲学社会科学版）》，2010 年 9 月。

的地方是用了不同程度的力量插在不同的全球性关系的背景之上的。①
比如我们在各国城市的报纸上经常看到失业和新工作出现的报道，这些
不断变化的就业情况可以通过对地方之间的投资和市场竞争来解释，如
重庆的工人制造汽车零件的成本比芝加哥的工人低，福特这样的汽车公
司就会为自己的汽车生产选择一家中国的汽车配件商。换言之，彼时彼
地发生的事情可以对此时此刻的变化产生重大影响，越来越多的地方正
相互联系在一起并互相依赖，这就是地方的全球化意识。

　　关于地方的第二种理解是对地方的主观感受，即地方感，它是指一
个地方的特殊性质，也指人们对于这个地方的依恋与感受，体现的是人
在情感上与地方之间的一种深切的联结，是一种经过文化与社会特征改
造的特殊的人地关系。可以说，"地方被用来确定人们在空间中的位
置，借助媒介手段培养出人们的地方感与空间秩序"。② 地方对于人们
的意义并不仅限于经验和生存的范围，而是超出地点的物质含义，与个
人和群体身份的形成联系起来，进而提供一种归属和认同的意识，并展
现出广义的社会关系。作为处于地方中的人，通过地方文化的体验来寻
求自己的归属感，而地方文化总是与人们对于地方的理解结合在一
起的。

　　全球化背景下，大多数地方处于不断变化中，既有物理上的变化，
如工厂关闭和购物中心开张，也有社会性的变化，如外来人口迁入或老
一代人去世，这些变化的大多数是由于全球化或跨地方的进程而导致
的。因此，"尽管身份和认同仍在地方形成"，但身份和认同不是"纯
粹的地方体验"的产物，相反部分源自外界的影响，完全处于全球化
的相互依赖的网络中，即全球本土化身份。③ 在珠三角城市居住着许多

---

① ［英］萨拉·L.霍洛韦、斯蒂芬·P.赖斯、吉尔·瓦伦丁：《当代地理学要义——概念、
思维与方法》，商务印书馆 2008 年版，第 139 页。
② 邵培仁、杨丽萍：《媒介地理学——媒介作为文化图景的研究》，中国传媒大学出版社
2010 年版，第 101 页。
③ ［英］萨拉·L.霍洛韦、斯蒂芬·P.赖斯、吉尔·瓦伦丁：《当代地理学要义——概念、
思维与方法》，商务印书馆 2008 年版，第 142 页。

来自全国乃至全球各地的人，他们是新广东人，但与家乡仍保持着密切的文化和家族联系，在他们身上显然具有一种混合身份，因此即便身处一地，但他们的地方归属感也是复合的，跨越地域和国界的。

地方即场所的概念是地方的第三种含义，场所就是人们通常开展自己的日常生活的尺度。它既是日常活动和面对面交往的舞台，又是人们产生和表达他们自己情感的主观场景。它既有强烈的地方化色彩又是强烈的非地方化的，其非地方化程度是由"外界的"力量侵入地方生活的客观和主观方面的程度决定的。同时，在地方中行动的人们在一定程度上也有控制他们自己和所生活地方命运的力量，因此地方性行动不能仅仅对抗全球性压力，也要反作用于它。①

云南泸村的民居文化开发提供一个很好的例子，故事中的主角有以政府为代表的开发方、以文化研究者为代表的知识阶层、以民居的主人为代表的平民百姓。当以国外旅行团为主的"流动的空间"到达泸村之后，当地的传统民居便成为被重新想象的地域，所谓泸村的民居文化由当地政府、文化研究者联手打造出来。而民居的真正主人，则由于没有发声的通道，经常被视作沉默的一族。尽管在外界的要求下，他们一再表演着观众需要的剧本，保持着淳朴的民风，模拟着一百年前的种种仪式，但他们却被撇在每个开发计划之外，仅仅成为等待演出的演员。然而，尽管如此，他们也有反抗的手段：有人关起门来拒绝所有政府官员的参观，却愿意向普通游客免费开放；有人恶意地在民居中摆放不和谐的物品，使游客扫兴而归等等。最后，为了开发民居文化，在开发大军的压力下，当地居民的家园变成了一片瓦砾场，再也无法恢复。②

泸村旅游项目可以说是全球化背景下权力政治、经济资本与地方性文化资本共谋的结果，它将地方性文化纳入到民族国家现代化话语之中，又迎合了旅游者关于异文化的时空想象。传统民居，更是经济资本

---

① ［英］萨拉·L. 霍洛韦、斯蒂芬·P. 赖斯、吉尔·瓦伦丁：《当代地理学要义——概念、思维与方法》，商务印书馆2008年版，第144页。

② 郑凡等：《全球化视角的中国云南》，中国社会科学出版社2004年版，第139页。

的投资目的和新卖点，而当地居民成了牺牲品。虽然民居主人们是弱势群体，但他们也在用另类的手段表示了自身的反抗与坚持，这种反抗与坚持也正是地域的希望所在。①

地方既具有独一无二的差异性但又受到相同的全球化力量的影响；人们对地方的感受既来自于地方又源自"外界"的影响；人们的行动既以地方为基础、无法预测，但又受到来自本地以外遥远地方的力量的很大限制。换言之，不但全球在建构着地方，地方也在建构着全球。因此，地理学家马西提出，全世界的人都要"对地方感与时俱进"，人们应该认识到，以地方为基础的行动和理解，如果不承认所有那些外来的、植入地方的事物的存在就会毫无意义。②

总之，全球化的大趋势并非意味着一种均质化、复合化过程而使各个地方日渐趋同。相反，全球化的挑战已经促使人们有所警觉，进行反思，认识到地方的个性差异与地方的相互依赖同等重要。地方完全可以成为相互联系、相互依存世界中的桥梁和纽带，也可以成为人流、物流、信息流的切换点和扩散地。③

（二）作为空间的城市

福柯（Foucault）认为，20 世纪预示着一个空间时代的到来。在 20 世纪 90 年代后期，出现了一种都市社会空间经验研究的发轫，以列斐伏尔、爱德华·苏贾（Edward W. Soja）、曼纽尔·卡斯特尔、大卫·哈维、沙朗·佐京（Sharon Zukin）、彼得·桑德斯（Peter Saunders）、詹姆逊（Jamson）等为代表的西方学者在空间研究中的学术努力直接促成了近两个世纪以来有关空间的第一次重大的学术转向，也为社会空间视角的城市研究提供了理论支持。

---

① 闵冬潮：《"流动的空间"与"消失的地域"——反思全球化过程中的空间与地域的想象》，载《上海大学学报》（社会科学版），2008 年 7 月。

② ［英］萨拉·L. 霍洛韦、斯蒂芬·P. 赖斯、吉尔·瓦伦丁：《当代地理学要义——概念、思维与方法》，商务印书馆 2008 年版，第 145 页。

③ 邵培仁：《地方的体温：媒介地理要素的社会建构与文化记忆》，《徐州师范大学学报》（哲学社会科学版），2010 年 9 月。

他们认为，作为一种结构化的存在，城市空间既是物质空间，同时也是行动空间和社会空间；既是人类行为实现的场所和人类行为保持连续性的路径，又是对现有社会结构和社会关系进行维持、强化或重构的社会实践的区域。在这里，城市空间作为一个可重构的结构体，是社会建构的实践场所，是作为工业文明的标志和象征，也是作为集体意识与消费行为的表达场所，这样，空间维度为理解城市恐惧、公共空间的权力的变异、差异性空间的社会建构、不平等的异质性对待和社会的叙事性分类注入了新的思想和诠释的新模式，同时，以社会空间为演绎逻辑的空间实践，促成了一种以"发现事实"为主要特征的经验研究。①

苏贾认为，城市成为结点性、空间和权力的结合体，"城市建设具有社会权力的工具性'在场有效性'，城市是控制中心，是堡垒，其设计是用来保护和统治，其途径是通过'居住地的小手法'，通过范围、界限、监督、分隔、社会戒律和空间区分的一种精巧的地理学来达成的。"②

空间的社会属性是什么？社会学家列斐伏尔是这样认为的："在目前的生产方式里，社会空间被列为生产力与生产资料、列为生产的社会关系，以及特别是其再生产的一部分。"③ 按照他的观点，市场经济的生存就是建基于对一种越来越显现出包容性、工具性和从社会角度加以神秘化的空间性的建立，这种空间性隐匿于幻想和意识形态厚厚的面纱中，凭借对同质化、分离化、等级化的同步倾向来独特地生产和再生产地理上的不平衡发展。④

与城市生态学家不同，社会学家大卫·哈维（David Harvey）和曼纽尔·卡斯特尔（Manuel Castell）就不是强调"自然的"空间过程，

---

① 潘泽泉：《空间化：一种新的叙事和理论转向》，《国外社会科学》2007 年第 4 期。
② ［英］爱德华·W. 苏贾：《后现代地理学：重申批判社会学理论的空间》，商务印书馆2004 年版，第 234 页。
③ ［法］亨利·列斐伏尔：《空间：使用产物与使用价值》，载包亚明主编《现代性与空间的生产》，上海教育出版社 2003 年版，第 51 页。
④ 陈卫星：《再现城市：影像意义和空间属性》，《博览群书》2005 年第 3 期。

而是关注土地和人造环境如何反映了经济和社会权力关系，这标志着城市研究角度的重大转移，城市化并不是一个自主性的过程，必须把它与政治和经济变迁的主要模式联系起来进行分析。

哈维强调，城市化是由工业资本主义的扩张所创造的人造环境的一个方面，在现代城市化中，空间被不断重构。这个过程不仅取决于大公司选择在何处安置它们的工厂和研发中心，还取决于政府对土地和工业产品的控制以及私人投资者购买房产和土地的行为。例如，"二战后"美国主要城市的郊区急剧扩张，这部分是由于种族歧视以及白人从内城区迁走所造成的。然而哈维提出，这种扩张之所以能够实现，正是因为有了政府向购房者和地产商提供的税收减免以及金融组织所设立的专门信贷安排。这些措施为在城市边缘地区建立和购买新房提供了基础，同时也推动了对汽车这样的工业产品的需求。自 20 世纪 60 年代以来，英国南部城镇规模和繁华程度的提高，是直接与北部老工业的衰落以及投资转而流向新的工业机会相联系的。

"社会的空间形式是与它的整体发展机制紧密联系在一起的，城市环境是更广大的社会力量的符号和空间象征。"卡斯特尔强调，要理解城市，必须领会创造和转变空间形式的过程，城市和街区的布局和建筑风格，反映了社会中不同群体之间的斗争和冲突。房屋、学校、交通服务和休闲设施都是人"消费"现代工业产品的方式，金钱和地位影响了谁能够在哪里买、租，以及谁能在哪里建造，因而，城市的物质环境是市场力量和政府权力双方共同作用的产物。但是，人造环境的本质并不只是有钱人和有权人活动的结果，卡斯特尔强调了弱势群体的斗争以及改变他们生活条件的重要性。

比如在现代城市，大型金融和商业公司不断试图提高在特定地段的土地利用率，然而却不太关心它们的活动对一个既有街区的社会和环境的影响，比如不顾及老房子所具有的魅力，一味地用拆除来为新的办公楼群腾出空间。由大地产公司推动的经济增长，经常是与当地商业机构和居民的利益相违背的，因此同社区的人们会聚集起来，捍卫他们作为居民的利益，比如抗议轻易改变街区性质，阻止在公园用地上建设新建筑，或争取更有利的房租制度等等。可以说，类似的城市问题刺激了一系列的社会运动，包括改进居住条件、抗议空气污染、保护公园和绿化带、反对破坏自然风貌的建筑规划等。这些不同群体的紧张和冲突往往是塑造城市街区的关键因素。①

陈卫星认为，现代化过程所包含的一个基本规律就是事物的加速，人们总是在不断推出时效性越来越强的产品来满足人们的历史加速度情结。进步必须征服空间，拆毁一切空间障碍，通过时间来消灭空间。但是，问题在于，在时间对空间的挤压中，工具理性与市民社会的残缺，使得物理空间的社会性质变得更加具有压制性、约束性和强制性，人对空间的欲求成为一种普遍的社会焦虑。如果说城市现代化还在追求社会控制和社会差异的空间组织，复制不平等的社会关系，人们就会质疑这种空间关系的社会性质，以争取扩大个人与社会体验的物质语境能力。②

20世纪末叶，学界开启的"空间转向"，将空间演绎为看待和理解城市的新方式，把以前给予时间和历史，给予社会关系和社会的知识反应，转移到空间上来，尤其是近来出现的一种向日常生活实践的社会空间的转向，空间问题成为当今学术研究的一个新的热点。

（三）作为消费中心的城市

随着传播与资讯时代的来临，现代人，尤其是身居城市的人所具有的特性之一便是不可避免地成为一名消费者，无论是物质产品还是精神产品的消费，已经成为现代人每日生活中的常规。城市，便是一个消费的集中地，汇集了常居或者来自其他各处的人流。大众媒介促使人们在阅听行为中加速物质与精神产品的消费。③

20世纪90年代以来，全球社会正在逐步实现从传统的生产社会到

---

① ［英］安东尼·吉登斯：《社会学》，赵旭东等译，北京大学出版社2003年版，第736页。
② 陈卫星：《再现城市：影像意义和空间属性》，《博览群书》2005年第3期。
③ 方玲玲：《媒介之城》，博士学位论文，浙江大学，2007年，第19页。

消费社会的转型，消费对经济、社会和文化生活的作用与贡献在增大，"消费"和"消费文化"已经成为重要的研究范式，进入社会学家和文化学者的视野。格兰特·麦克拉肯（Grant McCracken）就指出，"消费文化"的演变不仅仅是爱好、兴趣，审美及购物习惯的改变，而且是对时间、空间、社会、个人、家庭和国家等概念在认识和理解上的革命性转变。①

丹尼尔·贝尔（Daniel Bell）认为资本主义有着双重起源：禁欲主义（宗教动力）和贪婪攫取性（经济动力）。他认为，在 19 世纪中叶以前的资本主义早期，这一对动力被联结在一起，前者代表资产阶级精打细算、勤俭持重的精神，后者则体现在技术—经济领域的进取激情。美国内战之后，美国的资本主义经济得到了巨大发展，社会结构也出现了相应转变，特别是 20 世纪 20 年代注重超支购买的消费社会的出现，从根本上破坏了早期强调节俭、简朴、自我约束的价值体系，"任何超自然的道德都已消失"，其结果就是社会结构内部的分裂："在生产与工作的组织中，这一体系要求有远见的行为、勤奋与自制、献身于事业和成功。在消费领域，它培养及时行乐的态度、挥霍浪费和炫耀以及寻欢作乐。"②

针对美国在 20 世纪 30 年代初期发生的经济危机，经济学家约翰·凯恩斯认为，如果要解决由于垄断资本主义带来的周期性危机，美国必须从一个节俭型社会转变为"消费社会"。根据凯恩斯的理论，资本主义社会之所以发生危机，是因为人们把获得的利润储蓄起来而不是用于投资再生产，这就导致了对商品和服务的需求跟不上生产它们的经济能力，这一观点也就此成为现代消费社会的理论基础。③

人们的消费目的大致有三个方面：首先，满足物质上的需要；其次，满足心理或精神上的基本需要；再次，满足炫耀的需要。前两种消

---

① 杨伯溆：《全球化：起源、发展和影响》，人民出版社 2002 年版，第 133 页。
② ［美］丹尼尔·贝尔：《后工业社会的来临》，高锰等译，商务印书馆 1984 年版，第 528 页。
③ 孙英春：《大众文化：全球传播的范式》，中国传媒大学出版社 2005 年版，第 279 页。

费主要是指为保持生理和心理健康进行的消费，也就是对所谓必需品的消费，最后一种消费则属于社会性的——为炫耀而进行的消费，主要是满足社会的要求。针对中国社会的情况，研究者把当代中国社会的消费大致划分成三个层次：最低层次的消费只看重实用，即实物的用处，以维持基本的生存需要；第二层次的消费意在商品的含金量，以证明自己的购买能力，炫耀自己的金钱和富有；最高层次的消费要突出商品的符号价值，即商品的文化内涵，以表现自己的个性和品位。20 世纪 90 年代末以来，风格性消费逐渐从炫耀性消费中滋生出来，成熟的消费者根据自己的个性以及对自身形象的预期选择商品，首先看重的是商品所包含的文化内涵或风格属性，而不是商品的含金量或华贵属性，"从解决温饱问题的消费到表现个性的消费，从生物性驱动的消费到更加富于社会性的、象征的和心理的现代消费，这是中国当代社会的一种重要的转变，可以说是一场消费革命。"①

城市营造出丰富的媒介环境，对人们的消费行为进行限制或者引导。那些琐碎的、隐匿的、随性零散的、有意而为的，或者已经形成为习惯的消费，在城市里随处可见。而城市本身作为消费的主要情景与背景已经融入消费的过程。电视、广播以及户外的广告直接告知人们进行商品选择的目标与方式；时尚休闲类节目则将消费标准与价值观念编织到内容之中，试图对受众进行潜移默化的影响；嘉年华以及节日的商业化更是刺激了人们的消费欲望，并促成消费行为的实现。②

（四）作为媒介集聚地的城市

城市既是一个国家或地区的政治、经济中心，也是"作为面对面基础上观念与信息的交流中心"。③ 城市的基本特征与媒介的基本需求不谋而合：人口规模大、密度高、异质性强；具有市场功能；是社会的

---

① 高丙中：《今日消费的三个层次》，2003 年 4 月，文化研究网（http://www.culstudies.com）。
② 方玲玲：《媒介之城》，博士学位论文，浙江大学，2007 年，第 20 页。
③ ［美］保罗·诺克斯史蒂文·平奇：《城市社会地理学导论》，柴彦威、张景秋等译，商务印书馆 2005 年版，第 44 页。

权力支配地、信息发源地和教育、文化、购物中心；市民作为城市的建设者和守护者，主要从事非农的职业；他们的互动不是作为完整的个人而彼此相识，部分人的互动是在彼此不相识的情况下发生的；社会联系的基础超出家族和部落，需要有合乎理性的契约和法律等等。①

潘家庆认为，村镇和城市的兴起是一种传播机制：

文字对古代人来说，是用来弥补个人记忆之不足，并非如今日以传递资讯为目的。但到了西元前8000年，第一批村落开始在伊朗、阿拉伯、叙利亚、亚美尼亚及北非等地出现，显然为人类带来了文化方面的重大意义。村镇兴起前，族群聚落不过一二十人，最多百余人，但一个典型的村镇少则数百人，多则近千人。这种聚落，产生传播沟通的需求。数百人的村镇，需要一个政府来管理，政府的工作之一就是要设立学校，教育下一代，过去一般人自管私人财物，到了村镇兴起，需要有人能记录物品归属相当重要；为了防止近亲通婚，族谱记载变得重要；甚至法律规定也愈显重要；当农产品大量生产后，人们需要有关年月节令的资讯，以便播种与收获……这些事情，皆说明传播与沟通行为的迫切。而这种传播与机制，又引发了更多社会机制；这些机制，则引发更多传播与沟通。②

城市与各种因素的有机互动产生了一股强大吸力。这就是全世界的大众媒介都集中在城市，尤其集中在大中城市和"超大城市"的重要原因。除了战争年代，媒介不会办在农村和山区。比如在纽约、伦敦、巴黎、东京等"全球城市"和在北京、莫斯科、渥太华、新德里、罗马、曼谷、里斯本、维也纳等"首都城市"，就都群集了全世界的和本国的最重要的大众媒介。③

因此，在西方发达国家，媒介组织及其伴生的创意组织在大城市及周边地区的集群现象越来越显著，出现了报业、影视制作、广告业、展

① 陈映芳：《城市与市民的生活》，《城市管理》2005年第4期。
② 潘家庆：《媒介、历史与社会》，台北五南2004年版，第25页。
③ 邵培仁：《论中国媒介的地理集群与能量积聚》，《新闻大学》2006年第3期。

览、表演等多类型的媒介产业集群。媒介集群在我国已经出现一定规模，如北京呼家楼地区传媒集群、上海卢湾区广告业集群等，还有发展更为成熟的区域性的长三角媒介集群和珠三角媒介集群。

世界上最早、最著名的传媒聚集区域就是"舰队街"。1702 年 3 月 11 日，该街上出版了第一份报纸《每日报》，这是世界上最早一张定期发行的报纸。从此以后，舰队街就和报社与印刷厂结下了不解之缘。从十八九世纪开始，英国各大报社和小报馆纷纷搬进舰队街，最多时共计 100 多家全国和地区性报社，像《泰晤士报》《每日电讯报》《独立报》《卫报》《镜报》《太阳报》等全国性大报和小报均把总部设在这条街上。舰队街的传媒聚集的模式可以归纳为：第一，靠近重要的信息源，便于新闻采集；第二，营建了便于传媒人交流的公共空间，在舰队街除了报馆的集聚，还有无数的酒吧和咖啡馆的集聚，这是记者们的另一种工作场所；第三，拥有成本优势，便于联合采购、运输、印刷和销售。①

近年来，中国媒介产品的生产地点的迁徙趋势是：由小城市转向大城市，一般城市转向省会城市，内地城市转向沿海城市，从而形成媒介的地理集群和能量聚积，形成了中国媒介地理版图东高西低的特殊形势，即中国的媒介产业主要集中在东部城市。这种媒介地形图说明，东部发达的经济基础、丰厚的文化积累、众多的优秀人才和巨大的受众数量，客观上为媒介提供了丰富的资源。②

呼家楼地区位于北京市朝阳区，在国贸周围，这片区域又和北京市重点发展的中央商务区（CBD）的核心区域重合，在这里聚集了北京市 70% 的涉外机构、60% 以上的外资机构、50% 以上的星级酒店和国际交往活动场所。③ 传媒业有着广泛的支撑性行业和关联产业，它们的发展状况直接影响传媒业的活力，文化传媒业在北京 CBD 的集群发展

---

① 王斌：《灰空间与传媒制制的集聚》，《国际新闻界》2007 年 9 月。
② 邵培仁：《论中国媒介的地理集群与能量积聚》，《新闻大学》2006 年第 3 期。
③ 陈瑛：《城市 CBD 与 CBD 系统》，科学出版社 2005 年版，第 86 页。

情况为：印刷媒体有《人民日报》《北京青年报》《北京晨报》《法制晚报》《环球时报》等；广播电影电视方面有北京广播电视管理局、北京广播影视集团总部、北京人民广播电台，以及北京电视台和中央电视台、凤凰卫视；还有 50 多家国外新闻机构、115 家广告公司、31 家网络公司、27 家文化艺术公司等。①

　　该地区的传媒业集聚模式可以归为马库森所提出的轮轴式产业集群模式。轮轴式产业集群的重要特征是：集群由一个或多个关键大企业（核心企业）支配，企业的合作一般是以核心企业为中心展开的沿着价值链上下游以及水平方向的多方面的合作，表现为长期的契约和承担义务，形成与核心企业相关联的配套企业集群。电视行业由于内容采集上的集体协作和播出体系的复杂，要求有更多的服务型组织配合。从经济角度观察，这种集聚对传媒与所在区域都是有益的。对传媒而言，获得了一个群体共栖发展的空间；对所在地域而言，传媒凭借特有影响力可以提升所在区域的地产价值，其影响力创造了新的价值，也即获取了"影响力期货"。②

　　20 世纪城市发展最突出的特点之一是"城市带"的出现。中国有两大城市集群区，即长江三角洲和珠江三角洲城市集群区。现在，以上海为中心的"长三角"城市带和以广州为中心的"珠三角"城市带，已经发展成为与美国东北部大西洋沿岸城市带、北美五大湖城市带、日本太平洋沿岸城市带、欧洲西北部城市带和伦敦城市带并列的世界大型城市集群区。长江三角洲城市带是由沪、苏、浙三地 20 多个地级以上城市组成，呈现出以上海为核心的城市带联合发展的态势。珠江三角洲城市集群是由珠江流域的 9 个城市组成，加上香港和澳门特别行政区，其媒介能量也十分可观。

　　长江三角洲和珠江三角洲既是我国经济发展最快的地区，也是城市媒介最富有朝气和活力的地区。两大三角洲发达的经济和强劲的活力，

---

　　①　张理泉等：《北京商务中心区（CBD）发展研究》，经济管理出版社 2003 年版。
　　②　陆小华：《传媒区域聚集规律分析》，《新闻实践》2003 年第 12 期。

为城市媒介的发展提供了丰富的资源和强大的支撑。截至 2005 年，在已成立的媒介集团中，长江三角洲和珠江三角洲城市集群区的报业集团有 13 家，占全国（45 家）的 28.9%；广播影视集团有 9 家，占全国（21 家）的 42.9%。在报纸种数、平均每期印数、总印张数三个方面在全国都处于领先地位。在媒介广告收入方面，两大三角洲城市带在全国所占的比重高达 31.87%，其中，2004 年，长三角城市媒介的电视广告收入占全国电视广告收入的比率接近 20%。从全国媒介人员的学历情况来看，这两个城市集群区域也集中了很多高学历的媒介人才，其中上海、江苏、浙江和广东报纸记者中硕士以上学历的人数（1660 人）占全国报纸记者中同样学历人数（7413 人）的比例高达 22.4%，从而可以确保媒介产品有比较高的水平和质量，使人才资源、信息资源、广告资源和受众资源等四大资源能产生良性的生态循环。①

　　进入 20 世纪 90 年代，中国的地域发展呈现出多样化，城市或都市在经济、文化、教育、外贸等不同领域展开竞争。在这个过程中，创造具有地方色彩的都市文化并引导地域性的身份认同、价值认同和文化认同，媒介有着独特的整合功能。而同时，媒体的发展有赖于满足地域发展进程中的资讯需求、传播需要和沟通意愿，媒介创新根植于社会民众的地方化的日常资讯使用行为中。②

　　在南部沿海城市中，广州、深圳是中国现代传媒业，尤其是报业发展的典范。全国首批 6 家报业集团，3 家在广州；深圳报业集团成为全国首家年广告额超过 20 亿的报业集团，广州日报 10 多年来，单张报纸广告年营业额居全国之冠。不仅报业实力强大，南部沿海城市报业的影响力，在全国也独树一帜，著名的南方周末报系、南方都市报系、21 世纪报系，以及老牌的羊城晚报，都是其中的优秀代表。传媒业的强大，对广东城市软实力建设意义非常积极：首先，依托强大的传媒业，

---

①　邵培仁：《论中国媒介的地理集群与能量积聚》，《新闻大学》2006 年第 3 期。
②　王斌：《空间变革：嵌入地域发展的传媒产业集群》，《山西大学学报》（哲社版），2008 年 11 月。

可以掌握丰富的传播通道，控制信息的内容和走向；其次，传媒业的强大，也成为城市抵御和化解舆论危机的保障。很多人发现，以《南方周末》为代表的广东媒体，很少对广东尤其是广州本地进行负面报道。如果从另一角度理解这一现象，可以说，广州强大的传媒实力是捍卫广州城市软实力的有力武器。反观上海，外地媒体对 2006 年社保基金案、2007 年东方医院非法人体试验、2008 年百姓抗议沪杭磁悬浮大游行、2009 年闵行倒楼等负面新闻进行狂轰滥炸的时候，上海官方很想通过强势媒体发出不同的声音，但苦于此时上海已没有在全国有影响力的强势媒体，即使发出一点微弱声音，也很快被湮没了。尽管目前南部沿海城市的传媒业发展比较健康，但也有短板：电视媒体、网络媒体在全国的优势并不明显，必须引起重视。①

中西部地区城市也有利用传媒品牌提升城市软实力的成功例子，兰州与《读者》就是典型。兰州很好地利用了《读者》这一品牌，将《读者》作为兰州的四张城市名片之一；同时，以《读者》命名一条街，最大限度地将杂志品牌运用到城市软实力的打造中。很多人因为对《读者》的喜爱，而产生对孕育《读者》这座城市兰州的喜爱。

因此，媒体传播力在城市软实力构建中作用很大，这种作用突出体现在三方面：首先，媒体传播力决定着城市信息的扩散广度。信息生产和扩散能力较强的城市，更容易在本地及周边地区公众中引起注意。而城市信息的生产、整合和扩散能力，主要依靠大众传媒来完成。其次，媒体传播力决定着公众了解城市的可能性。网络媒体和卫星电视的兴起，大大增强了公众了解某个城市的可能性。只要有网络版，每家媒体都成了"全国性媒体"。卫星电视的兴起，则通过视觉和听觉化效果，打开了向外界展示和传递某省、某市多姿多彩形象的窗口。最后，媒体传播力决定着城市在广告市场中的吸引力。②

以长沙为例，湖南卫视拥有强大的传播力：截至 2008 年底，湖南

---

①　陶建杰：《城市软实力构建中的媒体发展策略》，《新闻大学》2010 年第 4 期。

②　同上。

卫视在中国国内所有省会城市实现完全入户，中心城市入户率位居省级卫视第一，2007 年底湖南卫视在中国全范围的有效覆盖率超过 60%，覆盖人口已达 7 亿。在全球，湖南卫视进入日本和澳大利亚普通家庭，也是唯一进入美国主流电视网的中国省级卫视。[①] 湖南卫视成了长沙的一张响当当的名片，是广告主绝对不可忽视的城市，也因为湖南卫视的存在，长沙才成为中国传媒经济中，可以与北京、上海、广州等一线城市相提并论的重镇。

二、城市化的内涵与意义

（一）城市化定义的嬗变

城市化（urbanization）的基本尺度是城市居民百分比的增长过程，其表征是农业人口向城市空间的迁移，深层则是社会结构、经济结构与文化结构的整体性变迁。都市化（Metropolitanization）则是城市化（urbanization）的升级版本与当代形态。按照一般看法，城市化主要包括城镇化、城市化与都市化三种模式。[②]

在人类历史上，所谓城市或聚落有一个从低级到高级的发展过程，即从小自然村（hamlet），到村庄（village）、镇（town），到城市（city）、大都市（metropolis）、大都市区（metropolitan Area）、集群城市或城市群（conurbation）和城市带或城市连绵区（megalopolis）。其中小自然村、村庄、镇和城市古已有之，大都市是工业化阶段人口大规模聚集的产物，而大都市区、城市群和城市带则是后工业化阶段，尤其是在20 世纪 50 年代之后，在城市高度发展的基础上出现的。[③]

不同学科从不同角度对城市化的定义是不一致的。社会学所指的城

---

① 《经营者》编辑部：《2007 年中国最具传播力媒体》，《经营者》2008 第 1 期。
② 刘士林：《2007 中国都市化进程报告》，上海人民出版社 2008 年版，第 1 页。
③ 崔欣、孙瑞祥：《大众文化与传播研究》，天津人民出版社 2005 年 9 月第 1 版，第 331 页。

市化强调的是人类文化教育、价值观念、生活方式、宗教信仰等社会演化过程，是社会结构的变化，是各个方面更加社会化的过程，是传统性逐渐减弱、现代性逐步增强的过程。简而言之，就是从农村生活方式向城市生活方式发展、质变的全部过程。

经济学认为城市化是人类社会现代化和经济增长的伴随产物，本质上，即为社会经济结构转变的一种表现形式，生产方式上从第一产业向第二、三产业转变，消费方式上由乡村消费方式向城市消费方式进化。

人口学强调城市化就是人口从乡村地区流入大城市以及人口在城市的集中，简而言之就是居住在城市地区的人口比重上升的现象。①

综合不同学科对城市化所做的定义，可以发现各学科侧重研究城市化的一个方面，而这种多学科、综合视野的城市化定义是我们全面、准确地把握城市化含义的基础。

事实上，人们对城市化含义的理解经历了一个从传统型，到现代型，再到后现代型的过程。这一嬗变反映了人们从关注经济的发展到重视生活方式的转变和文明变迁，从强调城区的集中建设到主张都市带的协调发展，从强调城市工业文明取代乡村农业文明到主张城乡文明相融合等等的思路历程。②

传统型的城市化概念认为，城市化是指随着产业经济向城镇的集中而发生的农村人口向城镇转移的过程，城镇人口所占的比重是城市化的一个最为重要的指标。如吴楚材认为，城市化是指居住在城镇地区的人口占总人口比例增长的过程，即农业人口向非农业人口转变并在城市集中的过程。③

还有一些学者认为，应该突破城市化最表层的东西，对城市化的定义中强调了土地、劳动力和资本等生产要素的集中，他们将"城镇化"

---

① 何念如：《中国当代城市化理论研究》，博士学位论文复旦大学，2006 年，第 24 页。
② 刘志军：《论城市化定义的嬗变与分歧》，《中南民族大学学报》（人文社科版）2006 年 3 期。
③ 吴楚材：《城市与乡村——中国城乡矛盾与协调发展研究》，科学出版社 1996 年版，第 10 页。

界定为伴随工业化过程而出现的"社会、经济结构的转换",这一转换主要体现为"人口、非农产业、资本、市场由分散的农村向城市集中的过程"。① 不过这些定义所关注的仍然没有脱离"生产要素的集中"这一传统主题。

现代型的城市化定义在强调人口转移、职业转移和产业集中的同时,突出了生活方式和都市文明的扩散过程。有代表性的定义如:"城市化是人类生产方式和生活方式由乡村型向城市型转化的历史过程。"② 仲小敏将城市化归纳为数量过程与质量过程,"数量过程就是变农村人口为城市人口、变农村地域为城市地域的过程","城市文化、城市生活方式和价值观等城市文明在农村的地域扩散过程则是城市化的质量过程"。③

刘勇的定义更进一步,只强调了生活方式的转变过程,他认为城市化的本质是"人们的生活方式随着经济的发展从农村生活向城市生活的升级转化过程"。他进而把城市生活视为一种特殊商品,提出城市化就是城市生活这种特殊商品的普及化。④

1993 年,美国新版的《世界城市》所提出的城市化定义也同时强调了生活方式的变迁,认为:"都市化是一个过程,包括两个方面的变化。其一是人口从乡村向城市运动,并在都市中从事非农业的工作。其二是乡村生活方式向都市生活方式的转变,这包括价值观、态度和行为等方面。第一方面是强调人口的密度和经济职能,第二方面强调社会、心理和行为的因素。实质上这两方面是互动的。"⑤

后现代型的城市化定义特别强调和突出了生活方式的转变和都市文明的渗透这些深层的内涵,甚至对传统型城市化定义中所强调的人口、地域、生产要素等的集中的必要性提出了质疑。税尚楠、吴希翎提出,

---

① 辜胜阻、刘传江等:《中国自下而上的城镇化发展研究》,《中国人口科学》1998 年 3 期。
② 陈为邦:《关于城市化的几个问题》,《城市发展研究》2000 年 5 期。
③ 仲小敏:《世纪之交中国城市化道路问题的讨论》,《科学·经济·社会》2000 年 1 期。
④ 刘勇:《我国城市化回顾与展望》,《中国经济时报》1999 年 4 月 14 日。
⑤ 周大鸣:《现代都市人类学》,中山大学出版社 1997 年版,第 27~28 页。

"人口向城市集中并不是乡村城市化的普遍规律"，城市化的科学内涵是"乡村人民和城市人民共同创造和分享经济增长的利益；共同享用人类数千年来积累起来的科学、文化宝藏，无论在什么地方居住，其生活都是无差别的"。①

20 世纪六七十年代，发达国家的居民纷纷搬到市郊居住，城市人口的增长速度放慢，形成了"逆城市化"的趋向。因此城市化的过程通常要经历三个阶段：人口向城市迁徙，"城市"进入乡村，城乡差别的消失。让城市走向乡村，是城市化的必然结果，但城市如何走进农村，则是后现代主义面临的一个重大课题。②

都市化则是城市化的高级阶段，指原本分散在乡村、城镇、中小城市以及不同地区与国家的人力资本、经济资本与文化资本等迅速地实现了向少数国际化大都市、国家首位城市或区域中心城市集中。这种以"国际化大都市"与"世界级都市群"为中心展开的城市化进程，即都市化进程。③

（二）城市化与现代化

1. 城市化与现代化密不可分

根据马格纳雷拉的定义，现代化是发展中的社会为了获得发达的工业社会所具有的一些特点，而经历的文化与社会变迁的，包容一切的全球性过程。现代化包括了学术知识上的科学化，政治上的民主化，经济上的工业化，社会生活上的城市化，思想领域上的自由化和民主化，文化上的人性化等。

最早提出现代化理论的社会学家丹尼尔·勒纳出版《传统社会的消逝：中东现代化》一书也认为，从传统社会向现代社会的转变就是

---

① 税尚楠、吴希翎：《试论我国的乡村城市化道路》，《经济地理》1984 年 1 期。
② 黄凤祝：《城市与社会》，同济大学出版社 2009 年版，第 314 页。
③ 刘士林：《都市与都市文化的界定及其人文研究路向》，《江海学刊》，2007 年第 1 期；刘士林：《2007 中国都市化进程报告》，上海人民出版社 2008 年版，第 1 页。

现代化。①

　　马克思认为，现代化的根源是比新教伦理还要早几百年的城市"公社"运动，在马克思看来，"具有个人主义伦理观的自主、自治群体的创立，才是出现'市民社会'与随之而来的现代化所必要的先决条件。因此，即使是在其他方面都非常有利的情况下，如果没有这样的城市市民文化，现代化也是要失败的。"②

　　现代化理论认为，在欧洲和北美的现代化过程中，城市和市民社会扮演了关键角色。在城市里，聚集在一起的人们创造出一种新的生活方式。城市好比社会发展的"催化剂"，它在居民中传播着新的文化与思想。城市熔炉里的新思想不断扩散和渗透到农村地区。通过物质和文化上的交流，城乡实现了共同繁荣和发展。因此，一个国家在转变成现代工业社会前，必须经历一个人口大规模流入城市的过程。城市增加和城市化是从传统（农业）社会向现代（工业）社会转变的自然组成部分。③

　　可以说，城市化（Urbanization）的过程就是现代化的过程，这是西方社会发展得出的结论。从全球来看，城市化过程与现代化进程是相生相伴、既联系密切又有区别的，而自工业社会以来，世界城市化和现代化进程基本一致。

　　城市化进程最早在公元前3000年就已经开始，但在人类历史中，城市发展速度和数量增长一直非常缓慢，这种格局直到18世纪末叶英国工业革命开始后才发生根本性的改观。"工业革命使得都市化的浪潮几乎触及到了世界的各个角落，都市化以一种爆炸性现象呈现了出来。据估计，1800年，世界人口中只有3%的人生活在城市；1900年，上升到14%，到1975年，上升到41%；预计到2025年将有60%的人生

---

①　刘耀彬等：《从城市化与现代化的关系探讨中国城市化道路》，《现代城市研究》2002年第4期。
②　什洛莫·阿维内里：《马克思与现代化》，载《现代化：理论与历史经验的再探讨》，第11页。
③　成德宁：《城市化与经济发展——理论、模式与政策》，科学出版社2004年版，第56页。

活在城市。"①

从中国的发展历程来看，中国传统社会的最大特征是农业社会，中华文化的轴心——儒家伦理就是农业宗法文明的产物，其重义轻利、崇仁抑富的经济伦理，将道德价值与经济利益截然对立，而具有浓厚的禁欲主义和反商主义取向。中国由传统向现代变迁的核心就是对农业宗法文明的扬弃，是城市化。②

从中国的历史来看，城市的发展，城市人口的增长，市民社会的兴起，这些的确是推进中国现代化的巨大力量。因为都市是相对于乡村而言的一种相对永久性的大型聚落，一个国家或社会的城乡结构不仅是一个国家或社会现代化程度的标志，而且本身反映了一个国家或社会在经济、政治和社会生活方面的结构性变化。改革开放以来，尤其是 20 世纪 90 年代后期中国社会发展的实践，也充分证明了这一点。目前我国东部地区，如长江三角洲、珠江三角洲等地的城市群正在形成，城镇数目不断增多，农村人口就近转变生活方式，向城市生活方式靠拢，城镇化成我国广大地区走向现代化的主要方式。

曼纽尔·卡斯特尔预测，未来中国将以香港、澳门、深圳、珠海、广州、惠州、肇庆这一三角地带为核心，与珠江三角洲一带的城镇村落连接起来，形成中国的第一个超级城市。现代通信网络的发展，使这一预期成为可能。③ 超级城市的形成，并不是将城市开放，让农村的剩余劳动力涌入城市，而是立足现有的发展，将某一区域内的诸多城市连接起来，使这一区域具备更多的功能，发挥更大的作用。

2. 城市化的内涵是人的城市化与现代化

城市化内涵包括两方面：其一，变农村人口为城市人口，变农村地域为城市地域，即城市化的数量过程；其二，城市文化、生活方式及价值观等城市文明在农村的地域扩散，即城市化的质量过程。上述两个过

---

① 包亚明：《现代性与空间的生产》，上海教育出版社 2003 年版，第 2 页。

② 蔡尚伟：《成都、重庆的城市文化与报业》，博士学位论文，四川大学，2003 年，第 3 页。

③ 黄凤祝：《城市与社会》，同济大学出版社 2009 年版，第 225 页。

程是不可分割的两个方面，缺一不可。①

城市现代化的核心和关键是城市人的现代化，人的生活方式与价值观念的现代化。"一个国家，只有当它的人民是现代人，它的国家从心理和行为上都转变为现代的人格，它的现代政治、经济和文化管理机构中的工作人员都获得了某种与现代化相适应的现代性，这样的国家才真正称为现代化国家。否则，高速稳定的经济发展和有效的管理，都不会得以实现。即使经济已经开始起飞，也不会持续长久。人的现代化是国家现代化必不可少的因素。它并不是现代化过程结束的副产品，而是现代化制度与经济赖以长期发展并取得成功的先决条件。"②

因此可以认为，城市化是一个综合的、系统的社会变迁过程，城市化进程并不仅仅意味着人口的集中、经济的转型，更是文化教育、价值观念、生活方式等社会演化过程，是社会结构的变化，是传统性逐渐减弱、现代性逐步增强的过程，是从农村生活方式向城市生活方式发展、质变的全过程，是现代化的集中体现。也就是说，城市化是现代化的基本进程和重要标志，是现代化的题中应有之义，是现代化不可逾越的发展过程。

第二节 城市化过程中的大众传媒

一、大众传媒在城市化过程中的角色与功能

（一）大众传媒是城市发展的"助推器"

大众传播媒介从诞生到发展，一直伴随着城市化的进程，对城市

---

① 李春梅：《城市化进程中市管县体制的利弊》，《陕西科技大学学报》2005 年第 10 期。
② ［美］阿历史斯·英格尔斯：《人的现代化》，社会科学文献出版社 1985 年版，第 7 ~ 8 页。

化、都市化产生了重大影响。

1. 大众传播加速了城市化的进程

传播对城市的意义是什么？芒福德（L. Mumford）认为，乡村与城市的差异，不仅在于人口的稠密程度与多寡，或是经济资源的丰富与否，更重要的是城市扮演着"积极动因"（active agent）的角色，"成为一项扩展社会交往（social intercourse）、沟通，与共同性（communion）的因素，并因此发展出人们共有的基本行为模式以及类似的建筑风格。"换言之，城市是人类历史上极重要的传承者（transducer）与改造者。①

韦尔伯·施拉姆认为，信息传播对于任何社会来说，永远是存在的中心环节，每当有危险或机会需要报告，决定需要指出，新的知识需要推广，以及变革即将来临之际，总会有信息的流动。他指出，传播事业在国家发展中具有守望、决策和教育三大基本功能，在农业新技术推广、普及卫生知识、扫除文盲和实施正规教育方面，可以发挥直接的作用。②

我们知道，城市化过程所必需的两个要素，一是人口由乡村向工业发达的区域流动，二是城市居民经济关系和生活方式的普及与扩大。大众传播媒介伴随着工业化革命诞生之后，便对上述两个要素产生了重大影响，从而在一定程度上影响了城市化进程。

在中国，人口集中地涌向城市是建立在农业新技术的不断推广、农业剩余劳动人口的增加、人们识字率的提高，以及交通工具发达的基础上的。在人口涌向城市的推动性因素中，大部分因素都得力于大众传播媒介的发展。新中国成立后农村新技术的推广，主要得力于广播媒介在乡村的发展。1956 年全国面向农村的有线广播台共有 1458 座，有线广播喇叭 50 万只，这些为城市化打下了基础。我国 90 年代初涌动的民工

① 韦尔伯·施拉姆：《人类传播史》，游梓翔、吴韵仪译，台北远流出版事业股份有限公司 1994 年版，第 103 页。

② 韦尔伯·施拉姆：《大众传播媒介与社会发展》，华夏出版社 1990 年版，第 74 页。

潮加速了我国的城市化进程。在我国，有 1 亿多农民从广播、电视、报纸、杂志或者亲戚朋友那里获得了城市里有 3 倍于农活收入工资的信息，他们离开农村到城市打工，强大的民工潮给城市带来了急需的劳动力，为城市化的发展制造了契机。正是大众传播媒介的信息传播，提供了众多的教育机会，拓宽了农村人的视野，提高了农村农业生产的科技运用水平。至于定居在城市里的人，不停地从大众传媒那里获知了城市里各种各样的信息，了解自己应怎样学习、工作、生活，这就为城市居民经济关系和生活方式的普及与扩大打下了基础。这样都市化的进程才席卷全国。①

2. 传媒业是城市经济发展的重要推动力

在施拉姆看来，"采用机械的媒介，尤其是电子媒介所成就的一件事，就是在世界上参与建立了史无前例的宏大的知识产业。"② 报纸、杂志、书籍、电影、无线电广播和电视等大众媒介属于信息增值机构，大众传播的经济功能并不仅仅限于为其他产业提供信息服务，它本身就是知识产业的重要组成部分，在整个社会经济中占有重要的地位。

"西方的传播学者常用'flow'或'flux'以表达信息传播的现状，即指信息传播的影响方式和生产方式完全是一种流动状态，说明了传播对现代社会的渗透是一种工业化的生产方式。不断地生产信息，又不断地进行信息循环，再不断地生成新的信息。"③

时至今日，传媒业在城市经济发展中已经扮演着重要角色，以信息业为主导的第三产业成为城市经济的主要推动力，而以传播信息、产品服务（广告）和相关产业链运营为使命的传媒业，也天然地成为信息产业主导的知识经济的一部分。从 1998 年起，我国传媒业利税总额已经超过烟草业，成为国家第四大支柱产业。④ 这表明了传媒业已成长为第三产业的支柱产业。

① 程兆民：《城市化与大众传播媒介的发展》，《现代传播》1996 年第 5 期。
② ［美］伟尔伯·施拉姆·威廉·波特：《传播学概论》，新华出版社 1984 年版，第 155 页。
③ ［法］阿芒·马特拉：《世界传播与文化霸权》，中央编译出版社 2001 年版，第 2 页。
④ 赵启正：《中国传媒：发展潜力巨大的产业》，《新闻记者》2003 年第 1 期。

喻国明等人认为，在既定的自然历史条件下，各个区域之间存有经济实力的差异，然而在此基础上形成的增量则取决于各区域能以多大程度调度和整合社会资源为经济建设服务。作为一种重要的社会资本，传媒融资讯、文化和意识形态于一身，是区域发展的助推器。传媒与区域发展的关系至少体现在三个纬度：传媒业的竞争水平首先是当地文化产业、信息内容产业发展水平的重要组成部分；传媒业为区域发展提供投资、消费、金融、商业等多种社会经济建设活动的资讯交流平台；传媒业的知识特性和智慧特性促成区域文化的整合和市民精神的凝结，对区域内在共识的达成上有战略意义。区域传媒与区域经济的深入整合强化了区域实力。①

3. 大众传播推动人的城市化

作为现代化的表征，城市化不可能离开人的素质的提高，也就是人的现代化。以都市化为代表的社会现代化向人们提出一个问题，就是如何把经济与社会发展需要和人的素质的提高同步。从第三世界国家社会和经济发展的历史来看，虽然有不少国家的经济确实得到迅速的增长，产业结构和就业结构发生明显变化，但经济的增长和发展所取得的社会成果有限。

在都市化的过程中，作为受众的个人的社会化途径是被整合在大众传媒的传播空间当中，从而完成社会教化和个体内化。按照有关学者的研究，在 20 世纪初，一个都市人的闲暇时间还有 70% 是用于面对面的人际交往的，而今天有 70% 的闲暇时间是用于和大众传媒的交往的。②这种由大众传媒所提供的信息组成的"拷贝世界"不仅成了人们生活于其中的现实社会的重要组成部分，而且由于其所具有的独特的社会心理作用，对人的社会化产生了比真实的"感性世界"更深刻、更广泛的影响。③

---

① 喻国明、王斌：《规制与突破：传媒产业布局的演变路径》，《传媒观察》2007 年第 4 期。
② 沙莲香：《社会心理学》，中国人民大学出版社 1987 年版，第 58 页。
③ 刘宏：《试论〈南方都市报〉的社会传播功能》，硕士学位论文，暨南大学，2000 年。

　　勒纳特别强调人的现代化，他创造性地将现代性人格定义为"移情性格"，并指出，"移情作用是一个发展中国家人民所必有的根本的、基础的品质。"在勒纳看来，"能动的、接受变革的人组成的一个核心"是社会发展的最重要动力之一。他们具有适应周围新事物、新思想的能力，具有接受超出个人经验范围的新要求的能力，勇于尝试社会赋予的新身份、新角色，他们往往能够接受并倡导变革，他们的特点是"工业化的、都市的、能读会写的和热衷于参与的"。勒纳认为，大众传媒不仅能刺激"移情性格"的产生，而且能将这种人格传播至全社会，因此勒纳将大众传播形象地称为国家发展中的"奇妙放大器"，它可以大大增加现代化的因素，加速现代化的进程。①

　　对于个人的现代化，美国传播学者罗杰斯将大众传媒视为中心环节。投入环节（原因）有五个，包括读写能力、教育水平、社会地位、年龄、世界主义精神，它们决定一个人能否接触大众传媒；产生环节是接触大众传媒后所产生的效果，即移情性格、务实和治家的创造性、政治知识、成就动机和进取心。罗杰斯把接触大众传媒喻为一种"神奇的转换器"，只有具备了前五项条件，经"媒介接触"转换，就会神奇地发生后五项结果，从而实现个人层面的现代化（表1-1）。②

表1-1 "媒介接触"中心环节模式

前项	过程	后项
功能性识字　读写能力 教育水平 社会地位 年龄 世界主义精神	媒介接触	移情性格 务实和治家的创家的创造性 政治知识 成就动机 进取心

　　因此，培育具备现代发展观念和发展能力的民众，是大众传媒在城

---

① ［美］韦尔伯·施拉姆：《大众传播媒介与社会发展》，华夏出版社1990年版，第135、47页。

② 张国良：《新闻媒介与社会》，上海人民出版社2001年版，第133页。

市化进程中不可推卸的责任。传媒无疑应当承担起开风气、启民智的职责，担负起解读政策，革新观念的义务；担负起传授知识，掌握发展能力的重任；担负起传播信息，展示发展动态的责任。

（二）大众传媒是城市社会整合的有效工具

与乡村不同，城市是一个高度分化、人们彼此依赖的生存空间和社会组织。都市社会中，社会分工专业化和利益分配多元化的现实，导致都市的社会发展更需要扩大社会沟通渠道和信息传播空间，以便积极引导大众和整合社会秩序。

"城市是生态、经济和文化相互作用的综合产物，在城市中，有极为发达的沟通体系和手段，这就为城市的生活质量提供了一个客观的保障。"① 帕克认为，在现代以次级关系为组织基础的社会中，舆论作为社会控制的一种手段，已经成为一种非常有效和非常重要的手段。在政治上，出版业和媒体成为教育民众的工具和实行社会控制的一种形式。宣传，特别是社会宣传，成为一种需要专业知识的专门职业。这就是以次级关系作为城市组织基础的特征或现象。在这种城市结构中，宣传和广告活动必然变成一种经济活动，而且在经济活动中，必然占有相当重要的地位。帕克还指出，报纸是城市交流中最为重要的一种媒体。它的第一个功能，是取代了乡村的街谈巷议。在工业社会中，报纸有教育和社会监控的功能，这些都是传统乡村的街谈巷议所无法做到的。②

对一个国家或社会来说，城市化意味着社会结构的异质化和多样化，社会的流动性在增加，社会关系在不断进行组合，人们不停地寻求适合自己的社会位置和社会角色等。改革开放以来，中国城市人口的社会分化过程中出现了身份、收入和地位等方面的差别，派生出各种不同的社会阶层、社会群体，构成多层次、立体式的城市社会结构。这些具有不同制度身份的社会成员，在积极投身社会实践的同时成为利益主

---

① ［美］罗伯特·帕克等：《城市社会学——芝加哥学派城市研究文集》，宋俊岭等译，华夏出版社1987年版，第5~6页。
② 同上书，第38页。

体，在本身成为新闻传播对象的同时享有权利参与新闻信息交换过程来表达自己的诉求，这对达成社会共识、化解社会矛盾起着积极作用。

因此，都市提供了社会的整合需求，分化引发了联结的需要，日益分化的都市群体必须通过整合成为一个整体。在乡村中，整合多依赖于直接的人际交往，血缘、地域维系的关系支撑着群体和社会整合的主要方面。而在现代都市中，整合越来越依靠大众传媒这样的中介机构实现，报纸通过传递共享的价值观念来实现分化社会的整合。①

（三）大众传媒是城市文化的建构者

文化是城市之魂，城市文化是现代城市综合竞争力的重要构成部分，城市文化的发展水平已经成为衡量区域发展水平和文明程度的主要尺度。一个城市的竞争力，往往由文化资源、文化氛围和文化发展水平所构成的文化力所决定。当今世界现代化城市都是文化发达的城市，拥有众多的高等院校、科研机构和文化团体，汇聚大批专业人才和知识分子，文化设施完善，文化产业发达。与此相适应，城市居民的素质也普遍较高，最终转化为巨大的创新能力，转化为物质形态的竞争力。

大众传媒对城市文化的影响持续而深远、广泛而普遍。大众传播是西方现代性话语机制最为典型的一个组成部分，这一现代性话语源于城市，立足于城市，并以城市为表现对象。大众传播的重要性不仅仅在于它自身提供了多少独特的媒介文化形式，而更在于其大众化的媒介形式具有传载其他文化形式的便捷性与包容性。② 我们可以看到，在现代城市中，无论是精英文化、大众文化、主流文化，还是民间文化，都离不开大众传媒的传播。

尤其是在占据主导地位的大众文化的发展过程中，大众传媒是一个起着推波助澜作用的关键性因素。大众传媒的平等性、广泛性使得它成为大众文化唯一可以利用的形式。大众传媒从诞生之日起就开始了与大

---

① 孙玮：《现代中国的大众书写——都市报的生成、发展与转折》，复旦大学出版社 2006 年版，第 13～14 页。
② 于德山：《当代媒介文化》，新华出版社 2005 年版，第 68 页。

众文化的联姻。20 世纪 20 年代初，最早从广播中发出的声音就是流行音乐、广告和闲谈。可以说，大众文化就是在工业社会中产生，以都市大众为其消费对象，通过大众传播媒介传播的无深度的、模式化的、易复制的、按照市场规律批量生产的文化产品。①

大众文化差不多从诞生之日起，就与粗俗、低级、平庸、无聊结下了不解之缘。大众媒介的这一文化现象屡遭批评指责，但媒介仍我行我素。究竟是大众趣味决定了媒介内容，还是媒介内容决定了大众趣味？答案也许介于两者之间，即公众趣味既是媒介内容的原因，也是媒介内容的结果。美国传播学者德弗勒指出，媒介遵循的是"大数法则"，即"不管什么内容，只要能吸引最大量的顾客，赚取最多的广告收入，就是要提倡的内容"，正是这种大数法则使媒介大量倾销那些所谓适合大多数消费者口味的大众文化，这是由媒介的商业性质决定的。②

20 世纪初，西方主要资本主义国家大都实现了向工业化社会的转变，大规模生产导致商品大量生产，导致产品极大丰富以至过剩，社会的中心由生产转为消费，以节俭、勤奋、忍耐等新教伦理为核心的资产阶级传统价值观开始解体，一种鼓励消费，以消费开拓市场，以消费促进生产发展的消费主义观念逐渐形成。这种不以商品的使用价值为消费目的，而是追求炫耀性、奢侈性和时尚性，并以此为生活目的和人生价值的消费主义文化成为城市文化的主流，大众传媒又是它的制造者、承载者、播散者。

二、城市化对大众传媒发展的影响与作用

（一）城市化与大众传媒的同构发展

人类大众传媒发展史告诉我们，大众传媒的兴起与发展与城市的兴起与发展具有同构性，大众传媒的发展水平是衡量一个国家或地区城市化水平、综合经济实力以及科学技术、文化教育是否发达的重要标志。

---

① 陈刚：《大众文化与当代乌托邦》，作家出版社 1996 年版，第 13 页、22 页。
② 张国良：《新闻媒介与社会》，上海人民出版社 2001 年版，第 91 页。

西方城市化高度发达的国家，它们的大众传播事业和大众传播媒介都很发达；相反，在亚非拉城市化水平较低、经济欠发达的国家和地区，大众传播事业和大众传播媒介也不发达。我们国内的情形也大体如此，在城市水平较高、经济快速发展的东部及沿海地区，大众传播事业很发达；在城市化水平较低、经济发展相对落后的西部及边远地区，大众传播的发展也相对滞后。①

美国学者阿特休尔说过："人们应当牢记大众传播媒介是与都市中心同步发展的。事实上，它们两者之间难解难分，没有都市中心，大众传媒不可能产生，同样，没有大众传媒，都市中心的发展恐怕也不会成功。"②

美国社会学家勒纳曾以识字率和都市化率（有居民 5 万以上的都市人口在总人口数中的比例）为指标，将各社会的传播体系与其他社会体系的复杂相关分类如下：③

表 1 - 2

	识字率	都市化	传播体系
近代社会	61% 以上	25% 以上	媒介
过渡社会	21% ~60%	10% ~25%	媒介—口头
传统社会	20% 以下	10% 以下	口头

勒纳理论模式的核心观点之一是以城镇化、教育、大众传播的普及化和公众的参与四个要素的相互作用来解释现代化过程。勒纳认为，现代化过程中首先出现的是城镇化，城镇化带来能源、交通、通信、教育等各方面基础设施的改善，并引起社会结构和生活方式的一系列变革，最终促使人们传统价值观念也发生相应的变革。城镇化所带来的最重要的变化是教育的普及。而教育的普及使读写能力成为普通公民的基本条

---

① 崔欣、孙瑞祥：《大众文化与传播研究》，天津人民出版社 2005 年版，第 385 页。
② ［美］赫伯特·阿特休尔：《权力的媒介》，黄煜等译，华夏出版社 1989 年版，第 42 页。
③ ［日］竹内郁郎：《大众传播社会学》，复旦大学出版社，第 29 页。

件，从而使他们具备了接触大众传媒的技巧和能力，为大众传播的发展准备了社会条件。大众传播体系使全社会的成员都能分享信息资源，并建立起社会舆论监督体系，保证社会的正常运行。在城镇化、教育及大众传播的普及的基础上，公众获得了在经济和政治等各个方面参与社会事务的条件和权利。①

这就是所谓"大众社会"（mass society）的形成，即工业化、都市化与现代化创造了新的社区、社团以及新的联系方式，一切社会关系不停地动荡，使得人们彼此依赖又日渐疏远，同时增加了人们使用传播媒介的机会，让人们参与到共同体的公共生活中去，促使社会在沟通中求生存、求发展。②

美国报业发展史印证了这一观点。在美国，从1870年到1900年，美国人口增加了1倍，而城市居民的人数则增加了2倍。在这30年中，报纸数量增加了3倍，日报销售量增长了近6倍。日报数量和总发行量的增长速度甚至超过了孕育它们的城市的发展速度。社会和经济相互依存的力量，是工业化和城市化发展的结果，对于创造生机勃勃的"新式新闻事业"发挥了主要作用。城市居民结成一个个经济和文化单位，日益需要通过日报来获悉有关城市生活的故事和他们的普遍兴趣。日报再次成为全国生活的记录者和新环境的阐释者。③

人类社会进入信息时代，从发达国家的现实经验来看，各种新的传播技术与新的传播媒介也同样首先是在城市中得到孕育和发展，然后再逐步扩散开去的。以日本的大众传媒发展为例，20世纪80年代中期，东京就已有6家覆盖全日本的电视台，各中心台无一例外最初都是在东京起家，然后再逐步延伸到中小城市与乡村。当新的具有双向交流功能的有线电视问世后，也是东京最先得到了发展。互联网同样如此，先是

---

① 胡申生等：《传播社会学导论》，上海大学出版社2002年版，第40页。
② ［英］罗杰·迪金森等：《受众研究读本》，单波译，华夏出版社2006年版，第6页。
③ ［美］迈克尔·埃默里、埃德温·埃默里：《美国新闻史：大众传播媒介解释史》，中国人民大学出版社第9版，第157页。

在东京得到应用，然后才逐步扩展到东京以外的地区。①

从新中国成立后城市化进程与大众传播媒介的发展过程中，也可以看出城市化与大众传播媒介发展的密切程度，城市化进程经历了一个艰难曲折的矛盾过程，大众传媒的发展也经历了相应的起伏。

1949－1957年，工业化、城市化发展较快，1957年与1949年相比，全国设市城市由140个增加到183个，城市人口由5765万人增加到9949万人，城市人口占总人口的比例由10.6%增长到15.4%。这一阶段，我国的新闻事业全面发展。报业形成了以党报为核心和骨干的社会主义报纸体系，到1957年，报纸总印数已由1950年的8亿份猛增至26.1亿份。这主要得益于社会政治形势稳定，经济建设稳步前进，同时文化教育事业发展较快，全国城乡数以亿计的成年人参加了识字班的学习，很多人可以读懂报纸了。1949年9月新中国成立前只有40座广播电台，到1956年，全国面向农村的有线广播站共有1458座，城市有线广播也获得了长足发展。②

1958－1960年，中国城市化高速发展，"大跃进"使农村人口迅速涌向城市，使我国工业化和城市化在脱离农业的基础上超高速发展。1958－1961年我国新设城市33座，城市人口由10720万人增加到13073万人，年平均增长率高达19.7%。"大跃进"中，新闻事业也存在一哄而上的现象，报纸发展得也比较快，许多县都办起了报纸，1960年报纸总印张从1957年的26.1亿猛增到47.84亿，1958年我国第一座电视台——北京电视台成立，1959年全国有电视台20座，广播电台在"大跃进"中增加到135个，比1956年增加77个。③

1961～1965年，国民经济调整时期，大力精简城市人口，城市数目减少了37座，城市化率1963年急速下降到16.8%，1965年底回升到18.0%，这是新中国成立后城市化的第一个大落时期。这时期我国

---

① 吴信训：《都市新闻传播学》，中国社会科学出版社2001年版，第46页。

② 程兆民：《城市化与大众传播媒介的发展》，《现代传播》1996年第5期。

③ 同上。

的新闻事业也处于调整阶段。1963 年报纸大量合并或停办，报纸发行数大大减少，1958 年以后开办的广播电台，除林牧渔区、少数民族地区以及确实有必要保留外，其他一律停办，电视台由 20 座减少为 5 座。

1966－1976 年，"文革"时期出现了逆城市化现象，城市化水平由 18.0% 下降到 17.4%。我国的报业发生了灾难性的变化，从 1967 年到 1976 年，通常出版的报纸只有中央、省级和一些地区级的党委机关报。1966 年共有电台 78 座，1976 年共有广播电台 90 座。县（市）有线广播站从 1966 年的 1281 个增加到 1976 年的 2503 个，但广播盲目追求大功率，造成了极大的浪费。1971 年全国共有电视台 32 座，中央 1 座，省级 27 座，省辖市级 4 座。

1977－1995 年，在改革开放形势下城市化正常发展，广大县城和小城镇开始振兴和发展起来，不断出现一批新的小城镇，乡村人口也不断向城市流动，城市化率从 1978 年的 17.9% 大幅上升到 1995 年的 29%。这一时期大众传媒也大大发展，至 1994 年底，我国公开发行的报纸数已达 2408 种，比 1978 年增加了 833%，由于"四级办台"政策的推动，电台数达到 1142 座，比 1978 年增加了 1283%，电视台数约 1000 座，比 1978 年增加了 3125%。①

1996－2007 年，城市化加速发展，1996 年我国的城市化率为 30.4%，2007 年城市化率达到 44.9%，比 1996 年提高了 14.5 个百分点，城市化的迅猛发展，无疑为大众传媒的发展提供了巨大的推动力。1996 年，全国有报纸 2163 种，报纸总印张数 392 亿，2003 年国家加强了对报刊散滥的治理力度，2007 年，全国有报纸 1938 种，尽管报纸种数下降，但是从过去的党报一统天下到如今的结构多元、异彩纷呈，结构更加合理，同时报纸总印张数达到 1700 亿，比 1996 年增加了 333%，说明报纸的规模和影响力都大大增强了。1996 年全国有电台数 1244 座，电视台 880 座，国家加强了对广播电视的宏观管理，从 1995 年开始停止批建新台，1999 年停止"四级办台"的方针，实施电视台与广

---

① 程兆民：《城市化与大众传播媒介的发展》，《现代传播》1996 年第 5 期。

播合并，并进行一系列的结构调整、职能转变，2007 年，全国有广播电台 263 座，电视台 287 座，广播电视台 1993 座，共有广播电视播出机构 2543 座，数量比 1996 年增加了 19%。①

（二）城市化是大众传媒发展和变革的驱动力

城市作为区域经济社会发展的核心，历来是当代传媒生存与发展的重要土壤，也是传媒业竞争的主要空间。可以说，城市化为传媒发展创造了良好的经济环境、人文环境，提供了广泛的信息需求和受众需求，并推动了传媒业的改革进程。

首先，城市化加速了城市产业的发展和集中，为报业的生存提供了丰厚的广告源。据有关资料统计，1983 年我国报纸全年的广告额为 7000 万元，到 2005 年报纸广告收入达到 256 亿元，而报纸广告的提升主要来自城市产业，尤其是第三产业的扩张。

其次，城市化创造了大量的可供报道的信息，传统地理限制的逐渐消失和人口纷纷向大、中城市和小城镇汇集，使城市成了发生新闻最主要的场所。人口的集中，带来了信息的集中和新闻源的集中，这大大加快了报纸采写新闻的速度，增大了报纸的信息量。

另外，城市化还对媒体的报道内容和报道方式产生巨大影响，促进了传媒自身的改革，使传媒从观念、体制到内容、方式等多方面发生了日新月异的变化，体现出与城市化进程相适应的趋势。

由于城市化提供了不断变动的新闻源，在改变受众结构的同时也不断产生新的受众需求。也就是说城市化在改变着传媒的"生产原料"和"最终产品"，呈现出传媒形态的时尚、传播内容的市民化、传播手段的现代化等特点。

城市化使农民大量向非农产业转化，社会结构中市民阶层快速崛起，并成为主导传媒发展的最主要的力量。这使得媒体更加注重市民需求，更加注重面向城市读者的产品设计，比如开设城市板块、城市副

---

① 国家统计局网站 1996 年和 2007 年年度统计数据。

刊、消费新闻等；注重反映日常生活，注重表现生活方式的多样性，日益趋向于实用化、生活化，追求纯粹的娱乐与消遣。也就是说，城市化的发展使大众传媒越来越重视传播城市理念。

随着城市化进程的加快，大众传媒的地域化倾向越来越明显。城市在加速发展的过程中，大城市的理念辐射周边城市，小城市辐射乡镇，形成了大众传播媒介的地域性特色。近年来，我国中央级报纸、省级报纸的地域化倾向日趋明显，媒介不由自主地与城市本身的定位相结合，发挥着其辐射周边地区的作用。关注城市化进程，已成为大众传播媒介的主要议题之一。

第二章

城市化进程与报业发展

改革开放以来,珠江三角洲的经济取得飞跃发展,工业化、城市化在不断推进,佛山市是珠三角乡村都市化的典型代表,特别是 2002 年佛山行政区域调整后,形成一市五区的新架构,佛山的城市化建设势头迅猛且后劲更足,依赖于这块热土的报业市场迎来了超常规发展的黄金时代,可以说佛山城市化发展为传媒业提供强有力的支撑,未来的发展潜力更不可估量。另一方面,广佛同城化和珠三角一体化等都市化新趋势,必将对珠三角报业格局带来深远影响,对佛山报业带来更大的竞争压力。

第一节　佛山的城市化进程与报业发展历程

一、佛山的城市化进程分析

国内外通常采用人均 GDP、人均可支配收入、三大产业比例、非农业人口比重等一系列指标来衡量城市化的水平。改革开放后,佛山的城市化进程加快,特别是 2002 年佛山行政区域调整后,佛山的城市化进入了加速发展的时期。

　　人均 GDP 是一个国家或地区按人口计算的平均产出水平，是生产率水平的反映。从人均 GDP 的比较分析来看，佛山目前进入工业化高级阶段，但距离发达经济阶段还有不小的距离（表 2－1、表 2－2）。

表 2－1　佛山市历年人均 GDP 表①

年度	1982	1990	1994	1998	2000	2003	2005	2007
人均 GDP（元）	1000	4491	14275	24080	28665	40437	41031	60917
人均 GDP（按当年美元价计算）	500	939	1657	2915	3470	4872	5007	5164

表 2－2　钱纳里关于结构转变过程的时期划分标准②

时期	人均 GDP（1982 年美元）	人均 GDP（1994 年美元）	人均 GDP（1998 年美元）	发展阶段	
1	364～728	546～1092	601～1199	初级产品生产阶段	
2	728～1456	1092～2184	1199～2402	工业化	初级阶段
3	1456～2912	2184～4368	2402～4805		中级阶段
4	2912～5460	4368～8190	4805～9009		高级阶段
5	5460～8736	8190～13104	9009～14414	发达经济	初级阶段
6	8736～13104	13104～19656	14414～21622		高级阶段

　　由两表对比可知，1982 年佛山的人均 GDP 仅为 500 美元（按 1982 年价），尚未踏入初级产品生产阶段，1990 年进入工业化的初级阶段，1998 年的人均 GDP 达到 2915 美元（按 1998 年价），已进入工业化中级阶段，到 2003 年人均 GDP 达 4872 美元（按当年价），表明佛山跨入工业化的高级阶段（4805～9009 美元），用 20 多年时间达到了其他国家用数十年甚至上百年时间才达到的工业化程度。但也要看到，佛山目前仅是刚进入工业化高级阶段，距离发达经济阶段尚有很长的路要走。

　　产业结构反映了一个国家或地区经济实力、技术进步和竞争力，城

---

① 相关数据来自《佛山市社会及经济发展基础数据汇编》。
② 胡长顺：《21 世纪中国新工业化战略与西部大开发》，中国计划出版社 2002 年版。

市化过程伴随着工业化，工业化过程则是产业不断升级、重组的过程。从产业结构的比较分析上来看，佛山城市化发展的动力与发达国家城市有着很大不同（表2-3、表2-4）。

表2-3　佛山历年产业结构①

年度	1978	1987	1990	1995	2000	2002	2004	2007
第一产业	31.2	16.8	15.5	8.9	6.9	6.1	4.9	2.2
第二产业	6.1	58.8	59.9	55.9	52.6	53.2	57.8	64.9
第三产业	5.0	24.4	24.6	31.2	40.5	40.7	37.3	32.9

表2-4　世界部分城市国民生产总值构成比较（%）②

城市名称	统计年份	第一产业比重	第二产业比重	第三产业比重
纽约	1989	0	20	80
巴黎	1988	0.3	27.0	72.7
东京	1988	0.2	27.3	72.5
罗马	1981	4.0	23.0	73.0
香港	1990	0.3	26.5	73.2
汉城	1989	0.4	30.7	68.9
墨西哥	1989	11.4	29.4	59.2

从表2-3可以看出，佛山市的产业结构显示，30年来，佛山市第一产业所占比重不断萎缩，从1978年的31.2%下降到2007年的2.2%；第二产业比重则在调整中呈上升态势，除个别年份略有下降外，其余年份均为递增，到2007年，第二产业占GDP比重为64.9%；而第三产业比重在前20年呈上升态势，进入新世纪所占比例有所减少。

与表2-4对比可知，佛山与发达国家或地区的第一产业比重接近，但发达国家或地区的第二产业占GDP比重远远低于第三产业，第三产业占有绝对的优势，一般在70%以上，而佛山的第二产业所占比重远

---

① 相关数据来自《佛山统计年鉴》《佛山年鉴》。
② 谢文蕙、邓卫：《城市经济学》，清华大学出版社1996年版，第87页。

高于第一产业，可以说，在相当长时间内，第二、三产业会同时成为促进佛山城市化的动力源泉。

表2-5为佛山市城市化统计数据。

表2-5　佛山市城市化统计数据①

年度	1978	1985	1990	1995	2000	2002	2005	2007
GDP（亿元）	16.77	48.09	125.49	545.89	948.37	1168.6	2379.8	3588.5
人均GDP（元）	705	1888	4491	17549	28665	34636	41031	60917
三大产业比重	31.2：50.5：18.3		15.5：59.9：24.6	8.9：55.9：35.2	6.9：52.6：40.5	6.1：53.2：40.7	3.5：60.4：36.1	2.2：64.9：32.9
轻重工业比重	75.3：24.7	79：21	73.3：26.7	62.2：37.8	59.6：40.4	57.7：42.3	50.6：49.4	48.3：51.7
人均可支配收入（元）	407	1247	2537	6917	11977	13582	17424	21754

根据表2-5中人均GDP、人均可支配收入、三大产业比重、轻重工业比重等一系列指标来衡量，佛山城市化的发展可以分为三个阶段：

第一阶段：1978-1990年，在这个阶段，产业结构中第一产业所占份额迅速减少，从1978年的31.2%到1990年GDP比重降至15.5%；第二产业以"三来一补"的轻工业、加工工业为主，1990年轻、重工业的比重分别为73.3%和26.7%，第三产业在这一阶段上升到24.6%，其中主要以商业、服务业等相对单一的行业为主。在第二、三产业快速发展的带动下，城市化水平不断提升，10多年时间攀升至42%，上升了约30%。

第二阶段，1990-2000年，第一产业的GDP比重继续下降，第二产业的"三来一补"渐渐被深加工所代替，2000年重工业比例上升到40.4%，工业内部结构升级；第三产业中物流业、金融保险业、房地产业所占比重不断上升；第三产业就业比重略有上升，城市化率在1995

---

① 相关数据来自《佛山统计年鉴》《佛山年鉴》。

年为 54%，速度有所放缓。

第三阶段，2000 年至今，第一产业在产值及就业中仅占微弱比重；随着重工业的进一步提高，2007 年超过了轻工业，第二产业的 GDP 份额不断上升，就业比重则不断下降，从 1995 年的 64% 降至 2001 年的 55.7%，而第三产业的就业比重不断上升。特别是 2002 年 12 月，国务院批准佛山行政区域调整，形成新的一市五区的新架构，佛山城市化进程步伐加快，进一步带动城市化率的提高。

据《中国城市化率现状调查报告》对 2006 年中国地级以上城市的城市化率进行排行，数据显示，2006 年，地级以上城市（含直辖市）城市化率达到 90% 以上的有 8 个城市，其中深圳市、珠海市、佛山市 3 个城市的城市化率已达 100%。[1]

同城化是城市化加速发展的新形式，珠三角、长三角城市群已经出现了这一趋势。区域经济一体化，在国际间表现为区域性的国家间的经济合作，在国家内表现为以大城市、特大城市为中心的城市群、城市带以及城市之间的区域性合作，表现为城市空间向区域空间转化的特征，传统的城市体系不断发生着变化。当前我国城市化呈现出新的特征：大城市中心区向近郊区、远郊区扩散趋势，由高度集中向适度分散的变化，城市活动由核心区不断向外围蔓延，转变为组团式发展；城市发展由单体发展、独立为先，向群体、多样化发展模式转变。[2]

从 20 世纪 90 年代以来，中国的城市群、城市圈已开始崛起与发展，目前已形成以长三角、珠三角、京津冀环渤海等三大城市圈为主体的全国多元化、多层次的城市空间布局，出现了一批区域性的中心城市和城市群（带）。深圳与香港较早地提出"同城化"的发展理念，并且制订具体措施付诸实施，这正是经济全球化的发展要求。内地也有不少城市提出了"同城化"的构想，如湖南"长株潭"、陕西西安与咸阳、

---

① 《深圳、珠海、佛山三城市城市化率已达 100%》，《深圳特区报》2008 年 12 月 9 日 A5 版。
② 朱铁臻：《"同城化"是城市现代化发展的新趋势》，《中国经济时报》2007 年 10 月 09 日 A4 版。

吉林长春与吉林、辽宁沈阳与抚顺、河南郑州与开封、山西太原与榆次等，目标都在于发挥各自优势，抓住机遇，促进共同协调发展。

近年来，广东省委省政府提出打造广佛都市圈，实施广佛同城化的战略，明确广佛都市圈是珠江三角洲的核心区域，强化广州、佛山两市的同城效应，全面提升广佛整体发展水平，携领珠江三角洲打造布局合理、功能完善、联系紧密的城市群。广佛都市圈建设带动了佛山都市化进程，给佛山带来了发展新机遇。

交通上，广佛建设共享的交通枢纽体系，打造半小时轨道交通圈，构筑一小时道路交通圈，广佛"无缝对接"正成为现实。广佛之间目前有20多条主要道路连接。其中，仅高速公路就有10条与广州相通。2006年，广佛地铁全面动工，2010年建成通车，未来还将有多条地铁相通让广佛两地人从生活层面上加速融合。

2009年3月19日，广州市、佛山市共同签署了《广佛同城化建设合作框架协议》，两市将推动实施医院验单互认、油气电同网同价、两地文化网上共享、治安初步联防联动、社保对接无障碍、公务员试行两地"兼职"、公交互通"心脏"、年票进一步互通、羊城通与广佛通融合、的士谋求互通、教育资源共享。在民生事业共享的同时，广佛的产业对接也在加速推进。

二、佛山的报业发展历程分析

改革开放后，佛山报业经历了快速发展的历程，可以划分成三个阶段，体现出与城市化进程的同步性。

第一阶段：1978年至1990年，报纸从无到有，影响力不断增强。

历史上，佛山曾办过多份报纸。《汾江日报》（1912年）是佛山历史上最早创办的报纸，不到一年停办。新中国成立前，佛山还先后出版过《佛山商报》《佛山民国日报》《南海日报》《南海民国日报》《南粤日报》《时事日报》等十几份报纸。新中国成立后，佛山先后办有《粤中农民报》（1952年12月–1956年2月）、《佛山报》与《佛山日报》（1958年5月–1961年2月）、《新佛山报》、《红佛山报》、《佛山三代会》报（1968–1971年）。1972年2月至1975年9月，中共佛山地委（辖管台山、恩平、开平、新会、江门、高鹤、南海、番禺、顺德、中山、三水、珠海、斗门、佛山）14个县、市，从省、地、县三级调集采编力量创办地区性三日刊四开四版、面向农村为主的《佛山报》。

1983年，改革开放刚刚拉开帷幕不久，全党全国的工作重点已转移到现代化建设上来，当时的佛山人口300多万，实行"以市带县"（辖管南海、顺德、三水、高明、中山、城区、石湾等7个县、区，中山县1987年分出）体制，但是却没有一份地方报纸。佛山市委深感有必要把因"文革"停办的报纸复办起来。消息一出，争论四起。一种声音认为，佛山距广州太近，广州的报纸可以覆盖过来，佛山没必要办。一种声音认为，历史上佛山也办过报纸，但总是办办停停，再加上纸浆短缺和地方财政等问题，还是不要办。佛山市委审时度势，最终复办了四开四版综合性机关报《佛山市报》（周三刊）。1984年复称《佛山报》。

1986年1月《佛山报》由四开四版小报改为对开四版大报。此举在广东地市级报纸中引发了一次大震荡。因为此前广东省规定省级媒体是大报，地市级媒体是小报。《佛山报》在全省地市级媒体之中首开改大报的先河，经过《佛山报》的尝试，广东其他地市级媒体也纷纷改成了大报。

第二阶段：1990–2001年，报纸发行量和种类数量不断增加，报纸影响力不断增强。

1992年，《佛山报》复刊9年之时，正式更名为《佛山日报》。经过一年磨合，1993年改版为每天出报。1994年扩大为对开八版日报。此次扩版行动更是在地市报纸中引起强烈反响，因为当时全国地市级党报中，还没有一家媒体是出过8个版的。但是作为改革开放前沿地带的佛山，产生的大量新生事物吸引了众多省级媒体，这些大报都有8个版，有的达到12个版，囊括了大量的佛山信息。这是佛山日报应对媒体竞争的一场重大变革，也是其向市场化探索的重要环节之一。

佛山独特的地理位置，省级媒体早就将其全面覆盖，佛山市民大都养成了看《羊城晚报》、《广州日报》的习惯。思想观念的变化和媒体的竞争促使佛山日报与其他地方性党报不同的是：从复办之初就开始了市场化的探索。

20世纪90年代，佛山报社领导层认识到，不论是市场化生存还是政府财政支持，都需要办一张好看的报纸，要以办报为中心，从公信度、亲和度、满意度出发，理顺报社管理体制、扩大报纸影响力。佛山日报深入基层，在各县级市建立记者站，贴近基层政府与市民。1995年创办《佛山晚报》，以民生新闻为主。进行版面改革，提升本地新闻的可读性。设立热线电话，抓住"活"新闻。引进服务性新闻，为市民提供股情、消费参考。

20世纪90年代，大沥人无私救助江苏打工孕妇宋水兰、李配权借助媒体万里寻亲成功、揭露暗中经营非法土葬等一批反映大爱、关注民生的报道陆续出台。在关注民生、关注民情的同时，佛山日报与时代发展背景紧密联系在一起，与城市发展紧密联系在一起。20世纪90年代以后，邓小平同志提出"计划多一点还是市场多一点，不是社会主义与资本主义的本质区别"，"三来一补"的发展模式已经无法支持企业的二次发展，佛山乡镇企业开始纷纷进行股份合作制改革。与此同时，政府开始引导民营企业加大科技投入。佛山日报对"三高"农业、"抓大放小"的企业改革，对农村股份制改革，对商业流通领域的改革都作出了突出报道。在这种背景下，《科技驱动下的资本运营》《穿起"龙袍"当富翁》《留学人员在佛山施展才干》等一批反映吸引科技、人才转变企业发展模式的采访报道陆续面世。

1998年，省级媒体纷纷进入厚报时代，南海、顺德、高明、三水又纷纷办起地方性报纸。佛山日报面临是否扩版的方向选择。1999年，佛山日报最终决定把《佛山日报》和《佛山晚报》一起捆绑出版发行，加起来 12 个版。两张报纸一张时政为主，一张民生为主，内容不重复，而且订《佛山日报》可以看到《佛山晚报》，反之亦然，晚报发行量即刻上升，这一探索性举动效果良好，当年报社就净赚 700 万元。佛山日报从 20 世纪 90 年代开始进入稳健发展时期，到 21 世纪初连续成为佛山市纳税大户。

1994 年 3 月 26 日，《顺德报》创刊。1997 年《顺德报》上了因特网，成为全国县级报第一家。2000 年，《顺德报》出版日报，自办发行，建立发行队伍 300 多人。同年，顺畅网正式开通。

1994 年 1 月 1 日，《南海报》创刊，对开四版，周二刊。1996 年 1 月 1 日起，由周二报改为周三报，11 月，经国家新闻出版总署批准，改为《南海日报》。2000 年，《南海日报》改为十二版彩色日报。

第三阶段，2002 年至今，创办多媒体传媒文化集团，佛山报业迎来跨越式发展。

2002 年初，广东省委做出了将佛山建设成广东"第三大城市"的重大决策，2002 年 12 月，国务院批准佛山行政区域调整，顺德市、南海市、三水市、高明市四个县级市撤销，分别设立为佛山市顺德区、南海区、三水区、高明区；原佛山市城区和石湾区同时撤销，与原南海市南庄镇合并为佛山市禅城区，形成一市辖五区的大佛山格局，以此带动珠三角西部城市群的发展。地区资源调配能力的提高，使佛山成为核心城市，并与广州互补共荣，共担广佛都市圈的重任。

当时佛山共有国家一级刊号的本地报纸《佛山日报》《南海日报》《顺德报》《高明报》《三水报》《陶城报》《广播电视报》和《佛山侨报》等 9 家，其中以《佛山日报》最具规模，拥有近百人的采编队伍，基本实现办公自动化、印刷数字化。每日出版发行对开十六版报纸约 8 万份，年经济收入逾 5000 万元。《南海日报》、《顺德报》也具有一定规模，初步估计，当时佛山报业从业人员有 600 多人，有较发达的发行网络和较先进的印刷设备，年收入接近 1 亿元。

然而，佛山媒体中各类报刊、电台、电视台林立、散滥。雷同的功能、相近的内容，既加重了基层的负担，又满足不了市民日益增长的精神文化需要，彼此之间的无序竞争更使每个媒体都难于做大。尽管佛山媒体在全国同级别、同类型媒体中走在前列，但与大城市发展建设的需要不相适应。行政区域的变更，带来全方位调整，经济贸易、资金、信息、人才、技术、投资等多方面都会在行政手段和市场手段的共同作用下进行新一轮的资源整合，整个佛山市的"资源大整合"序幕拉开。这一行政区域调整，为兼并南海日报、顺德报，组建以佛山日报为主报的佛山日报传媒集团提供了必要的行政条件。

2003 年 7 月，中央发布 19 号文件，要求全国全面整顿报刊散滥现象。2003 年 12 月 28 日，在行政力量的推动下，佛山整合全市报纸资源，组建了属于国有事业体制的佛山日报传媒集团，成立后的集团承担起党报的宣传职责和固定资产的保值增值的责任。

行政区域调整后，佛山按照新的城市概念进行规划，确定了两个 100 万人口的中心城区、三个 30 万~50 万人口的城区，形成了组团式的发展布局。为适应佛山大城市建设加快、城市经济崛起的态势，结合贯彻 19 号文件，佛山市委决策层确定报刊整合的基本思路：一是加强党报的建设；二是停办了《高明报》和《三水报》；三是改出版一张都市类的报纸；四是改出版一张商业类的报纸；五是出版一张青少年类的报纸；同时整合《佛山文艺》《打工族》《佛山侨报》《佛山年鉴》等。这就形成了比较合理的平面媒体格局，组建了以党报佛山日报、都市报珠江时报以及珠江商报为主体的具有合理结构的报业体系的佛山日报传媒集团，并设立了统一的 IC 标志。

佛山日报传媒集团于 2003 年 12 月 28 日正式成立，先将《南海日报》和《顺德报》收为旗下，未作变革。但是这 4 份报纸的功能基本重复，都是挤在党报一条路上，这样的路子只会越走越窄，没有存在那么多党报的必要。集团经过半年的磨合，将《佛山晚报》和《南海日报》统一改出版为《珠江时报》，定位为"佛山市民的都市报"。《顺德报》改为《珠江商报》，定位为反映经济生活为主的商业类日报。这三份佛山的主要报纸，有不同的定位，互为补充，争取受众。青少年类的报纸在 2005 年 6 月创刊，为《珠江青少年报》，使用原《南海日报》的刊号，以佛山地区青少年为主要对象。

整合后，《佛山日报》成为佛山市唯一的一张党报，是集团的主报，《珠江时报》《珠江商报》《佛山年鉴》《佛山侨报》《珠江青少年报》和《佛山文艺》《打工族》均成为集团属下子报刊。佛山日报传媒集团成立后，采取了一系列新举措加以全面改革，以积极进取的姿态回应广州报业的竞争。集团整合原《南海日报》《佛山晚报》的资源推出《珠江时报》，不但结束了佛山缺少都市类综合性日报的局面，而且凸显了地方报纸的"本土化策略"。2005 年 1 月 26 日，佛山日报传媒集团改名为佛山传媒集团，并将佛山电视台、佛山电台纳入其中，成为地市级跨媒体集团的代表。

历经几年探索，佛山传媒集团跨媒介整合发展取得丰硕成果，在面临金融危机的冲击，中国传媒产业经营环境空前严峻的环境下，2008年集团全年经营总收入达到 11 亿元，同比增长 16.2%，总资产由 2004年的 12 亿元增长到 2008 年的 30 亿元，实现传媒事业、产业双丰收。[1]在集团统筹下，佛山三家本地报纸——《佛山日报》《珠江时报》《珠江商报》在市内外的影响力和竞争力大幅提升。2008 年佛山日报的经营收入达到 1.4 亿元，在广东地市报中独占鳌头，《珠江商报》和《珠江时报》两家报纸的总收入合计达到 1 亿元。在广州报业强势抢滩佛山市场的形势下，三家本地报纸巩固了自身的市场份额，稳稳占据着市场领先者的地位。

从佛山的城市化进程与大众传媒发展过程中，可以看出城市化与报业发展的密切程度，城市化为报业发展创造了良好的经济环境、人文环境，提供了广泛的信息需求和受众需求，并推动了报业的改革和发展进程。

---

[1] 《深度融合开创传媒新时代——透视佛山传媒集团 2008 年度十件大事》，《佛山日报》2009 年 1 月 22 日 A3 版。

第二节　城市化背景下佛山报业发展趋势分析

城市作为区域经济社会发展的核心，历来是当代报纸生存与发展的重要土壤，也是传媒业竞争的主要空间。当前城市化发展呈现分散、开放、组合式的发展态势，随着中心城市受众和周边城市受众之间的物理距离日趋模糊，二者将被整合在都市受众的范畴内，都市受众范畴在不断扩展，必将成为主流受众群，传媒的城市化竞争范围也因此不断扩大，将对报业竞争格局和报业结构带来深远影响。

一、城市化与报业发展空间

报业的区域化发展决定于经济区域化的趋势，未来珠江三角洲经济仍将继续获得强劲增长，佛山市要实现广东第三大城市的建设目标，城市化建设势头迅猛且后劲更足，依赖于这块热土的报业市场同样也会迎来超常规发展的黄金时代，可以说佛山城市化发展为传媒业提供强有力的支撑。

从目前来看，佛山的经济已经发展到相当成熟的程度，城市化程度不断提高，将能快速促进报业市场增量空间的迅速扩张。传媒业市场规模主要受 GDP、人均 GDP、人均可支配收入、人均受教育程度、人口数量等因素的影响，这五个因素也是衡量城市化水平的重要指标，随着上述五个因素的变化，传媒业市场规模不断变化，其存量和增量也在不断变化中。

（一）经济总量巨大

2001 年，佛山市 GDP 已经突破 1000 亿元这个媒体发展的爆发点，达 1078 亿元，2005 年，突破 2000 亿元。改革开放以来，GDP 突破 1000 亿元，佛山用了 23 年；但是在 1000 亿元的基础上翻一番，佛山仅用了 4 年。2007 年佛山 GDP 已经突破 3000 亿元，达到 3588 亿元，省内仅次于广州和深圳，在全国大中城市中排名第 11 位，超过了成都、武汉、南京、大连等大城市，雄厚的经济实力提供了支撑报业发展的有利条件。①

衡量一个城市的广告市场潜力，该城市的广告量与 GDP 之间的比值是重要的参考数据。按 2007 年 GDP 计算，珠三角 9 个城市可以划分为 3 个阵营。

第一阵营是广州、深圳，GDP 突破或接近 7000 亿，二者之和达到13815 亿元，两市从 2004 年开始，广告经营额实际占 GDP 的比例在1.5% 至 2% 之间，接近和等于世界发达国家比例。也就是说，这两个城市的广告市场想象空间不大，这也同现实中这两个城市的媒体竞争态势相吻合。

第二阵营是佛山和东莞，2007 年佛山市 GDP 达到 3588 亿元，而广告收入不到 10 亿元，占当年 GDP 的比重不到 0.2%，国际发达国家的广告收入占 GDP 平均值是 2%，世界平均值为 1.5%。即使按 2006 年全国广告经营额占 GDP 平均比例 0.75% 来算，2007 年佛山市的广告经营额应在 26 亿元以上。如果未来数年内，佛山市的传媒业收入/GDP 的比例增加到 1.5%，则其传媒业收入将达到 50 多亿元，这个增量空间极其巨大，如果按照报业收入占传媒业收入的比例为 30% 来计算，则报业收入超过 15 亿元。考虑到佛山作为制造业大市，其产品大量外销，其广告一部分要拿到外地进行销售，那么其广告规模乘以一个系数，即使这个系数为 0.7%，报业广告规模也将超过 10 亿元，调整后的市场规模仍然巨大。而 2007 年，佛山实际的报业广告收入仅有 3 亿多元。

（二）消费市场规模可观

2007 年，佛山全年社会消费品零售总额 946.8 亿元，比上年增长22%。按照广告投放额/社会消费品零售总额的比例为 2% 来计算，其

---

① 相关数据来自《佛山年鉴》。

潜在广告市场的规模应该为 18.9 亿多元。

此外，和广告额相关程度较高（即投放广告的比例较高）的邮电、金融保险、房地产、餐饮娱乐、汽车销售等消费行业发展速度较快，总量可观。2007 年全年完成邮电业务总量 228.09 亿元，比上年增长 10.6%；年末民用汽车保有量 57.63 万辆，比上年末增长 18.3%，其中私人汽车 47.46 万辆，增长 20.5%；旅游总收入 159.78 亿元，增长 23.4%；金融保险业增长 7.8%，年末全市金融机构本外币各项存款余额 4885.78 亿元，比年初增长 9.5%，全年保费收入 79.16 亿元；批发零售贸易业零售额 746.99 亿元，增长 21.2%；住宿和餐饮业零售额 199.80 亿元，增长 25.0%；房地产业增长 17.2%，其他服务业增长 14.3%。①

居民可支配收入与消费支出水平也很高。2007 年，佛山市全年城镇居民人均可支配收入 21754 元，比上年增长 9.5%；城镇居民人均消费支出 18469 元，增长 9.9%。居民在娱乐、家用电器、衣着饰物、交通等方面消费支出增长加快，城镇居民家庭恩格尔系数为 30.9%，下降 0.7 个百分点，城镇居民消费支出中教育支出所占比重为 6.3%，文化娱乐服务支出所占比重为 5.4%。② 居民对住房、汽车、通信、家电等大宗消费品需求旺盛，可以极大地拉动传媒业广告的增长，同时居民教育与文化娱乐支出的增加，也会推动传媒业发展。

从国际经验看，当一个国家或地区人均 GDP 达到 3000 美元以上、人民生活水平走向小康阶段时，社会对文化的需求就会急速增长。此时，出台相应的政策措施，发展文化这个新兴产业，就会取得与经济相辅相成的效果。以上数据表明，佛山已经从经济总量规模和人民生活水平两个领域跨入文化消费的门槛，人民生活总体上达到初步富裕阶段，中心城区居民购买力强，文化方面的消费支出不断上升，一个广阔的文化消费市场正在形成，这些构成佛山传媒业发展的重要经济条件。

---

① 相关数据来自《佛山年鉴》。
② 同上。

（三）人均受教育程度较高

佛山市在 1983 年就在全省率先普及了小学教育，2000 年又基本普及高中阶段教育。2002 年，全市各类在校生达到 93.84 万人。2007 年，佛山市学龄儿童入园率 98.28%，小学毕业升学率 100%，初中毕业升学率 97.89%，普通高中毕业升学率 81.81%。[①] 过去 5 年，佛山市已经逐步实现高等教育大众化。除了本地的佛山科技学院、佛山职业技术学院、顺德职业技术学院外，华师南海学院、南方医科大学顺德校区东软信息技术学院等高校也相继落户佛山。佛山市民对教育的重视客观上提高了当地受众的接受水平，居民平均文化水平较高，对传媒产品的需求量也较多，刺激了对报刊广播电视等媒介信息的需求。

（四）人口规模庞大

2007 年末户籍人口 361.08 万人，比上年增加 3.02 万人，常住人口为 592.33 万人，达到大型城市的人口水平。[②]

综上所述，佛山市是一个经济社会发展程度较高、城市化水平较高的城市，有利于传媒业的发展。2007 年，佛山市的传媒业潜在市场规模，即使按照最为保守的计算方法已经超过了 18 亿元。

二、城市化与报业竞争格局

（一）城市化与报业发展趋势

1. 城市化的发展趋势

进入 21 世纪，中国的城市化呈现新的发展趋势：

一是城市概念正在发生变化。传统意义上的城市是指人口密集、工商业发达的地方，通常是周围地区政治、经济、文化的中心。这种集中的、封闭的、自成系统的城市概念正在受到挑战，新型城市正在向分

---

① 相关数据来自《佛山年鉴》。
② 同上。

散、开放、组合式的格局发展。比如到 2010 年，成都市区增大一倍，也就是说现在大片区域的农村都将变成城市中心区。城市概念的变化，使城市的区域相应增大了，报业的城市化趋向更加明显。

二是现在正在推进的城市化，都是构建都市群（圈），是地缘相近的多个城市共同发展，又连成一片的格局，呈城市区域组合的态势。

地域和区域是与空间因素相关的概念。经济区常用区域来指代，行政区常用地域来指代，前者主要是按照经济运行的特征和客观规律来划定边界，后者主要是以国家行政机构所管辖的范围来确定界限。① 近些年来，我国区域经济呈现旺盛的发展态势，像长江三角洲、珠江三角洲、福建的厦漳泉三角区都形成了比较突出的区域经济发展格局。经济向区域化发展的同时也推进了媒介的区域化发展，我国目前已经出现的几个有规模的经济区域，其中最具代表性的是珠江三角洲和长江三角洲，这两个地区在经济上呈现出明显的区域化趋势的同时，传媒也呈现出明显的区域化趋势。②

三是城际交通条件的改善和网络化办公的推进，也会拉近区域城市之间的距离。近年来，高速公路建设成为各地基础性投资的热点，在城际交通使城市之间有形距离拉近的同时，网络化办公将会无形之中把城市之间的关系黏得更紧，实现信息资源共享，整体的"去中心化"趋势明显。

电子通信与信息系统的发展容许日常生活功能的运作，诸如工作、购物、娱乐、保健、教育、公共服务、政府服务等等，逐渐与空间邻近性失去关联。据此，未来学家预测，一旦城市的功能必要性消失后，城市便会衰亡。③

2. 报业的发展趋势

城市化对报业的影响，在于它决定着报业市场竞争资源的流向，从

---

① 陈自芳、熊国和：《区域经济学概论》，浙江人民出版社 2002 年版，第 18 页。
② 赵振祥、罗任飞：《传媒的区域化趋势、问题及对策》，《新闻记者》2005 年 1 月。
③ ［美］曼纽尔·卡斯特尔：《网络社会的崛起》，社会科学文献出版社 2006 年版，第 369 页。

而影响着新的报业结构和报业竞争格局的形成。

（1）报纸的都市化趋势。

从20世纪90年代开始，以都市报诞生为标志的都市传媒开始主宰传媒市场，报业发展的都市化现象成为发展趋势，代表了传媒的都市化文化发展趋向，明确了其接受主体即城市市民和都市化的文化诉求策略。

在新旧世纪交替之际，成都仅都市类报纸就有《华西都市报》《成都商报》《成都晚报》《天府早报》《蜀报》《商务早报》《四川青年报》等7家，这些报纸定位趋同、内容相近，被业界称为"战国七雄"。在广州《广州日报》《羊城晚报》《南方都市报》《新快报》《信息时报》等都市类报纸也展开激烈的竞争。中心城市受众的购买力强，广告商的广告投放量大，投资回报率高，传媒对中心城市乐此不疲，催生了广州、成都、南京、西安、武汉、昆明、上海等一个个火热的市场。

和报业发展相似，在电视业，首先是电视综合频道传播大量的以都市文化为表征的内容，然后是城市有线频道节目等明确的"都市化"定位受到城市观众追捧。即使在无线和有线电视台合并，成立广电集团之后，都市化节目和风格仍然以强势劲头在不同频道中保留下来。[①]

（2）报纸的区域化趋势。

由前述的地域与区域的区别可以看出，地域传媒与区域传媒是明显的两个不同的概念。传媒的区域化发展，实际上就是地域传媒的区域化。传媒的区域化发展是传媒逐渐背离行政地域的限制、跨越地域边界扩张的行为，也是在经济区域下的跨越发展，其结果是形成区域传媒、区域传媒产业集群乃至区域传媒集团。[②]

在我国的传媒市场上，其行政管理区域和产业发展要求的市场区划的不重合，使得传媒的市场界限不是按照产业发展要求划分的统一的、要素自由流动的市场，而是被局限在一定的行政区划范围内，其政策表

---

① 蔡敏：《地域传媒的崛起和走向都市化的传媒文化》，《新闻界》2005年第3期。
② 黄晓军：《竞合背景下传媒的区域化和区域传媒》，《国际新闻界》2011年第1期。

现为条块分割、以块为主的管理体制和严格限制跨地区办报（经营）等举措。在城市化和传媒产业化的发展进程中，传媒的市场区域越来越与经济区域相重合，而与行政区域重合的离心力日渐增长，因此在媒体的发展中出现了跨越行政区域而追逐经济区域的跨地区现象。①

从中心城市来看，其受众的购买力和传媒的市场容量毕竟有限，从中心城市向周边城市进军，已经成为中心城市强势媒体的必由之路。随着中心城市受众和周边城市受众之间的物理距离日趋模糊，二者将被整合在都市受众的范畴内；而农村受众，要么被都市化，要么逐步向都市受众靠拢，都市受众范畴在不断扩展，必然成为未来受众的主流人群，传媒的都市化竞争范围也因此不断扩大。因此，城市化发展新态势对报业正在带来巨大的变化：一是随着城市范围的不断扩大，城市产业的不断发展，将极大地促进报业的发展；二是区域组合城市格局的形成，加速了圈内新闻资源的流动，相比之下，定位于区域组合城市的城市报的前景可能会好于基于单个城市发展起来的报纸。②

有研究者提出了区域报业发展的构想，即在科学发展观指导下，整合报业资源，拓展报业市场，从而形成新的经济区域内的报业产业集群，并提出分三步走：第一步是以行政区域为依托的地域报业发展阶段；第二步是以经济区域为依托的区域报业发展阶段；第三步是跨区域的报业发展阶段。目前中国报业正处于由地域报业发展向区域报业发展的转变中。③

有研究者结合报业集团的突出矛盾和中国特殊的传媒制度，提出"组建区域性报业集团"的构想。所谓区域性报业集团，即依托于一个区域经济和一种区域文化为背景的报业集团，突破传统报业集团以一个城市经济或一个城市文化为立足点的旧格局，站在更大的地域范围内，

---

① 黄晓军：《竞合背景下传媒的区域化和区域传媒》，《国际新闻界》2011 年第 1 期。
② 阮晓琴：《城市化与地方报业》，《中国记者》2002 年第 5 期。
③ 吴高福、侯迎忠：《报业发展与全面建设小康社会——兼论区域报业发展构想》，湖南大学出版社 2008 年版，第 1 页。

追求更大的发展空间，并力求从现在的城市垄断优势走向区域垄断优势。① 突破本地传媒市场空间的有限性和跨地区扩张中遭遇的地方行政分割和利益保护，是组建"组建区域性报业集团"的动因，而区域性报业集团可以突破所在城市或地区报刊市场的限制，获得区域范围内更广阔的市场空间；可以在更大范围内实现资源共享，从而为报业集团的跨地区办报节约了大量成本；尤其是可以通过对区域内信息的传播与整合，既在内容上更好地服务读者，也可以为那些着眼整个区域市场的商家提供更好的广告支持，简化商家的广告投放支出和精力，对区域经济的进一步融合和发展也有积极的促进作用。

（3）广州报业跨区域扩张。

在珠三角，广佛同城化、珠三角一体化的趋势，正在推动珠三角城市群的形成，组合城市的格局对珠三角地市报业将带来深远而重大的影响。

在竞争充分的情况下，按市场配置资源的理论，组合城市的新闻资源将支撑少数特大媒体的形成，其势力范围可能呈现跨城市、多媒体兼营。而组群城市中的地方报纸处于组群强势媒体辐射的范围内，由于地方报纸在办报理念、办报资源等方面都处于绝对劣势，在竞争中将面临不利局面。

据世纪华文报刊零售连续监测体系对珠江三角洲的 5 个重要城市（广州、东莞、佛山、中山、江门）的报纸进行的连续监测研究发现，近两年珠三角地区报业竞争格局有着潜在的变化：变化之一在于广州作为珠三角地区的核心地位有所削弱，三大报纸（《广州日报》、《羊城晚报》、《南方都市报》）在珠三角其他城市的竞争脚步加速。数据显示，近两年主要报纸在广州的零售总销量整体下降，2006 年广州报纸总销量占珠三角地区 55% 以上的比例，而 2007 年广州报纸总销量降到了45%，珠三角其他城市上升幅度较大。② 广东报业呈现"去中心化"的

---

① 张卫华、张志安：《关于组建区域性报业集团的构想》，《新闻大学》2004 年夏。
② 《2007 年上半年珠三角报业零售市场状况》，《传媒》2007 年第 6 期。

趋势，一方面广州、深圳两个中心城市的报业发展日趋饱和，另一方面随着珠三角城市一体化的推进，中心城市强势媒体加强了对珠三角各地级市的渗透，这将对珠三角报业格局带来深远影响。

从报业经济上来看，广州的报业发展空间趋于饱和，可以说，广州报业从本地竞争向区域竞争转变，区域竞争是本土竞争的延续，也是广州报业生存的需要。广告属于依附性行业，在很大程度上受地区经济规模的制约，其市场增幅与该城市 GDP 增幅成正比，因此衡量一个城市的广告市场潜力，该城市的广告量与 GDP 之间的比值是重要的参考数据。

2003 年、2004 年、2005 年广州市的广告收入分别为 54 亿、83 亿、100 亿，占当年的 GDP 为 1.5%、2%、1.8%，而国际发达国家的广告收入占 GDP 平均值是 2%，世界平均值为 1.5%。① 也就是说，广州的报业广告市场的开拓水平在 2003 年已经达到世界平均水平，广告市场的开拓空间已经不大，广州报业竞争力大规模溢出珠三角其他处于发展阶段的城市，恰恰就在 2003 年至 2005 年这三年之间。2003 年前后，广州报业的"三大三小"便开始在佛山、东莞大肆进行以"开拓地方版"为载体的区域扩张。

从报业结构来看，广州报纸的结构比较单一，报业竞争日趋白热化，也必须寻求新的发展空间。一个城市有 6 家综合性日报，分属 3 家报业集团，虽然"三大三小"各自标示的定位不尽相同，但广州综合性日报除《南方日报》属省委机关报外，其他 5 家从内容和风格而言基本上都可列为都市类报纸，这在国内城市报业竞争中都属罕见。而纽约、伦敦同样是一城多报，"大报""小报""专业报"的定位泾渭分明，与广州报业一味强调主流相比，显然成熟许多。

从信息需求来看，2000 年珠三角地区的人均 GDP 大都超过 3000 美元，按国际标准模式，经济发展进入工业化后期，人民生活水平越过温饱线后，社会对文化产品和服务的需求会产生明显的增加现象。2005

---

① 谢孝国：《广州报业跨区域竞争态势分析》，《岭南新闻探索》2008 年第 5 期。

年珠三角地区按常住人口计算的人均 GDP 已经达到 5000 美元以上，珠三角一线城市广州、深圳，二线城市的佼佼者佛山、东莞，居民实际生活水平已达小康，这个阶段对文化和服务的需求上升到一个更高层次，为高品质、多样性的媒体发展提供了更广阔的受众空间。

珠三角的政治、文化、地理等环境也为广州报业扩张提供了良好的基础和条件。由于珠三角同一的行政隶属，造成广州报业扩张珠三角有种天然的行政资源，这是长三角报业所不具备的优势。相比之下，在长三角，无论是上海还是江浙媒体，纵横长三角的最大障碍是行政阻隔，而且是两级（省级和市级）的行政阻隔，阻隔的级数越多、级别越高，阻力越大。另外，珠三角城市之间的经济、文化、空间距离等都比长三角城市群要密切得多，广州媒体进入珠三角其他城市时遭到本地媒体的阻击相对较少，珠三角读者对广州报纸的接受程度也较高。

广州三大报业集团，目前针对异地市场的扩张首选目标是佛山和东莞。佛山的经济实力在省内仅次于广州和深圳，2001 年、2005 年、2007 年，佛山 GDP 先后突破 1000 亿、2000 亿和 3000 亿，成为珠三角除广深之外经济高速发展、媒体市场随之暴涨的第二梯队城市，提供了支撑报业发展的有利条件。同时佛山与广州在地理上接壤，"广佛一小时经济圈"发展规划的提出，广佛都市圈建设的提速，又促进了连接两市的交通基础设施建设加速，经济、社会渐趋一体化，必然形成媒体市场的相互融合，以广州为经营基地的报纸打入佛山市场，不仅容易把握先机，也能方便地控制生产及运营成本。

（二）地方政治经济形态与地方报业发展

1. 地方政治经济形态与地方媒体空间

近年来，地方传统媒体尤其是地市级媒体，面临"内忧外患"的全方位挑战，对外，新媒体日益显现出威力，不断分流受众与广告，报纸、广播、电视等传统媒体的经营增长放缓。对内，经营蛋糕难以做大，传统媒体之间的相互竞争日渐加剧。在重压之下，各媒体对于资源的争夺逐渐升级，一些地方媒体开始考虑调动地方行政支持，来达到削弱竞争对手与整合收编资源的双重目的。从已有动作的省份中可以看出，面对省级媒体，地市媒体的抵抗最为坚决；而面对地市媒体，县级媒体则鲜有还手之力，主要是由于县级行政力量弱小，且媒介资源匮乏，发展艰难。

在广告竞争当中，省、市、县区级媒体对于地方市场的争夺成为一个焦点，其中省级媒体、地市媒体对于城市的争夺最为激烈。对于各地市媒体而言，由于覆盖与实力方面存在局限，维护本地市场、挖掘本地市场也就成为关键选择，"媒市互动，媒镇互动，媒企互动"开始成为很多地市媒体的方向，用以打造独占优势，对于本地的依赖，与本地政治、经济、社会的交融也就成为一种趋势。①

随着行业发展、数字化变革，以及国家文化体制改革，地方政治、地方经济，在地方媒体尤其是地市级媒体的生存与发展中的重要性日益上升，因此，地方政治经济形态的变化也就成为左右其趋势的一个关键所在。

从1978年开始，中国进行了行政性放权式的经济改革，地方政府在实践中享有极大的自主权。经济转型以来，国民财富急剧增加，地方经济作为重要原动力受到认可，各地区非国有经济的增长率与当地政府制度创新能力成正比例关系。地方政府在推动地方经济，尤其是非公有经济发展的过程中，与市场形成了互为依存的新型政治关系，对中央集权力量形成了制约。②

在这一过程中，一方面，地方政府成为地方发展的主导者，另一方面，地方保护主义的出现，使得地方政府开始成为相对独立的利益主体，地区分割和"诸侯经济"，限制了国内市场的整合以及经济的长远发展。但是，随着地方经济的发展，地方社会也不断进步，市场经济作为一个起点，带动地方民主建设及一系列社会深刻变化。在这样的过程

---

① 黄升民、宋红梅：《新趋势、新逻辑与新形态——区域媒体的形成轨迹与发展趋势解读》，《现代传播》2007年第2期。

② 杨光斌：《中国经济转型中的国家权力》，当代世界出版社2003年版，第129～135页。

中，当地党委政府的地方管理主题更为多样而复杂：提升城市形象、构建和谐社会、促进地区融合、加强对外交流、招商引资等，这些社会管理职能都要求它在传统手段之外，找寻一个有效抓手，在这一过程中，传媒业首当其冲。随着知识经济的到来以及中国传媒自身的变化，当地党委政府已经明确它不再是一个简单的喉舌工具，而是一个重要的城市建设与发展的有效抓手，是未来产业转型与地区经济发展的龙头之一。由此，也可以作出的一个推断是，地方党委政府将日渐重视本地区传媒文化产业，而不会轻易拱手他人。因此，可以预见，地方传媒会逐渐演变为地方社会稳定和发展的"软力量"，成为地方文化龙头，推动地方产业结构升级，形成产业集聚，提升城市竞争力，拉动区域空间调整，促进区域社会融合、和谐。对于地方传媒而言，这是一个不同于以往的发展契机，依托地方政治、经济和社会的发展，获得更大的动力支持和拓展机遇。①

另外，传统的传媒生态按照传统的行政区划布点形成，在管理体制上也是以行政区为单位，由地方党委宣传部和新闻出版部门对所属地区的传媒实施管理。但传媒的区域化却是在打破行政区隔进行的一次重新布局，在区域化的发展进程中，传媒为适应竞争和发展的需要，在采编范围、发行半径、机构布点等许多方面都会突破原有的行政区划限制，给地方政府对报业的管理带来一系列新问题，也加剧了地方政府对本地媒体的行政保护倾向。

外来媒体跨区域扩张带来的最突出的矛盾，就是由外来报纸与本地报纸竞争所产生的一系列问题：外地报纸为抢占市场，往往采取低价竞争策略，比如在发行上大幅让利，免费赠阅报纸，或用实物、现金对订户进行回馈，从而引发报界在发行上集体大跳水，造成恶性竞争局面；以超低价位进行广告竞标，致使整个区域广告利润摊薄，而报纸成本却直线上升，本地报纸与外来报纸也因此演绎出多重矛盾，甚至冲突激

---

① 黄升民、宋红梅：《新趋势、新逻辑与新形态——区域媒体的形成轨迹与发展趋势解读》，《现代传播》2007 年第 2 期。

烈。另外，外来媒体多数具有"空降"性质，隶属上级行政部门管理，不受本地宣传部门和出版部门约束，因此在舆论导向上"搅局"，在宣传报道上自行其是，对一些负面事件本地媒体不敢问津，外来媒体却可以大胆披露。因此，一些地方宣传管理部门由于在自己所掌控的行政区内具有决策权和调控权，也有自身的利益追求，也存在着因追求自身的利益而强化行政干预的问题，对本地媒体给予更多的行政保护，从而进一步加剧传媒区域化进程中的矛盾冲突。①

2. 广州报业扩张与佛山报业回应

广佛同城化，构建广佛都市圈，推动珠三角一体化，这是城市化发展的新趋势，正在改变佛山及其他珠三角地级市的报业生态环境，使之面临更为严峻的挑战。

首先是行政空间的消减。区域一体化，在资源调节方面必然增强市场力量的调节作用，削弱行政力量的调节作用，而我们原有的城市报纸，大多依赖天然的行政资源而生，这表现在三方面：一是报纸内容是以行政活动为主，报道内容很多是行政部门的政务动态；二是广告的重要来源是政务广告，政务广告的内容主要是下级部门向城市主要领导汇报工作；三是报纸的发行主要依靠行政力量的推动。随着广佛同城化和珠三角一体化的推进，行政力量在资源配置中的力量削弱，城市报纸的行政优势在逐渐失去。

其次是城市空间的压缩。区域一体化，首先是交通等城市设施一体化，这必然带来交通的无缝对接，过去城市间的"两小时生活圈"正在被压缩成"一小时生活圈""半小时生活圈"。城市空间的压缩，使中小城市报纸的发展空间受到压缩。

最后是读者阅读空间的扩大。城市地理改变着城市人文，珠三角一体化，不仅在缩短城市间人们生活上的距离，也在缩短人们的心理距离，原来的读者只关心自己所在的一城一域的事情，现在他们逐渐关心周边城市的事情，因为城市生活距离的缩短，周边城市的事情与他们息

---

① 赵振祥、罗任飞：《传媒的区域化趋势、问题及对策》，《新闻记者》2005 年 1 月。

息相关。这种阅读空间的扩大，也使得珠三角各地级市的报纸在与广州报业竞争中处于劣势。

2002 年之前，佛山报业三分天下。《佛山日报》《南海日报》《顺德报》以"诸侯割据"局势守土一方，报业竞争波澜不惊。市场风云发端于 2002 年年初，广东省委做出将佛山建设为广东"第三大城市"的重大决策；年底，佛山实现行政区划调整，南海、顺德、高明、三水等 4 个经济发达县级市撤市设区，形成一市辖五区的大佛山格局。此后，广东省委又提出打造广佛都市圈，实施广佛同城化的战略，佛山迎来新的发展机遇，也成为广州各大报必争之地。广州三大报业集团的 6 份综合性报纸在佛山均开设地方版，抢滩佛山报业市场，加强对佛山的新闻资源和广告资源的争夺，加上佛山本地的《佛山日报》《珠江时报》《珠江商报》3 份综合性报纸，佛山成为全国报业竞争最激烈的地级市之一。

2002 年后，佛山报业竞争主要在佛山传媒集团、南方报业传媒集团、广州日报报业集团与羊城晚报报业集团之间展开，市场竞争的主体主要有佛山日报、珠江时报、珠江商报、南方都市报、南方日报、广州日报、羊城晚报、新快报、信息时报。佛山的报业广告经营格局是：佛山日报稳居第一，珠江商报、珠江时报紧随其后，南方报系、广州日报、羊城晚报呈上升势头，已呈"混战"的局面。

因此，对于佛山报业来说，必须从城市组群角度出发重新审视新闻竞争，充分整合内部资源，主动争取各种社会资源，加快多媒体文化传媒集团的构建，科学构建报纸结构，才能在日益激烈的媒介竞争中发展壮大。

进入 21 世纪，区域城市的快速发展冲击着报业的垂直格局。在发展区域经济的过程中，一些非省会区域城市逐步积累了强大的经济实力，形成了有特色的媒体产业基础，传媒力量在一省内部不再是沿着省会—地市—县的级别依次变弱，媒体布局结构也不限于单一的线性递减，而是出现了多个力量中心，基于城市群的媒体布局呈现出多元牵制的现象。地市或县级传媒具备一定的经济实力，对上级省报的挤压也进行回应，不甘心只按照行政级别分一杯羹。

珠三角是中国报业竞争较为充分的地区，这种垂直结构内的博弈已经有很多实践。广州报业不断向珠三角城市扩张，而周边城市报业也作出积极回应。来自行政级别低端的回应中，以佛山传媒集团的运作更具有强势特征。

2009 年以来，佛山传媒集团通过实施下属报纸改版，以及印刷、采编、广告等报业资源整合的措施，加快推进报业一体化步伐，促使各报在佛山区域内实现科学布局、合理分工、错位发展，增强与广州报业竞争的实力。同时佛山传媒集团利用跨媒体的优势加快跨地域扩张步伐，"佛山传媒集团广州新闻工作站"启用，"佛山传媒集团·佛山电台广州第一直播室"开播，"广佛都市网"成立，一系列"组合拳"使佛山媒体的触角前延到广州，从佛山的视角集纳和吸取广佛信息，并以广电、平面、网络的跨媒体优势进行信息整合与传播。这次在广州亮出"组合拳"后，佛山传媒集团还提出要在珠三角打出"连环组合拳"。

在未来，地方传媒必将随着区域经济一体化的发展获得更大发展空间，突破地域局限，突破条线分割的现实，资源集聚、低成本运作、优势互补、规模优势等状况相继出现，形成强大的市场竞争力；与此同时，区域经济的崛起，促进区域社会的形成，信息传播需求大规模地扩增，加之知识经济兴起所带动的经济转型、文化产业崛起，一方面借助区域经济所打造的更广大的平台，另一方面借助区域经济带来更强大的经济推动力，地方传媒会获得新的资源基础、施展空间和动力源泉，自身经济效能、社会影响力迅速扩充，生存与发展的根基进一步深厚，在促进社会和谐进步的同时，地方媒体的触角和功能获得前所未有的发展。①

---

①　黄晓军：《竞合背景下传媒的区域化和区域传媒》，《国际新闻界》2011 年第 1 期。

第三章

城市化与传媒转型

　　城市化的进程就是一个社会转型的过程，是社会结构的转换、社会体制的更新、社会利益的重组与价值观念的嬗变的过程。在这样一个急剧变动的城市社会转型过程中，大众媒介系统完成了与社会环境的适应而得到转型，传媒转型是传媒对城市社会转型和传媒社会环境因子的全面适应和与之相互作用的结果。正是在传播媒介与社会同步转型的互动、互构双重机制的作用下，中国社会正向着高度信息化、高度民主化与现代化的方向发展。①

　　佛山传媒在都市化进程中发生着巨大的转型，特别是佛山传媒探索跨媒介发展，从单一传统媒体向多媒体融合媒介的转型，是传媒适应都市社会文化环境变化和媒介竞争形势，提升传媒服务社会能力的重要手段，推动了传媒业的发展，也提升了城市的软实力。

---

① 罗以澄：《〈中国大陆报纸转型〉序》，载《中国大陆报纸转型》，上海交通大学出版社2009 年版，第 2 页。

第一节　城市社会转型与传媒转型

一、城市社会转型

社会转型是社会结构的转型，有时又专称为"社会结构转型"；它不是社会局部的变化，而是社会系统整体的全面的结构性过渡状态；它与"社会现代化"同义，是一个动态的过程，包括社会结构的转换、社会体制的更新、社会利益的重组与价值观念的嬗变。[①]

城市化的过程就是一个社会转型的过程。城市化是现代化的基本进程和重要标志，城市化的进程就是现代化的进程，城市现代化的内涵很丰富，是指城市的经济、社会及生活方式等由传统社会向现代社会发展的历史转变过程，是社会结构的变化，是一个全面发展的概念。

一个完整的城市化过程实际上应该同时包含人口转移、空间扩张、社会转型和角色转变四个方面，而且，前两个方面主要表现为一种物质性的"数量"特征，是属于物质层面上的城市化，而后两个方面则主要表现为一种文化性"质量"特征，是属于社会文化层面上的城市化。一般来说，这两者是相互影响、相互作用、缺一不可的，而且只有这两种属性的城市化同时推进才能长期维持城市化的动态平衡。[②] 因此可以说，城市化、现代化、社会转型是紧密联系在一起的社会存在。

回顾改革开放前 30 多年的中国，呈现总体性社会的特征，这是一种社会高度一体化，整个社会生活几乎完全依靠国家机器驱动的社会。

[①] 糜海燕、符惠明、李佳敏：《我国社会转型的内涵把握及特征解析》，《江南大学学报》（人文社会科学版）2009 年 2 月。

[②] 文军：《有意图行为与未预期后果：城市化建设及其对居民生活结构的影响》，当代中国：发展·安全·价值——第二届（2004 年度）上海市社会科学界学术年会论文，第 206 页。

国家对经济和社会资源实行全面的垄断，政治、经济、文化三者高度的重叠，主要具备以下几个特点：

一是国家垄断了社会的绝大部分资源，国家不仅成为生产资料的垄断者，而且也是生活资料的发放者，权利和威望的配置者，社会传播资源的分配者；二是社会结构分化程度低，政治、经济、文化三个社会子系统高度重叠，表现为意识形态的高度一致和总体上的舆论一律，政治本身高度意识形态化，经济与其他社会生活又高度一致化；三是国家直接面对大众，之间缺乏中间组织、健全的公共规范和对国家进行有力监督的新闻媒体等矛盾的缓冲地带；四是人与人之间的纵式关系重于横式关系，产生了严格的等级社会，社会的沟通系统以单向的纵向沟通系统为主体等。①

1978 年以来，我国社会经历了深刻的历史变迁、跨越式的快速发展和全面的结构转型。

首先是经济体制转轨，从高度集中的计划经济体制转变为多种经济成分并存的、充满活力的社会主义市场经济体制。

其次是社会结构转型。总体趋势是从传统社会转向现代社会，从封闭到开放，从人治到法治，从伦理型到法理型，从乡土社会到都市社会，从自然经济、半自然经济社会到工业、后工业社会，从主体单一到主体多元，从官本位到以人为本。

最后是社会生活日益多样化。由于社会经济成分、组织形式、就业方式、利益关系和分配方式的日益多样化，整个社会的生活方式、人们的价值观念也日益多样化。经济体制深刻变革，社会结构深刻变动，利益格局深刻调整，思想观念深刻变化，人们思想活动的独立性、选择性、多变性、差异性也明显增强。人的自由个性得到张扬，人们更加重视生活质量和自身全面素质的提升。特别是在现代程度较高的部分大城市，复杂性、分化性、开放性、流动性、异质性已经成为都市生活方式

---

① 孙立平：《转型与断裂》，清华大学出版社 2004 年版，第 31 页；李强：《转型时期的社会分层结构》，黑龙江人民出版社 2002 年版，第 12 页。

的基本特点。劳动生活方式走向自主创造式，消费生活方式走向时尚化、闲暇，生活方式走向充实式，交往方式走向开放式，这些都是生活方式变迁的种种表现。①

二、城市传媒转型

不只是城市社会在转型，处于社会转型期的城市新闻媒介也经历着自身的巨大转型。丹尼斯·麦奎尔揭示了作为社会机构的媒介组织在社会系统中的主要联系，媒介的整体生态结构大体上是在社会经济和政治压力下构成一个动态平衡系统，正是在媒介与社会环境的互动过程之中，媒介的功能得到发挥，同时自身的结构实现调适。② 梅尔文·德弗勒、鲍尔·洛基奇也阐述了大众媒介系统在整个社会系统中与其他系统的依赖关系，"今天的大众传播是我们体制结构的一个中心部分。也就是说，虽然媒介自成一个行业，但它们已经深深地渗透到我们社会的五个基本体制之中"③ ——包括经济体制、政治体制、家庭体制、宗教体制和教育体制。媒介与社会的五个基本体制之间具有结构性、双向性依赖关系。对于媒介系统而言，其他系统只是它的生存环境，或者叫"社会场域"。当媒介的生存环境发生变化时，媒介系统也随之变化。正是在长期的媒介系统与社会系统的互动作用之中，大众媒介系统完成了与社会环境的适应而得到转型。④

报纸转型主要是指报纸性质、角色、种群、形态的变迁，是报纸对社会转型和报纸社会环境因子的全面适应和与之相互作用的结果。从媒介发展学的角度来看，报纸转型是报纸发展的各项生态因子在与社会环

①　肖小霞、德频：《冲突与融合：城市生活方式的变迁》，《学术论坛》2003 年第 3 期。

②　［美］迈克尔·埃默里、埃德温·埃默里：《美国新闻史》，新华出版社 2001 年版，第 129 页。

③　［美］梅尔文·德弗勒、鲍尔·洛基奇：《大众传播学诸论》，杜力平译，新华出版社 1990 年版，第 357 页。

④　吕尚彬：《中国大陆报纸转型》，上海交通大学出版社 2009 年版，第 12 页。

境互动过程中实现转型所产生的结果。①

在媒介发展史上，持继变化的报业生态环境，也使报纸的性质、形态发生过转型，19世纪30年代大众化报纸的兴盛和20世纪末期开始的媒介融合，是报纸转型的标志性事件。首先是政治和资本、读者的力量使报纸经历了作为社会精英媒介的政党报刊、政论报刊向大众传播媒介的演变，其次是技术的力量拉动报纸形态的彻底更新。报纸性质、形态的转型引发的连锁反应非常巨大，导致报纸的功能、角色等随之转型。②

转型由此成为报纸的一种常态：报纸角色已经从一元走向多元，即从宣传角色向宣传、信息传播、社会公共舆论、娱乐、经营者、广告发布等多重角色转变；报纸种群从单一走向多样，从党报、晚报、都市报、行业报，到主流报、专业报等，构成报业系统的各个方面；报纸型态从传统的纸质报纸，到网络报、手机报、电子报纸、多媒体融合媒体；报纸新闻报道范式从单一走向多样，从典型报道，到深度报道、大众消费新闻、民生新闻、公共新闻，经历了不同报道方式的转化与叠加；报纸新闻生产方式在新媒体的冲击下经历巨变，在新闻来源渠道、信息传播路径、传播内容、报道方式、互动方式等方面开始建立新的常规。

（一）报纸功能和角色的变化：从一元走向多元

一般认为，新闻媒介具有环境监视、协调沟通、传递文化和提供娱乐等社会功能。在政党报刊或政论报刊时代，报纸的主要功能是观点传播和舆论引导，其次才为特定的读者提供新闻信息。尤其是在中国改革开放前30多年的总体性时代，报纸以宣传为本位，成为纵向组织传播的工具，充当社会动员与整合工具的特定角色，整个社会缺乏能正常发挥媒介功能的报纸。

改革开放后，中国社会发生了社会结构的全方位分化，国家垄断所

---

① 同上书，第10页。
② 吕尚彬：《中国大陆报纸转型》，上海交通大学出版社2009年版，第12页。

有资源的格局被打破，政府对媒介的放权与资源释放，为报纸功能和角色的转型提供了动力，报纸为适应社会发展的需要向履行多种社会功能、扮演多种角色的方向转型。这些功能和角色转型同时也是在公共信息资源充分共享、切实保障公民知情权的基础上，将报纸打造成公共话语平台，充分发挥其环境守望作用的一种制度安排。因此报纸实现向大众传媒角色的回归，在传达政令、引导舆论等宣传功能之外，还具有娱乐、教育、服务、广告、传递信息、舆论监督等多种角色和功能。而随着中国社会分化的加剧，社会整合成为社会转型的重要趋势，时代对报纸提出新的角色与功能，报纸要成为社会各阶层利益表达的工具，成为促进社会冲突与问题的解决，帮助社会实现调解和跨阶层沟通的工具。因为能够充当重新建构一个社会的重要工具、一个真正的社会纽带的只能是大众传媒。

（二）报纸形态的变化：从单一到融合

总体性社会时期，报纸是当时主导媒介，广播与电视大体上是作为报纸媒介的补充而存在。改革开放后，在报纸持续发展的同时，广电媒介也获得了长足的数量和空间的扩张性发展。截止到 20 世纪末期，无论是报纸，还是电视、广播，尽管媒介种类越来越多，但大体上是单介质媒体独立发展。1994 年，互联网开始进入我国媒介格局，不仅网民数量呈现几何级数增长，而且引发出初步的媒介整合趋势。传统媒体通过与门户网站合作、自办网站等方式，开始了网络空间的建构。报纸、广播、电视、网络的竞争与合作不断深化，在此基础上，出现了各种介质媒体的边界模糊现象，如电视的广播化、广播的报载化、报纸的杂志化、杂志的图书化等。

进入 21 世纪，在网络信息传播应用技术与移动信息传播、多媒体信息传播融合交汇的大趋势下，新闻传播出现了重大的变革。基于互联网络和数字语言诞生的一大批新型媒体，使传播信息大大扩展、传播速度大大加快、传播方式大大丰富，以其全新的开放性、互动性和平民性改变着传播方式的媒介图景。与新媒介的整合、数字化生存已经成为媒介的唯一生存之道。作为传统报业来说，媒体的数字化生存模式日益成为热切探索的内容，传统报道方式的多媒体化受到了越来越多的关注。媒介形态的转型正是依托数字技术的推进，在多媒体融合的大平台上，从传统的广播、电视、报刊、网络等单一媒体向融合的多媒体转型。对报纸来说，从传统报业向数字化报纸的转型只是一个媒体整合与共生的过程，迄今为止，大体上经历了媒体联动（战术性整合）、报网互动和媒介融合三个阶段，正在汇入媒体融合之流而开始走向融合媒介。①

（三）报纸报道范式的变化：从典型报道到公共新闻

1978 年以前的总体性社会，新闻报道的基本范式是典型报道，"典型报道是宣传性报道方式，即为了达到宣传推广的目的才在同类事物中选择典型的事例。"② 典型报道多表现为经验新闻、先进人物新闻等。

伴随着中国社会的转型，典型报道逐渐走低，其优势逐渐让位于批评报道、深度报道等。20 世纪 80 年代中后期，面对新旧体制的碰撞、姓"社"姓"资"的争论、改革与保守的冲突、社会分化与整体的矛盾等问题，社会心理处于兴奋、困惑、振荡、阵痛的状态，迫切需要媒介导航，发挥说明、解释、认知与监督的功能。深度报道此时崛起，它深度介入社会生活，积极主动地对事态施加影响，引导读者去思考，以激发受众的公民意识、参与意识和社会责任感，"体现出一种新闻旨趣（Intrests），它揭示了新闻的主体与客体之间的关联，从深度（深刻性）和广度（广延性）两个方面指出了新闻文本以受众认知效用为主导的运作方向。"③ 随着媒介资源的丰富化和报纸向大众传媒的进一步转型，90 年代以后，平民化的报道意识迅速崛起，这也是在商业新闻生产模式影响下的大众消费新闻报道范式。特别是在周末版大潮中，"三星"即"星""腥""性"成为新闻典型的报道题材，"周末版大潮带来了我国报纸第一次的'平民化革命'，从那时起人们不需要报纸来耳提面

---

① 吕尚彬：《中国大陆报纸转型》，上海交通大学出版社 2009 年版，第 290 页。
② 刘建明：《现代新闻理论》，民族出版社 1999 年版，第 142 页。
③ 杜峻飞、胡翼青：《深度报道原理》，新华出版社 2001 年版，第 5 页。

命……它就像朋友一样，跟你很平等地交流，满足你的要求。这是第二个标志性事件，即传播模式的转换，这个过程到现在还没有彻底完成。"① 都市报的问世，在晚报和周末版开启的大众消费新闻范式上，变本加厉，加剧了新闻的世俗化、娱乐化程度。

进入 21 世纪，民生新闻的出现，在一定程度上扬弃了大众消费新闻的部分弊端。2001 年深圳报业集团的《晶报》提出"以民生新闻为特色"，首次在中国报业领域提出"民生新闻"概念。民生新闻超越大众消费新闻的娱乐化倾向，它不是以提供娱乐、消遣或迎合猎奇心理为目的，而是以关注民生、关注百姓日常生活为立足点，"民生新闻意味着媒体的一种人文关怀，一种社会责任，特别是对广大普通民众的关爱。"② 对于民生新闻报道范式进行扬弃的是公共新闻。公共新闻的特点是新闻报道与媒介活动相结合，公共新闻的传播者关注的不仅仅是新闻内容的发布，更重要的是对新闻信息的深层解读，并以组织者的身份介入到公众事务中，发起公民讨论，组织各种活动，寻求解决问题的对策，使公共问题最终得到解决。它与其他新闻范式的最大区别在于，视受众为享有各种社会权利的公民，而非消费者或者生活者，因而公共新闻传播活动立足于社会公共事务空间的构建，提高公民应对社会问题、解决公共事务的能力。随着我国社会转型的持续推进，当代社会生活的公共空间和国家公共意识正在形成，为公共新闻在我国的发展准备了条件。③

（四）报纸种类的转变：从单一走向多样

1978 年后，报纸种群从单一走向多样，从党报、晚报、都市报、行业报，到主流报、专业报等，构成报业系统的各个方面。多元化报纸结构的形成，在一定意义上，正是当前社会结构的阶层分化与结构化趋

---

① 喻国明：《我国媒体产业的发展态势预测及竞争策略》（http：//www. cmr. com. cn/community，2003.03.31）。
② 陈立生：《民生新闻的界定与完善》，《新闻爱好者》2005 年第 9 期。
③ 吕尚彬：《中国大陆报纸转型》，上海交通大学出版社 2009 年版，302 页。

势的媒介投射。

党报中心结构是在 1949 年后新中国成立初期就形成的，截止到 1978 年底，报业主要是党报，其他报纸不多。到 1982 年，党报在总体报业中的比例降到 50%，一个以党报为中心、多层次的报业结构雏形得以形成。随着报业竞争日益激烈，市场经济时代媒体依据受众而形成的分化趋势，形成了以党报、综合性都市报和专业报纸为主的多元化报纸结构。

第二节 城市化背景下佛山报业的转型

城市化为佛山报业发展创造了良好的经济环境、人文环境，提供了广泛的信息需求和受众需求，同时也促进了报业自身的改革，使报业从角色、功能到观念、体制、内容、形态等多方面发生了日新月异的变化，体现出与都市化进程相适应的趋势。

一、佛山报纸角色与功能的转型

（一）向国民信息传播工具的转型

改革开放后，佛山报纸的社会角色实现了巨大转型，从过去的纯粹的党和政府的喉舌、舆论宣传和社会动员的工具，向大众传媒角色的回归，开始建构起国民信息传播工具的角色。

首先，佛山传媒在接受党的新闻宣传思想指导的同时，也强调"以受众为本位"的新闻报道理念。以佛山日报为例，近年来，佛山日报就将自身定位为"突显主流权威且服务功能全面的都市型党报"，打破了传统的党报模式，确立新型都市党报的发展思路。2003 年，佛山日报制定未来五年发展纲要，提出新闻为本和"三个负责"的办报理念，即"用新闻实现舆论引导，用新闻强化品牌张力，用新闻夯实经营基础"；"三个负责"就是要"对党委政府、对读者和对社会负责"。从中可以看出，佛山日报已经确定要以遵循新闻规律为最高准则，强化新闻本位和受众本位，实现报纸向大众传媒角色的回归。

其次，新闻传播的运作开始注重满足社会公众知情权，提升民众参与性。城市化不仅仅体现在经济增长对城市的高度依赖性和城市人口的增加，还体现在作为城市主体的市民的社会参与意识的普遍提高。面对这种变化，报纸等大众传媒的社会功能已经不仅局限于为市民提供了一个信息市场，还在于创造了一个意见市场，在反映社会问题、引导公众舆论、构建社会共识方面发挥了重要的作用。

在城市化进程中，近年来佛山报纸注重参与式办报，以激发和提升市民的参与意识和民主意识，提供一个沟通与交流的公共话语平台。经过不断寻求与受众、社会的互动，佛山报纸摸索出一些颇具特色的互动模式，在沟通社会舆情、提升市民参与意识方面发挥了重要作用。一是供需式，它是报纸根据读者对信息和服务的需要而采用的互动形式，具有很强的针对性和读者基础，如点题报道、热线咨询、律师问答等。二是参与式，它是强化读者参与意识的互动形式，这种形式以组织读者参与活动为特征，如"两会"热线、组建读者俱乐部、小记者团、论坛、品牌企业评选、有奖报料、各种形式的竞赛、有奖征文等。三是救助式，以关注弱势群体疾苦、组织救助为基本内容，如3·15消费维权、"爱心佛山"扶贫济困、寻亲活动等。四是征询式，它是征求读者意见来设置报纸及活动内容的互动形式，如读者问卷调查、改版座谈会等。

如近年来佛山日报开通了征询意见电话和网络信箱，广开征集意见和了解民情的渠道，提高读者对政策、举措的关注度；采用举办论坛，组织市民代表现场考察活动等形式，邀请有关人士同市民代表座谈，提高受众对时政新闻报道关注度和参政议政的积极性。从2004年起，一直坚持到现在的每年的"两会热线"专栏，已经办成报社的品牌栏目，越来越多的群众意见建议通过此栏目从报纸的渠道反映出去。"一环"沿线建设规划公开征询意见的报道，佛山日报社加大宣传力度，出版了内容翔实的 12 个版面的特刊，组织了 4 场沿线区域的现场征询意见会，每次都予以一个版面的专题报道，让区镇基层干部和群众的意见能够得到更充分的反映。

最后，报纸新闻报道的"平民化"倾向日益明显，民生新闻已经成为佛山报纸的主打产品，突显新闻的人情味、情节性和趣味性成为佛山报纸的特色。

（二）发挥城市发展"助推器"的作用

进入 21 世纪后，中国经济的发展动力主要源于区域经济或者说城市经济，各城市竞争日趋激烈，各城市发展的主题变化为如何把握未来方向与核心领域，如何形成统领区域经济的文化与品牌，各城市的发展往往取决于能以多大程度调动和整合社会资源为经济建设服务。而作为一种重要的社会资本，传媒融资讯、文化和意识形态于一身，具有很强的调动和整合资源的能力，可以通过自身功能的延伸与角色的转变，来建构区域政治与经济品牌。以佛山为例，近年来传媒注重整合各种社会资源，强化自身对于地方产业转型的促动，对于地方城市提升的推动，以及对于地方融合的积极促进。

作为城市重要的无形资产，城市品牌、城市形象成为城市文化与城市精神的体现，成为延伸城市价值和功能的重要载体，对城市经济和产业的发展有强大的促进作用。随着城市间竞争日益激烈，各城市非常注重城市形象建设，而传媒在塑造城市形象、宣扬城市精神、弘扬城市文化等方面，发挥着重要作用。因此，有效利用现代传媒对城市价值进行广泛传播，可以充分发挥大众传媒在营销城市和传播城市方面的巨大作用。

佛山报纸注重对城市形象的塑造，强化对城市化的报道力度。如 2003 年佛山日报特刊《大佛山启航》，报道佛山市构建广东第三大城市框架和雏形的十大建设工程项目，2006 年 11 月佛山日报推出对开 60 版的《提速——佛山"一环"特刊》，这些立足本土的报道，提升了佛山市民的城市认同感和自豪感。

李良荣认为，区域媒体应该为区域经济鼓与呼，让区域品牌坐稳"大本营"，并走向国际市场，对于区域经济发展至关重要。尹鸿也认为，"顺德制造""佛山制造"，已成为全国知名区域品牌，这样的品牌营运需要媒体去完成。①

《珠江商报》注重用特刊形式推介本地发展、变化，对塑造城市形象起到重要推动作用。顺德制造业发达，不仅在全国，在全球范围都占有一席之地。为打响"顺德制造"这个区域品牌，2006年上半年，珠江商报在当地政府支持配合下，开展顺德区域形象征集活动，最后"顺德制造，中国骄傲"脱颖而出，成为顺德区域形象用语；下半年，报社举全社之力，出版了四开112版全彩色印刷的"顺德制造中国骄傲"特刊。这一特刊全面介绍了"顺德制造"的发展、壮大历程，剖析了"顺德制造"享誉全球的深刻内涵。特刊出版后成为顺德人不可多得的"乡土教材"。在2007年、2008年，《珠江商报》还先后出版了"城市顺德""国际顺德""华侨顺德"等10余种特刊，对推广城市品牌，树立城市形象起到重要的推介作用。

二、佛山报纸内容和形态的转型

（一）面向城市读者的产品设计

佛山报纸注重面向城市读者的产品设计，从内容到形式使报纸更贴近市民、贴近城市现实，全方位地反映和服务城市市民生活。

一是开设城市板块。佛山本地3家综合类报纸均开辟了城市板块，《佛山日报》还开辟有街区新闻，把报道视野深入到"凡人小事"上，很具有亲和力和现实感。为满足市民的精神文化生活不断增长的需求，还出现了反映市民生活的"城市副刊"，集文学性、娱乐性于一身，如《佛山日报》的"品周刊"，《珠江商报》的"城市周刊"，以"理性的

---

① 翁家朋：《来自"都市化与传媒发展高峰论坛"的思考》，《佛山日报》2006年8月24日。

城市感性的生活"作为自己的特色追求，把透视城市社会现象的专题报道和轻松有趣的"城市地理"等专栏文章有机地结合起来。

二是积极引导消费。消费新闻在佛山报纸上得到了有力的实践，汽车、楼市、教育、休闲、健康、旅游等专刊，越开越多，越开越细分化，充分体现出报纸反映城市生活、引导市民消费的特色。佛山报纸的报道内容实现了由"生产方式报道"到"生活方式报道"的重点转向，"生活方式报道"的核心乃是社会的消费行为，包括休闲娱乐、购物旅游、居室装修、卫生保健、服饰化妆、烹饪美食等内容，同时还包括大量的生活消费的行情、趋势、热点、时尚与流行等等。而新闻传媒的消费主义倾向，内在地体现了时代文化的现状及价值取向。①

三是不断根据城市受众需求改版。读者的需求不断变化的，报纸的创新应体现在成为常态的改版上。如《佛山日报》每年至少进行大改版一次，小改版则根据市场需要不断进行。2004 年 4 月办时评版《观察》版，直面纷繁世象、抨击各种时弊、提出改革建议、反映民意诉求；2004 年 7 月新辟五区时政板块，着力为市、区两级党委政府服务；2006 年 7 月，组建深度报道工作室，专攻深度报道。2007 年 11 月，推出立足于为普通市民理财提供资讯的《天天理财》；2008 年 1 月开设适合年轻人阅读的《乐周刊》；2008 年 8 月增加封一的"导读"版和封二的"生活导航"版；2009 年 8 月启动周末工程，推出《悦生活》周刊，扩充党报对群众周末消费的引导和服务领域。

（二）报纸形态的融合与创新

我国报纸的覆盖区域主要是城市，城市市民的生活方式已经发生了巨大的变化。特别是在现代化程度较高的一部分特大城市，复杂性、分化性、开放性、流动性、异质性已经成为都市生活方式的基本特点。②正是生活方式的变化，传统观念中利用人口统计特征对受众进行分类已经很难把握愈加捉摸不定的受众市场。在受众"碎片化"时代，受到

---

① 秦志希、刘敏：《新闻传媒的消费主义倾向》，《现代传播》2002 年第 1 期。
② 肖小霞、德频：《冲突与融合：城市生活方式的变迁》，《学术论坛》2003 年第 3 期。

网络、手机、移动电视等新媒体的巨大冲击，传统媒体选择的生存策略是融合，通过融合实现共存、互补与创新。而"报业的未来有赖于印刷文字和电子传播方式的联合和媒介从业者和公众之间更强的互动。"[①]从单一媒体走向融合媒介已是大势所趋，而报纸将以融合媒介的形态转型而延续，以"纸"的消亡和"报"的数字化、多媒体化的形态而发展。

佛山报纸的数字化转型不断往纵深发展，经历了媒体联动（战术性整合）、报网互动到媒介融合三个阶段，开始走向融合媒介，特别是整合全市文化、广电、新闻出版和网络资源，建立国内第一个集平面媒介、广电媒介、文化团体于一体的跨媒体集团。集团组建之后所推行的系列改革与大胆探索，非常清晰地把主要精力用在跨媒体、跨行业、跨地域、跨所有制的探索上，得到国家新闻出版总署充分肯定，被称为佛山模式。佛山市委市政府也将佛山传媒业的跨媒介整合定位为顺应时代要求和发展需要，着眼于推动佛山市文化体制改革，带动文化产业发展，提升城市影响力的重要举措。

第三节　佛山传媒的媒介融合转型

媒介融合和跨媒介发展是当前国内传媒整合和创新的实践，是传媒适应都市社会文化环境变化和媒介竞争形势，提升传媒服务社会能力的重要手段。"在新的发展阶段上，报纸核心竞争力表现在它是否具备对于相关产业资源更大、更强的整合能力上，整合优则胜，整合劣则败，这就是市场竞争的规则。"[②] 从全国地市级媒体发展近 5 年的情况来看，地市级媒体正在进入意义深远的重组。地市级媒体的重组，既可以整合

---

① 埃弗利特. E. 丹尼斯、约翰. C. 梅里尔：《媒介论争：19 个问题的正反方辩论》，王纬等译，北京广播学院出版社 2004 年版，第 117 页。
② 喻国民：《整合力竞争——未来传媒竞争的制高点》，《传媒》2005 年第 8 期。

资源，提升区域竞争力，又可以推动跨媒体融合，实现信息的全方位加工和多渠道生产，打造文化产业新增长点，还可以重塑地市文化，成为区域文化的建构者。①

报纸的数字转型与媒介融合已经成为报业发展的必然趋势。《全国报业出版业"十五"发展纲要》把大力发展数字报业作为报纸发展的基本战略和目标和路径确定下来，明确提出重塑报纸出版业的行业边界和业务形态，推动多元传播格局下报纸出版方式和报业经营模式的转型，实现报业核心竞争能力与信息网络传播技术的深度融合，牢牢把握数字化、网络化条件下舆论宣传和市场竞争主导权。② 从全国报纸出版业"十一五"规划看，"十一五"期间为实施综合性传媒集团发展计划，我国将在现有41家试点报业集团基础上，横向发展一批跨地区、跨媒体、立足传媒业、面向大文化产业的多元混业经营的"国有大型综合性传媒集团"。③ 一批多媒体结构的报业传媒集团不断涌现出来。

佛山通过整合传媒资源和文化产业资源，从单一传统媒体走向多媒体融合媒体，开创和探索媒介融合和跨媒介发展的运作模式，以提升在区域范围内外的影响力，实现自身功能的延伸与角色转变，达到建构区域政治、经济和文化品牌的目的。这对于城市发展的重要意义不言而喻。

一、媒介融合的社会文化背景

都市社会文化背景发生了极大的改变，这个改变让媒介融合成为必然。报纸等传统媒体的媒介融合趋势，直接动因来自互联网等新媒体带来的社会文化风尚、阅读习惯等的改变，并由此对传统媒体的巨大冲击。在传播工具重新供给和重新个人化的社会里，传统媒体为适应社会

---

① 《中国地市报发展高峰论坛嘉宾演讲精要》，《传媒》2008年第6期。

② 《全国报纸出版业十一五发展纲要》，2006年8月5日，搜狐新闻网（http://news.sohu.com）。

③ 熊振宇、徐胜斌、谢红：《报业集团产品结构分析》，《新闻前哨》2006年第11期。

文化背景和媒介环境的变化必然走上融合之路。

曼纽尔·卡斯特尔详尽探讨了信息技术的发展给城市生活带来的影响，他认为，信息技术不仅会改变社会，甚至会改变世界秩序。网络时代的城市空间，将逐步从社区空间向电缆网络空间转变。空间是时间的凝结，是社会在人的意识中的表达。在传统社会，空间以社区来划分；在信息时代，社会空间通过网络意识虚拟的空间来界定。人生活的社区空间逐渐转向虚拟的意识空间。这种社会空间的转型，取决于现代信息技术和新型能源技术的发展。在信息网络时代，有关经济、政治、社会、文化、教育、医疗、科技、娱乐以及社交的传统运作，也将发生根本性的改变。[1]

近年来，互联网、IPTV、手机电视等基于信息网络和数字技术的新媒体形态层出不穷，新媒体导致的新闻和信息在传递与接受方式上的改变是深远的。新媒体的制胜优势是即时、互动、海量、无远弗届，在互动基础上实现受众角色的变化，受众从被动接受者转变为主动选择者，甚至是内容制造者和主动传播者，从技术上为人们沟通的自由与平等提供了现实的可能。

媒介融合成为技术改变社会文化的持续过程，媒介融合的意义和内涵超越技术层面，延伸到人类社会的其他领域。在媒介融合时代，"传播、讲述新闻、信息技术中的各种变化都在重新形塑着我们生活的方方面面——包括我们如何创造、消费、学习以及与他人互动。一系列新技术使消费者能够将媒介内容记录、摘取、挪用并再次发行，而在这个过程中，这些技术改变了消费者与政府、教育以及商业的核心机构互动的方式。"[2]

互联网络在领导并创造流行的过程中所提供的天地，形成了人类传播与精神交往的第二世界。[3] 从目前来看，这个有别于现实的第一世界

---

① 黄凤祝：《城市与社会》，同济大学出版社 2009 年版，第 223 页。
② 纪莉：《在两极权力中冲撞与协商——论媒介融合中的融合文化》，《现代传播》2009 年第 1 期。
③ 张允若：《对于网络传播的一些理论思考》，《国际新闻界》2002 年第 1 期，第 60 页。

的虚拟空间创造了一个巨大的交流平台，表现人们的行为方式、价值观念及其休闲娱乐的方方面面，已经成为都市文化的重要载体。而随着每一次点击鼠标，电子留言板、视频、音频、博客、Facebook、YouTube等新型传播沟通手段已成为颠覆话语霸权和信息屏蔽的有效工具。国际互联网和手机短信在帮助公民参与政治、扩大公民的"知情权"的同时，也使传统媒体的地位和民主本身的性质悄然而深刻地改变。①

从国内来看，以互联网为代表的新媒体在网聚民意的同时，形成了强大的舆论场，对所指向的公共事务产生日益强大的现实影响力。这是一种深层次的对社会文化的影响，新媒体的传播特性无疑适应了都市人精神文化需求日趋旺盛，人们思想活动的独立性、选择性、多变性、差异性明显增强的都市文化特点。

新媒体的崛起，也使得媒介市场格局由单一的传统媒体垄断转化为多种媒体并存发展，如果说这种格局转变的根源来自信息接收渠道的多样化和受众需求的个性化，那么这一转变的结果便是受众的分化即传统媒体受众注意力的严重稀释，报纸等传统媒体在与新媒介的竞争中影响力有下降的趋势。

据统计，1997 年 5 月至 2004 年 5 月，美国各电视台晚间新闻的平均观众份额下降 18%，午夜观众的份额下降 16%。② 传统媒体的注意力资源正在被新媒体加速分化，年轻受众群体正逐渐成为新媒体的拥趸。

美国密苏里新闻学院未来传播技术中心主任迈克尔·麦金从全球文化背景的变化看到了媒介融合的必然趋势：未来媒介产业是全球发展最快的产业之一，不过传统媒体的广告会下降，而投入到新媒体的广告正逐年增长，另外社交网络大大发展，带来新的交往联系方式，比如受众生成内容迅速在网上传播，2007 年的一项统计共有 2.5 亿人在网上生

---

① Andrew Rasiej, MicahL. Sifry：Withnewmedia, bamacamptakesstage. http：//www. politi-co. com/news stories/0908/13341. html, 2008. 09. 11。

② 喻国明、戴元光：《媒介融合情境下的竞争之道——对美国电视的新竞争策略的观察与分析》，《新闻与写作》2008 年第 2 期。

成内容。①

中国同样出现这样的发展趋势，根据《2006年中国传媒产业发展报告》，2005年，报纸广告出现低增长，在中国传媒产业中所占比重下降至第六位，手机短信增长迅速，跃居第三位。传统媒体如报纸、广播、电视都已处于其生命周期中的成熟期，特别是报纸，已逐步进入衰退期。2006年，以手机短信、手机电视、手机游戏为代表的移动媒体，其产值比重在传媒产业中居于第二位，占到21%，仅次于图书出版业，远超报纸、电视广告收入。

在这样一个多元化时代，我们并不能简单地断定传统媒体的受众群体一定会分裂或减少，但它会随着新媒体对人们生活方式的影响发生时间或空间上的位移，在新的媒体平台上实现重新聚合，而正是这种重聚将成为媒介融合的受众基础。通过融合，在同一事件中，传媒集团可以在不同的时段把受众不断地留在集团各媒体的服务平台上。近几年来，绝大多数传统媒体兴起了创办网站的热潮，同时网络媒体整合传统媒体的例子也不鲜见，在此背景下，用多种传播形态增强媒体的整体传播能力成为传媒业共识，将报业与广播、电视、网络、出版等媒介形式整合在一起，组成规模更庞大、实力更强大的传媒集团成为传媒业发展的内在趋势。

从目前国内情况来看，集报纸、广播、电视、互联网于一身的媒体集团呈增加趋势，已经有数十家这类综合性、跨媒体经营的传媒集团。随着媒介复合模式渐渐成熟，媒体作为大传播市场上的斗士，必须占领各个媒介层次的传播战场，形成海陆空一体的有机传播框架，树立自我形象，推出立体的传播结构。可以说跨媒介经营使媒体间的边界模糊，促进了媒体的融合，逐渐朝着"大媒体"方向发展。

---

① 王丽萍：《媒介融合：传媒与受众全新对话平台》，《中国传媒科技》2009年第8期。

二、网络信源扩张与报纸新闻生产转型

近年来，经网民发布、源自网络的新闻充分体现了新媒体的知识生产和传播逻辑的优胜之处，反映了网络信源权力的扩张，报纸等传统媒体重新审视发生巨变的传媒生态和社会传播环境，在新闻来源渠道、信息传播路径、传播内容、报道方式、互动方式等方面建立新的常规来应对。

（一）网络信源新闻的兴起及影响

翻开如今的报纸，诸如"某某的微博近日引发热议""网上最近出现一则传言""据某某博客透露"之类的导语屡见不鲜，周久耕天价烟、"犀利哥"、局长日记等等由网络高频率"制造"的热点新闻让人应接不暇，越来越多的记者正在成为新浪微博、人人网、优酷、天涯等社交型媒体的拥趸，他们不但从中寻找新闻源，还直接引用用户上传的内容进行新闻报道。2010 年一项针对中国记者社交媒体使用习惯的调查显示，超过 60% 的记者曾通过从社交媒体上获取的新闻线索或采访对象完成选题报道，47.7% 的记者表示"经常使用"微博。[1] 网络信源对传统媒体的影响可见一斑。

网络新闻主要有三种形式：一是网络转载新闻，来源于传统媒体；二是网络媒体新闻，由网络媒体记者采编制作的新闻；三是网络信源新闻，由网络为网民提供发表和交换意见的场所，网民在相互传递和交换信息的过程中形成的新闻信息资源。[2]

近年来，经网民发布、源自网络（包括 BBS、博客、微博、SNS 等）的新闻，产生了"滚雪球"的效应，也引起了传统媒体的关注。比如在 2011 年的"7·23"温州动车事故中，仅仅在追尾几分钟后，身在车上的@袁小芫就发出了动车出事的第一条微博，这种去中介化的传

---

① 《中国记者社交媒体使用报告》，2010 年 12 月 11 日，新浪网。

② 沈正赋、肖庆庆：《网络信源新闻初探》，《东南传播》2010 年第 8 期。

播效率使得记者们迅速赶赴事发现场，而随后在微博上发布的事故前后"调度作业过程"、上海铁路局局长安路生的内部通报讲话等，则为记者报道直接提供了有价值的重要线索。而在厦门 PX 事件、邓玉娇事件、华南虎事件、杭州飙车案等影响深远的新媒体事件中，网络信源新闻在新闻话语生产、议程设置中更是起到了主导作用，与传统媒体构筑了一个全新的媒介生态，进一步引发了人们对新媒介生态下新闻事业角色与功能的思考。

新媒体对传统媒体的影响并不是在新媒体出现时便即时产生的。相反，人们一开始质疑因特网作为新闻提供者的可信度，代表性观点认为因特网天生就不具有可信性——缺乏客观性、专业性，缺少职业报道者。"事件"在此发挥了重要作用，显示出历史变化的偶然性和竞争性。在西方，人们使用一系列独特的里程碑式的事件来描绘因特网作为新闻来源的历史，一些如"9·11"恐怖袭击、海湾战争、莱温斯基丑闻等关键事件的发生成为改变的契机，它们重塑了网络新闻生产的形式、报道策略和规则，体现出"新媒体的知识生产和传播逻辑比传统媒体的传统运作逻辑在处理某些状况时确实更加优胜，或者体现出在社会上早已存在但仍未被主流媒体所确认的现象、议题或观念"。①

在"9·11"事件的信息传播中，网络日志或博客真正崛起和步入主流。许多普通人急迫地想公布他们的所见所闻、自拍照片、对事件的分析与解释，由此在网络上催生了大量的"市民造"的新闻报道。虽然它们与主流媒体报道之间存在明显差异，一些大量使用第一人称的报道在职业记者眼中甚至存在严重的缺陷，然而业余记者提供了异常丰富的有用报道，目击者的叙述和图片，对各种令人悲痛的细节的描述，都超出了传统新闻报道的界限。网络学者明迪·麦克亚当斯指出，网络博客"生动地说明了新闻来源并不局限于我们所认定的传统新闻媒介"，"现场报道如今就是现场的当事人创作并自主发表"。一位《纽约时报》

---

① 李立峰：《范式订定事件与事件常规化：以 YouTube 为例分析香港报章与新媒体的关系》，《传播与社会学刊》2009 年（总）第 9 期。

的记者说，这些幸存者的笔录是"一部原生态的、血泪纵横的社会历史"。一些主流媒体的记者也进入网络聊天室，与事件目击者或那些努力与纽约市和五角大楼的亲友取得联系的人进行交流，很多这样做的记者都帮助报社出版了有关此事件的增刊，通过当地人的讲述和视角为新闻增加了新的内容。①

在海湾战争中，网络新闻源进一步巩固了它作为主要新闻来源的地位，在战争开始前六天中所作的研究表明，美国 56% 的网络用户从新闻网站获取有关战争的报道。2002 年 9 月，一位居住在巴格达郊区的建筑师萨拉姆·帕克斯创建的"拉伊德在哪里？"的博客，展现了他对每天见闻的个性化的描述和对周遭发生之事的愤怒谴责，频频登上最受欢迎的网络日志的榜首，比媒体机构获得了更大的信任感。② 而网络书写在此所提供的不同的视角、背景及多元化的意识形态，使网民有机会接触来自全球各地的遥远的声音，这些声音在传统媒体看来要么微不足道，要么面临被边缘化的危险。

同样，在杭州飙车案中，"有生命力、有创意的、有冲击力的符号都由网络场域生产"③，这一系列符号被传统媒体广为引用，尤其是"70 码"几乎成为事件的标志，以浙大学子为代表的网民的理性参与，使网络话语在这一事件的新闻生产过程中起到了主导作用。

（二）网络信源权力的扩张

在以传统媒介为中心的时代，传统媒体呈现的是从媒介到受众的单一传播模式和单向传播关系，反映在信源的选择上，声望、权威、权力、专业等已成为传媒通常的选择标准，也就是说，"新闻从业者更倾向于选择体制内的信息源，而不是普通人提供的信息。"比如在过去 25 年中，即使是拥有庞大新闻采编力量的《纽约时报》和《华盛顿邮

---

① ［英］斯图亚特·艾伦：《新闻文化》，方洁等译，北京大学出版社 2008 年版，第 216 页。
② 同上书，第 230 页。
③ 刘晓燕、丁未：《新媒介生态下的新闻生产研究——以杭州飙车案为个案》，《深圳大学学报》（人文社科版）第 27 卷第 4 期。

报》，也有近 3/4 的新闻来源于政府官员，只有少于 1% 的新闻是基于记者自己的分析。① 可以说，社会上最有权力及资源的机构，如政府、大商业公司等，成为新闻的最主要的定义者，媒体与记者只是次要定义者，被边缘化的群体往往没有在传媒里发声的机会。也就是说，传媒有向建制倾斜的倾向，它们跟社会上的政治、社会、经济权力是紧密相连的。

在新的媒介生态下，一个"我们即媒体"（we are media）的自媒体时代正在到来，草根平民可以通过微博、博客、论坛等平台书写日志、上传照片和 DV，记录所见所闻所感。媒介中心被淡化，以往作为沉默的大多数的受众逐步成为消费者乃至传播者，传统的"自上而下"的方式被革命性地变成双向乃至多向交互传播的方式。

因此，新媒体的出现所带来的对传统主流媒体的冲击，很大程度就在于它对主流媒体的象征性力量形成了挑战。主流传媒往往偏重于建制，倾向于选择体制内的信息源，边缘化的群体往往没有在传媒里发声的机会。当一种新媒体出现，主流媒体未必感到有需要对新媒体加以利用。相反，一直被主流媒体排除在外的人物、组织和声音，会更有意欲和诱因去利用新媒体。新媒体于是便可能成为一个展示未被主流媒体所确认的议题、意见或社会现实的场所，并可能对主流媒体带来冲击，逼使主流媒体认真对待这些另类议题或现实。② 在新媒介生态下，受到严格限制或不被重视的报道题材开始受到传媒关注，如公权滥用事件、权益抗争事件等。

我们将网络媒体与传统媒体的关键区别概括为"信源的扩张"。中国互联网发展历史可以划分成以 Email、OICQ、BBS、BLOG 四种网络形式为代表的四个时代，网络受众在发送邮件、传收简讯、粘贴主题和明确表达自己意见的过程中，经历了从免于责任的"灌水"到自由取

---

① ［美］兰斯·班尼特：《新闻：政治的幻象》，杨晓红译，当代中国出版社 2005 年版，第153 页。

② 李立峰：《范式订定事件与事件常规化：以 YouTube 为例分析香港报章与新媒体的关系》，《传播与社会学刊》2009 年（总）第 9 期。

得话语权的阶段①，这体现出网络信源对知识生产的参与程度日益加深，折射出普通民众对公共权力制衡的力量不容忽视。

（三）报纸新闻生产方式的转型

网络信源新闻的兴起，网络信源权力的扩张，使得报纸等传统媒体必须重新审视发生巨变的传媒生态和社会传播环境，在新闻来源渠道、信息传播路径、传播内容、报道方式、互动方式等方面建立新的常规来应对。

一是新媒体给报纸新闻生产带来巨大时间压力，迫使报纸拓宽新闻来源渠道，完善新闻生产流程，提高新闻生产效率。

以长沙报业为例，2010 年，三湘都市报与华声在线推进报网融合，重构采编流程，将网站的财经、影像、评论、爆料等栏目分别与报纸的财经、摄影、评论和都市新闻部门对接，报纸记者统称全媒体记者，并抽调精干力量组建全媒体应急报道分队，对重大新闻、突发新闻实时进行采访报道，第一时间在网上发稿，抢夺第一发布权。2011 年 12 月 5 日，长沙晚报联合腾讯微博、湖南经视等开通了微博报料平台，3 亿微博用户加上腾讯 7 亿多 QQ 用户可能成为全国各地突发新闻事件的目击者，可以第一时间将信息传递给媒体，因此与传统报料相比，微博报料的即时性、交互性及信息海量等特点更加突出，这也是该报应对网络、拓展新闻信源的突围之举。《今日早报》创办了全新网络投稿界面——E 早网，并开设了"我在现场"专版，通过精选和核实将"民间记者"的稿件反映到版面上，鼓励网民用"体验式"的方式对发现的新闻进行报道，直接参与原创性的新闻生产。

二是新媒介生态下新闻生产者与受众之间的角色变得模糊，传播主体由原来的记者正在逐渐变成记者—网民的双主体关系，这使得互动性、参与性的新闻生产模式逐渐在报纸中得到广泛应用，如调查新闻化、观点新闻化、博客新闻化这三种新的报网融合报道方式受到一些报

---

① 郑达威：《信源扩张与网络公共领域现状》，《当代传播》2005 年第 3 期。

纸青睐。调查新闻化是通过报网共同策划精选话题，利用网站的高人气进行投票，并将民意数据及解说文本形成新闻的报道方式；观点新闻化是将论坛的热点话题和网友留言集中整理形成新闻的报道方式；博客新闻化是指将富于新闻性的博客内容及网友留言形成新闻的报道方式。如《长沙晚报》的"你说话吧"栏目，就是将这三种报道方式进行创新融合，成功打造出一个多元互动的公共话语平台。

三是由网络信源频频爆出的新媒体事件，引发报纸的跟进报道，给报纸的传播内容带来了深刻变化。新媒体的传播优势在于能更有效地传播私人论述域中的话语和议题，这些突破制度和政策限制的敏感议题在传统媒体上往往得不到呈现，但由网络信源引发的舆论热潮，为传统媒体的报道提供了依据，报道边界得到拓展。2007 年 6 月，网民辛艳华在大河网论坛上发出《孩子被卖山西黑砖窑 400 位父亲泣血呼救》的帖子，辛最初曾向省内及中央多家媒体报料，媒体均保持沉默，由于帖子在网民中产生极大反响，一周内点击率达 30 多万，传统媒体开始全面报道，事件最终引起中央高层重视并作出重要批示，调查处理"黑砖窑"事件。

有学者将新媒介事件概括为民族主义事件、权益抗争事件、道德隐私事件、公权滥用事件等①，传统媒体对这些事件的报道往往受到控制，其报道空间存在于政府、媒体与公众利益或共识在该事件中的重合度，而随着政府执政理念、执政方式、国际环境、国内社会意识等方面的变化，传统媒体将有更多机会吸纳新媒体带来的冲击，以对现存的新闻生产常规或新闻价值作出修正，新旧媒体的竞争互补将成为推动民主政治进程的重要力量。

三、跨媒介集团成立的动因

（一）媒介资源整合的需要

长期以来，我国媒介处于一种散、滥、差的状态，媒介资源总量相

---

① 邱林川、陈韬文：《新媒体事件研究》，中国人民大学出版社 2011 年版，第 11 页。

当大，但资源相当分散，难以形成规模经济，在同一个城市、同一个内容上，都有很多报纸参与竞争，如 2004 年上海光财经类日报就有七种：《东方早报》《每日经济新闻》《第一财经日报》《国际金融报》《上海证券报》《上海金融报》以及《上海商报》，这七种日报在一个专业的范围内竞争，也使空间更为狭窄。①

由于历史的原因，佛山媒体中各类报刊、电台、电视台林立、散滥。以报纸为例，当时佛山的 7 份地方报纸中有 5 份是党报系列的综合报刊，由于属性相同，内容大同小异，各报在读者市场上的占有份额都不大，难于形成规模经济，往往造成新闻资源、人力资源和财力的浪费，而且雷同的功能、相近的内容，既加重了基层的负担，又满足不了市民日益增长的精神文化需要，彼此之间的无序竞争更使每个媒体都难于做大。又比如佛山的有线网络，当时有四十几个分散的小网，一旦市场开放了，别的网络巨头进来，不可能与之进行竞争。

（二）行政力量的推动

2003 年初，佛山实行"一市辖五区"的行政管理体制，推动广佛一体化进程，随后佛山市委提出"产业强市、文化名城、现代化大城市、富裕和谐佛山"的战略目标。当时佛山市的主要领导者认为，佛山整合传媒资源具有重要意义，因为通过整合可以集中资源，做大媒体，扩大影响，更好地促进城市的发展。应该说，佛山整合传媒资源，建立跨媒介集团，行政力量是最大的推动力，使原本单打独斗的地方报纸迅速组合，2004 年 12 月，成立佛山日报集团；半年后，集广电与平面媒体以及文化单位的佛山传媒集团宣告成立。

从全国来看，媒介竞争正在向垄断竞争升级，媒介整合在向组织结构性融合升级。特点之一是一个传媒公司或者集团同时拥有报纸、电视、广播、网络等媒体形式，各媒体之间在统一的目标下协同运作，最大限度地实现新闻资源共享、开发与整合。部分媒介集团打造跨媒体产

---

① 金鑫：《上海报业发展的四个趋势》，《传媒经济参考》2005 年第 9 期。

业价值链，正是媒介整合的典型表现。①

（三）媒介与文化联动发展的要求

随着 2003 年中央文化体制改革文件的下发，我国文化体制改革力度更大，手段更活。基于我国文化体制改革的进一步推进，部分媒体发展成为大型传媒集团的政策壁垒已经消除。在全国上下深化文化体制改革、大力发展文化产业的良好环境下，顺应传媒产业发展的潮流，通过政府推动，以资本为纽带进行的跨媒体强强联合与深度整合案例应运而生。

佛山的资源整合还有一大特色，它不仅是传媒资源的整合，而且是文化产业资源的整合。佛山市将佛山青年粤剧团、佛山话剧团、佛山市演出公司、佛山影剧院、珠江音像出版社整合，成立"琼花艺术剧院"，交由佛山电视台统一管理，这是佛山推进媒体与文化全面互动的举措。

据统计，2002 年佛山文化产业单位为 3078 个，从业人员 151196 人（约 15 万人），营业收入 1746510.9 万元（约 170 亿元），三项指标均居全省第 5 位。数据表明，佛山市文化产业具有良好的基础和较大的潜力，但是文化产业的营业收入不但远远低于广州、深圳，也低于东莞、惠州，这种状况与佛山在全省的经济地位不相称。②

文化与媒体结合，是现代媒体一大特征，但由于体制限制，过去没有利用好两者之间的关系。这几年佛山文化工作之所以取得很好的社会效果和经济效益，正是推行了媒体与文化全面联合互动的理念。因为经过媒介市场检验，佛山的传统艺术如果只是"票友"自娱自乐，达不到文化推广的目的，但是放在电视台、电台、报纸、互联网的平台上去推广，则可以获得社会效益与经济效益的双丰收。

第一个例子是 2003 年佛山举办了 5 场交响乐晚会，停止了以往惯用的"送票"做法，鼓励市民自己掏钱买票。佛山市委宣传部第一次

---

① 吕尚彬：《中国大陆报纸转型》，上海交通大学出版社 2009 年版，第 295 页。
② 《"专家纵论文化名城"文化与经济共唱戏》，《佛山日报》2003 年 12 月 2 日。

做这样的尝试，准备了 200 万弥补亏损。将这个活动交给电视台后允许其进行经营活动，结果不仅没赔钱还赚钱了。第二个例子是举办"百歌颂中华"活动，前几年的运作都由佛山市委宣传部下拨 15 万元，各部门苦苦跟进，等到总决赛评比时除了评委，就是领导，没有群众直接参与，选出结果后再报送到省里面。如何进一步提升"百歌颂中华"的品牌？2003 年佛山市委宣传部将活动交由佛山电台策划、宣传，广播天天放，再去拉广告，有 6000 多人报名。结果经营上有收益，在群众中的影响力也非常大。第三个例子是 2003 年的"佛山新八景"评选活动，由佛山日报来操作。结果发动了 60 多万佛山市民来投票，广告效益也不错。

这几件事情让佛山意识到，文化体制改革一定要扣住整合文化与媒介资源的思路，把各种资源组合在一起，按照市场经济的模式来策划，推行市场化运作，将文艺专业团体纳入佛山传媒集团，就是希望通过传媒的影响力来推动文化产业发展。

（四）媒介竞争压力的推动

广佛都市圈和珠三角一体进程的加快，推动区域组合城市格局的形成，在竞争充分的情况下，按市场配置资源的理论，城市资源将支撑少数特大媒体的形成，它的势力范围可能呈现跨城市，甚至多媒体兼营。随着中国加入 WTO，在培育可与国际传媒集团在某些领域和地域相抗衡的国内媒体的压力下，新闻政策也会朝着推动市场整合，有利于媒体做大做强的方向发展，比如允许多媒体兼营、允许跨地区经营、开辟安全有效的融资渠道等等。这样，势必会促进相对强势媒体做大做强，加速弱势媒体退出市场。[1]

从广东报业发展的实践来看，在发展到一定阶段后，广州报团已经从以中心城市为主要市场的阶段转型到从中心城市向周边城市辐射阶段。区域性的异地扩张使报纸影响力扩大，并争取广告收入的增长，最

---

[1]　阮晓琴：《城市化与地方报业》，《中国记者》2002 年第 5 期。

终获得报业集团整体实力的增强。广州三大报业集团均在佛山开办地方专版，刊登佛山当地新闻，刊发佛山当地广告，与广州出版的当日报纸一起在佛山售卖，增加区域接近性和可读性。

因此从媒介竞争来看，定位于区域组合城市的报纸前景将会好于基于单个城市的报纸，竞争中最不利的当数组团城市中的地市报和县（市）报，这些地方报纸在办报理念、办报资源等方面都处于绝对劣势，在与省城报业集团的竞争中势单力孤，发展前景不容乐观。日益激烈的媒介竞争，推动地市媒体必须进入规模化发展的"快车道"，通过组建跨媒介集团来把自身的规模做大，这不仅仅是竞争手段，更是一种生存之道。

四、媒介融合趋势下新闻报道模式创新

在媒介融合发展趋势下，新闻传播模式必然发生变革，体现出对传统新闻传播范式的整合与重构。从目前来看，国内传统媒体的新闻报道正在随着媒介融合的进程发生多层面的变革，一是新技术的应用与传播渠道的汇流，使新闻报道主体由单一向多元拓展，报道内容创新以全社会共同创造与个人化表达为主要突破点；二是新闻报道由单一媒体独立运行转向多种媒体融合传播，报道创新在管理层面上主要表现为跨媒体新闻团队的组建、一体化新闻生产平台的打造和"融合新闻"项目管理，这方面的尝试将为未来的媒介组织再造探索道路和积累经验。①

从佛山传媒集团近年来开展的报网互动、报纸与手机的融合、跨媒介联合采访、跨媒体深度融合报道等一系列融合实践，可以发现融合新闻促进了新闻资源的深度开发和重组，呈现出从媒介互动到媒介整合、媒介大融合的不断深化的融合进程。

---

① 蔡雯、陈卓：《媒介融合进程中新闻报道的突破与创新——基于 2008 年重大新闻报道案例研究的思考》，《国际新闻界》2009 年第 2 期。

（一）报网互动

报网互动是报纸与网站合作进行新闻报道，在面对重要报道议题时进行共同的策划和深度合作，发挥各自优势的媒体战术性融合。近年来，在重大新闻发生时，佛山日报与佛山在线开展报网联动，实现滚动即时播报。

2006年8月4日，来势汹汹的强台风"派比安"袭击佛山，三水、南海、高明等区多处出现灾情。如何能让读者第一时间了解灾情和抢险救灾前线的最新进展？若按照日常出报方式，很难满足读者的"胃口"。

佛山日报迅速决定启动在线报道方案，首次在佛山在线网站对抢险救灾实况进行滚动直播，由前方记者口述现场情况，整理编辑后再交给网络技术人员上网滚动播发。当天中午11时20分左右，佛山日报滚动报道第一条消息《我市今日首发暴雨红色预警信号》，随后《三水西南城区多路段水深及膝》等反映灾区现场的报道相继滚动报出。截至次日凌晨2时，佛山在线网站刊出的滚动报道达到43条，全面报道了最新灾情和抢险救灾工作。

尽管是第一次尝试，但在线报道受到热捧，接连两天，"佛山在线"点击量急剧上升，仅IP访问量就增加了1万多，比平时增长了40%，而"防御台风派比安"专题及滚动消息两天内点击量更是突破10万，高峰时期，1分钟就突破140个。

实时滚动报道台风"派比安"的初次尝试取得成功，让所有参与人员切身体会了这种报道方式的影响力，也积累了报网联动直播新闻事件的经验。在"九江塌桥""三水烟花仓库大爆炸"这两起较大的突发事件发生后，佛山日报立即启动报网联动预案，派出大批记者到现场，从各个方面挖掘新闻素材，滚动报道，不求完整和长文，但求真实、快捷、权威。

2007年6月15日清晨，南海发生运沙船撞塌九江大桥的重大突发事件，佛山在线报道随之推出。9时35分，佛山日报有关断桥的第一则报道上网，此后相关报道源源不断，报道内容包括断桥原因、失踪车辆和人员，政府部门采取的应对措施，交通指引在灾难事件中发生的体现人性光辉的故事等，全方位报道了事件的最新情况和影响。在"九江塌桥"事件的报网互动中，佛山日报还克服了以往图片上网过慢的不足，前方记者第一时间能将照片回传，后方编辑得以在网络报道中刊发，相关新闻报道的视觉冲击力大大加强。此外，网站还派出技术人员到现场录拍，增加了视频播报，丰富了报道内容。在对此事件的报道中，佛山在线所出的滚动新闻和照片，有100多个国内外知名网站转载。

2008年2月14日，三水一烟花仓库发生大爆炸，成为当日全国的关注焦点之一。佛山日报记者第一时间赶赴现场，并及时向后方反馈消息，报社随即决定采取报网互动的方式予以报道。当日9时左右，佛山在线在全国众多网站中，率先推出第一篇报道《今晨三水大爆炸禅城、高明有震感》，此后后方编辑不断与各驻点记者连线，更新更翔实的报道源源不断上网。由于佛山日报在线报道内容翔实权威，更新速度快，新浪开设的有关新闻专题，直接连接了佛山在线的滚动报道。此外，新华网、人民网等80多个国内外知名网站也第一时间转载了佛山在线网络滚动报道内容，率先上网的新闻照片也成为第二天南方日报、广州日报等省级媒体头版主打照片。

除重大突发事件外，佛山日报在日常的报道中，开始充分利用网络优势，将市民关心的物价、治安等民生报道制作成网络专题，让网友一起"灌水""拍砖"，最大限度激活市民的关注度和参与度。报网互动滚动报道逐渐成为佛山日报报道重大新闻事件的一种模式，也逐渐获得读者的认可，不仅使报纸和网站之间互动，还能使传受双方互动，很好地弥补了报纸出版周期长造成时效差的不足，扩大了报道的传播范围，从而增强传播效果，提升报纸影响力。

从1995年直至媒体首次"触网"以来，10多年间中国报业的战略转移和模式演变，基本经历了开发电子版、自办网站、报网互动三个基本阶段。从整体上来说，报网互动只是传统报业向数字报业跨越的前奏。佛山日报的报网互动还只能算是报纸融合新闻的初级阶段，因为报纸和网站仍然是两个相对独立的传播单元，两种媒介只在部分版面或专栏的内容提供上开展联手合作。而高层次的融合新闻建立在报网的高度融合上，这时报纸和网站合二为一，两者是在同一传媒旗下的整合性媒介，平等共生，互相借力。新闻编采是传播组织内为完成报纸、网站内容生产而进行的统一策划与制作活动，报纸与网络之间的数字鸿沟被填平，报网真正"零距离"，初具规模效应，新闻生产成本也得以节约。①

（二）报纸与手机融合

手机被认为是继报纸、广播、电视、网络之后的"第五媒体"。作为一种新媒介形态，随着 GPRS 兴起和 3G 时代的到来，手机基本融合了报纸、电视、广播、网络等媒介形态的优势，并具备移动、便携、互动等新特质。同时，中国手机用户呈快速增长之势，截至 2015 年年底，全国手机用户数超达 13.06 亿，普及率达 95.5 部/百人。所以，作为个性化的信息接收终端，手机越来越为传统媒体所重视，并加快与手机融合的步伐。近年来，珠江时报开办手机报，推出"手机社区""手机圈子"等多媒体融合版面，成立新媒体编辑部，借助"手机"这一新兴的第五媒体，在国内媒体中较早地开展传统纸质媒体与手机融合的探索实践。

创办佛山首家手机报，开拓媒介融合之路。2006 年 5 月 23 日，《珠江时报手机报》正式上线，手机用户免费试读，这也是佛山区域第一份手机报。开办之初，珠江时报就将手机报作为一份独立的报纸来经营，发挥母报的新闻优势，将本土新闻作为核心内容，同时按照手机媒体的特色开设了新闻排行榜、天下大事、民生关注、体育风暴、娱乐圈、幽默一刻、赛事直播等栏目。从上线至今，珠江时报的手机用户一直稳定在 5 万户以上。

---

① 闻娱：《融合背景下的新闻报道模式创新》，《新闻战线》2009 年第 2 期。

　　开设全国首个"手机社区"版，增强报纸参与性。手机作为移动终端，成为集通信、娱乐、商务于一体的载体，它的拍照功能比起照相机来更方便自由，可以记录新闻事件，也可以拍下生活中有趣的瞬间、新奇的事物，但这些只局限于个人行为，需要有一个传播平台，让更多的人来共享其精彩。而作为传统的平面媒体，报纸需要增强参与性，吸引更多市民参与办报，也需要更精彩的图片、更有趣的故事、更低的办报成本。

　　2007 年，珠江时报开始"手机记者"大招聘活动，搭建彩信平台，接收彩信和手机留言。2007 年 1 月 16 日，珠江时报的多媒体融合版面"手机社区"版正式面世。"手机社区"版刊发的都是老百姓用手机拍摄的新闻照片和留言，原生态的新闻趣事，极具草根性和可读性，迅速蹿红于本土新闻市场。该报彩信平台一天能收到七八十张彩信图片，最多时一天超过 100 张。由于彩信来稿太多，创办一周后，"手机社区"扩为全版，每天一个版。版面的题材日益广泛，贴近百姓生活，或针砭不良风气，或发掘奇闻趣事，"今日排行榜""城市表情""城市脸谱""城市瞭望哨""手机监督台""幽默地带""人与自然"等栏目，成为手机社区版的品牌栏目，为市民提供了一个感知城市、发现快乐的渠道。

　　时报从上千万个手机投稿的用户中挑选了 100 多个彩信采用率比较高的手机用户发展成时报的手机记者，又从这 100 多个手机记者中严格筛选，挑了 10 个新闻敏感性强的手机记者聘为时报的特约摄影记者，成为时报在社会最基层的信息采集者，增加了报纸的图片供应，成为时报新闻来源的重要渠道。

　　开办"手机圈子"版，让市民成为"意见领袖"。这是一个网络的时代，这是一个人人喜欢表达观点的时代，这也是一个 BBS 的时代。2007 年 3 月 21 日，"手机圈子"版全新推出，把珠江时报对第五媒体的探索、传统媒体与第五媒体的融合推向一个更深层次。

　　"手机圈子"版以话题作为主线，每次版面编辑就市民关心的社会热点问题、现象提出一个话题，用话题构筑成一个圈子，然后通过手机QQ 群让普通市民参与讨论发言，发表自己的观点，并将意见进行整理编辑刊登在版面上。"手机圈子"是一个完全互动的话题版面，满足了读者意见表达的愿望和一定程度上话语权的实现，让市民成为"意见领袖"。如"佛山人精神大讨论""我的股票故事""贫困家庭儿童成长状态调查""爱护公园，你我做了什么"等话题，吸引了众多读者的广泛参与。

2008 年 3 月，珠江时报开通了 www.foshan88.com 网站，这是一个EAP（电脑网站）与 WAP（手机网站）同步的网站，网站除放置读者彩信外，还接受读者电脑、手机的同步新闻报料，并有短信群发、网上论坛等多种功能，达到时报新闻一次采集、多格式发布的效果，网站与报纸、手机报实现了时报的立体辐射，开始了纸媒体、第五媒体和网络媒体多媒体融合的实践。

2008 年 3 月珠江时报整合手机报、手机社区、手机圈子和网站，成立了新媒体编辑部，时报的新闻通过这个部门进行立体发布，搭建起互动参与沟通平台。新媒体编辑部作为珠江时报探索新媒体的实验室，在新媒体融合领域进行实践和探索，为时报在未来新媒体竞争中抢占先机。时报用零投入实现多媒体融合创新，而且这种探索还对传统媒体给予了回报与支撑，2010 年，尽管这不能成为报社的收入模式和主要经济来源，但至少对于经济实力不强的媒体而言，是一种探索新媒体业务的成功尝试。

手机社区和手机圈子是多媒体融合尝试的版面，在国内还是第一次出现这样的媒体融合和传播方式。2006 年 8 月，新闻出版总署宣布启动"数字报业实验室计划"，旨在探索传统纸质媒体向数字网络出版转型，珠江时报成为该计划的媒体机构之一。在 2007 年 9 月的全国报业数字化研讨会上，与会专家和媒体从业人员对该报推进的报纸与手机的融合探索表示出极大兴趣，对给予高度评价，认为时报利用数字技术推进报业数字网络化的探索实践在国内业界属于前沿，十分具有借鉴意义。福建、湖南、广东、宁夏等地的同行对此非常感兴趣，派人专程到时报考察，希望开辟类似的版面。

珠江时报在全国最早开创"手机社区"和"手机圈子"的版面形态，让普通民众通过手机成为供稿的主体，体现其观点和态度，使受众从新闻消费者变为新闻生产者，扩大了媒体的报道面和影响力，体现出数字化时代传统媒体与新媒体的融合与互动的成功效应。

新媒介的出现，使普通公民获得从未有过的参与新闻传播的能力，他们借助手机、博客、播客、BBS 等，发布新闻，表达观点，2015 年我国博客已经达到 3340 万，平均每天有 30.5 万篇博客被上传到网上，这一巨大的新闻信息源成为传统媒体可以开发利用的对象，如刊用博客文章，开设彩信新闻栏目，征集民众用手机拍摄的新闻照片等。这表明"新闻传播方式从传统媒介主导的单向式变为专业媒介组织与普通公民共同参与的分享式、互动式，新闻传播主体由职业新闻工作者独家垄断转变为职业人员与社会公众共同分享，新闻信源也随之发生结构性的变化，来自普通民众的新闻发布和观点言论在新闻传播中占据越来越大的比重，这对于未来新闻传播格局具有深远意义。"[1]

（三）跨媒体联合采访

佛山传媒集团成立后，对采编资产、印务资源进行了整合与配置，实施了新闻采编和产业经营分类管理。集团建立编辑管理委员会，统摄各个电台频率、电视频道、报社、期刊出版社的产品生产，对媒体资源进行配置。在集团编辑管理委员会统摄下，作为合作伙伴的媒介定期相互交换线索和新闻信息，并在重大报道中进行合作，如汶川地震、北京奥运等，彼此分享信息资源，甚至共同设计报道方案。而在对李敖大陆行的采访报道中，佛山传媒集团还组织了一支跨媒体联合采访团队，探索不同属性媒体之间的全新合作机制。

2005 年 9 月 19 日至 30 日，台湾文化名人李敖展开大陆"神州文化

---

[1] 蔡雯、陈卓：《媒介融合进程中新闻报道的突破与创新——基于 2008 年重大新闻报道案例研究的思考》，《国际新闻界》2009 年第 2 期。

之旅"，备受国内外媒体关注。李敖大陆行的北京和上海两站，在北大、清华和复旦三场在中国著名大学的演讲尤其引人注目，国内外许多媒体派出精兵强将掀起一场竞争激烈的新闻大战。佛山传媒集团迅速整合了佛山日报、佛山电视台和佛山电台的采访力量，组成 6 人的跨媒体联合采访组，前往北京、上海采访。采访组根据李敖在北京的活动时间和安排，确定采访重点活动和研究采访方法，并明确要通过此次报道探索传媒集团跨媒体合作的机制。

李敖在北京大学演讲的当天，佛山传媒集团作为地市级媒体，也像其他国内大量媒体一样，正常渠道无法拿到采访证，采访组成员徘徊在会场外无法入场。电视台的两位年轻记者在拍摄入场学生队伍时，利用手中的摄像器材为掩护，顺利进入会场，并拍到演讲会的实况。据事后了解，当天的北大演讲会，佛山记者是唯一进入会场的地市级媒体记者。正是参考了电视台记者的录像资料，佛山日报和电台记者多了对现场的许多感性认识，为下午写作李敖北大演讲会稿件提供了很大帮助。

在李敖接受央视名嘴白岩松专访的当天，利用佛山电台记者与白岩松同班同学的关系，争取到了两个进入现场的工作人员名额。当天上午，在央视采访现场，佛山电台记者进行了录音，并记录了大量的素材，这为报社和电视台两家单位的记者在写作稿件时提供了不可缺少的帮助。类似的合作，后来电视台记者进入凤凰卫视《鲁豫有约》栏目专访李敖现场，也给电台和报社采写稿件提供很大的便利。

采访组在回顾和总结此次跨媒体联合采访李敖的"神州文化之旅"时，有以下几点体会：第一，跨媒体联合采访组因来自不同的媒体，可以调动和利用的资源也相当丰富，面对一些重大的较困难的采访时，比单个媒体容易解决难题，获得采访成功；第二，虽然报社、电视台和电台具有不同的媒体属性，但如果提前策划，做好分工合作，资源共享，在采访过程中，仍能优势互补，共同做好报道，而且多家媒体对同一新闻事件集中报道和轰炸，也能形成舆论合力，增强新闻事件的报道效果；第三，从运行机制上讲，跨媒体合作采访，需要由集团委派人员进行统一部署，统筹指挥，前方与后方要联动，确保报道计划的统一推进和报道目标的实现；第四，跨媒体报道小组整合不同属性的媒体统一作战，有利于展现佛山传媒集团的整体形象，是宣传和展现佛山传媒集团这种跨媒体传媒集团的重要手段。

有学者认为，跨媒体新闻团队的组建，可以在现阶段媒介组织结构尚缺乏根本变革的情况下，根据某一重要报道项目的需要，暂时实现媒介组织架构的交叉融合。组建跨媒体的项目团队，可以充分调动并有效利用媒介组织内的现有资源，使原来因媒介或部门设置而孤立的工作单元为了共同的目标进行重组。同时，由于跨媒体的新闻团队是为完成某一次报道而组建的一种临时性组织，它不会从根本上破坏现有的媒介组织框架，却又能对资源的重新配置进行"实验"，测试媒介组织结构调整的可能，从而为将来媒介组织的再造探索道路和积累经验。[1]

应该说，这是佛山传媒集团对不同介质媒体联合采访重大新闻事件的一种尝试，虽然取得了一定成功，但只能算是联合，而不是融合，各媒体采用的仍是"共同采访、各用各稿"的报道方式，在前期策划、资源利用、多媒体编辑等方面仍有很大发掘空间。

（四）跨媒介深度融合报道

作为跨媒体先行先试的佛山传媒集团，随着前整合期各项基础工作的顺利完成，对新的媒体融合运作需求越来越迫切。为打破传统采编模式的局限，佛山传媒集团根据各种综合融媒采访项目的需求，着手搭建跨媒体的新闻采编系统，从大型新闻报道项目的策划、统筹开始，对新闻信息的采集、编辑和刊播进行流程再造，并对整个采编发布过程进行统一有效监控管理，实现报道效果最大化。

跨媒体的新闻采编系统主要由系统基础平台、后台管理中心、跨媒体新闻采编中心、跨媒体刊播管理，以及流程监控管理体系等部分

---

[1]　蔡雯、陈卓：《媒介融合进程中新闻报道的突破与创新——基于 2008 年重大新闻报道案例研究的思考》，《国际新闻界》2009 年第 2 期。

组成，主要支持采编项目领导小组、前方记者、后方编辑等进行工作协调、业务沟通、监控管理等业务流程。① 2008 年，在重大新闻报道上，佛山传媒集团开始对集团内各媒体实行统一指挥，利用变革后的跨媒介编辑平台统领各类媒介的业务部门，统筹各类媒介的采编力量，使所有新闻产品完全在统一的编辑平台上制作加工，各类媒介仅仅成为产品的纯粹的输出平台，形成"共振效应"，扩大传播的深度和广度。

2008 年 10 月，佛山传媒集团派出联合采访组首次越洋采访美国大选，各媒体在新闻采编方面进行全方位合作，多个媒介的记者组成一个共同的报道小组，策划新闻报道并完成采编制作，从过去"共同采访，各用各稿"的阶段，真正进入媒体深度融合阶段。报道组的工作任务不是针对原来所属媒体而设立的，而是打破媒体界限，为集团中所有的媒体提供新闻素材。工作成果是多媒体形式的，文字报道、新闻图片、现场录音录像等一应俱全。可以说，这次报道是中国新闻界第一次真正意义上的"跨媒体报道"。

在此次美国大选报道中，佛山传媒充分利用博客快捷性、即时发布、互动参与性强的优点，搭建起可以为报纸、网站、广播、电视承载、筛选、加工信息产品的跨媒介编辑平台——"佛山传媒集团访美博客"。

这个跨媒介采编平台由新提交稿件（素材库）、已刊播稿件（成品库）、互动区（前后方沟通与报道调控）和背景资料（原始资料数据库）构成。这种虚拟化的编辑平台极大地缩小了新闻和信息收集与发布之间的时间差，增强了新闻的时效性。前方联合采访组第一时间将信息放在工作博客上，后方编辑团队马上可以浏览到，并对前方采访组进行报道任务分配与调控，提供采访上的支持。

比如美国当地时间 2008 年 10 月 30 日，联合报道团队正在走访密苏里新闻学院，而后方编辑从奥巴马竞选官方网站上得知他将于美国当

① 邓英武：《构建跨媒体新闻采编系统之探索》，《中国传媒科技》2009 年第 8 期。

地时间 30 日下午到密苏里大学讲演，编辑立即在访美博客上发出了采访指引信息，要求报道团队对此进行核实，并进行采访准备。在得到消息 5 个小时后，前方报道团队便在密苏里新闻学院的帮助下，取得进入奥巴马密苏里大学演讲现场的采访证。北京时间 31 日下午，前方报道组在工作博客上提交了相关的文字、图片、音频和视频稿件，后方编辑在经过筛选加工，统一制作后，分发给报纸、电台和电视台刊播使用。11 月 5 日见报的《佛山传媒直击投票全过程》，也是在后方发出抢新闻的指令后，由前方记者电话口述，后方工作人员记录整理成新闻，从而实现次日见报的。①

跨媒介采编平台的采用，还使大选报道的采编流程得到优化，各类新闻素材首先发布在统一的编辑平台上，根据各媒介的介质特性进行加工整合后多平台发布，比如网站首先发布最新消息，报纸随后跟进发出深度报道，相关的音频、视频报道也在电台、电视台上播出，新闻信息发布时间的多重设置和新闻内容在不同平台上的相互嵌入得以实现，增强了传播效果，提升了媒介影响。②

佛山传媒集团围绕美国总统大选报道而搭建的工作平台，表明这种跨媒体新闻团队的工作模式与"报网互动""媒介联动"不同，各团队不再是在多个媒介的编辑部里完成各自的报道，而是打破介质鸿沟，在一个共同的新闻工作平台上完成新闻信息的采集和粗加工，报纸、网站、广播、电视等不同的载体都只是这一生产平台的成果发布终端。这也是"融合新闻"的精髓所在。③

从未来来说，以跨媒介编辑平台统领各类媒介的业务部门，整合各类媒介的采编力量，使所有新闻产品完全在统一的编辑平台上制作加

---

① 陈卓：《融合新闻实践的有益尝试——佛山传媒集团 2008 年美国大选报道策划始末》，《今传媒》2009 年第 2 期。

② 蔡雯、陈卓：《媒介融合进程中新闻报道的突破与创新——基于 2008 年重大新闻报道案例研究的思考》，《国际新闻界》2009 年第 2 期。

③ 蔡雯、陈卓：《媒介融合进程中新闻报道的突破与创新——基于 2008 年重大新闻报道案例研究的思考》，《国际新闻界》2009 年第 2 期。

工，统一向各类媒介供稿，各类媒介仅仅成为产品的纯粹的输出平台，这将使媒介集团中各类媒介原来拥有的新闻资源得以统一配置与共享，实现成本最小化与效益最大化，整个组织流程的调控也会更为方便。

（五）以跨媒介方式实施跨区域扩张

2009 年，佛山传媒集团利用跨媒体优势实施跨地域扩张，"佛山传媒集团广州新闻工作站"启用，"佛山传媒集团·佛山电台广州第一直播室"在广州开播，"广佛都市网"成立，佛山传媒集团整合各介质的媒介资源，将触角前延到广州，从佛山的视角集纳和吸取广佛信息，并通过广电、平面、网络等渠道进行信息整合与传播。

2009 年 4 月，广州新闻工作站在广州天河正式启动，工作站由佛山日报、佛山电台、佛山电视台三家媒体组成，为集团所属各类媒体包括报纸、广播、电视、网站等提供日常新闻通稿，对接相关栏目定制专稿。通过搭建广州新闻工作站这一跨媒介融合平台，佛山传媒集团试图构建在广州这一区域信息中心的迅速、有效、准确的立体化融合的信息收集、传播体系。广州新闻工作站的定位，是用佛山的视角选取在广州发生的新闻，包括与佛山密切相关的、对佛山市民有用的资讯，成为传媒集团吸纳广州城市生活新闻资讯的"通讯社"。

2009 年 3 月 30 日起，佛山日报在封二版辟出"广佛共同睇"版块，星期一至星期六刊出，专门报道广州资讯。佛山电视台也在每日的佛山新闻时间播出广州新闻。佛山电台则在 FM924 每日中午 12 点到 12 点半，以及 FM946 每日晚上的 7 点到 8 点和《早安佛山》节目中，播出相关的广州报道。广佛都市网也提供更多广佛资讯服务。

五、跨媒介发展的功能和意义

（一）跨媒介发展提升传媒竞争力

佛山传媒集团的业态多，有广播、电视、报纸、网站、杂志、演出场所、演出单位、票务公司、音像出版、有线网络等，区域广，包括区、镇两级，集团在管理上采取"有统有分，统分结合"的方式，以解决行政整合下存在的人心不统一、缺少共识与合力、行政与营运成本加大、管理环节增加、办公效率下降等问题，使集团从行政整合转化为以资产为纽带的有机融合，让整合后集约化运营而产生的业绩，大于增加的成本。

什么都统，就会统死，没有统，任其各自发挥，也就没有整合的必要。佛山传媒集团确定集团层面必须做的事情是：制定统一发展规划、发展战略、融媒理念、运营模式；规范干部考核、人力资源、经营等各项管理和监督制度；谋划与组织重大品牌建设等统筹集团发展的重大任务；统一财务结算与运筹。特别对于品牌战略的实施，集团的统发挥着重要作用，它要站在更高层面，发现各子单位有品牌意义的活动，加以研发和强化。集团总部不该做的，就是在不了解基层实际情况下乱发议论，乱下指令，这也就保证了分的空间。各子单位必须做的事情包括：接受集团授权经营，分解任务，人员分配与经营业绩挂钩，形成分兵把守、采编和经营任务落实到单位和部门的局面。这样的管理体现有统有分\统分结合的原则。①

佛山传媒集团高层认为，处理统与分的关系，实际上就是处理集权与分权的关系。哪些该统，哪些该分，均应由市场说了算。有利于各单位市场开拓并取得总体成效的，可以根据实际情况，分不同阶段进行统分的灵活调整，完全不必担心集团总部权力、权威受损。在集团各单位对整合意义认识仍不到位、集团的管理水平还不适应集约化经营的阶段，应该充分发挥子单位的自主性、积极性，首先保证原有日常的运营秩序不乱，各子单位的原有市场策略与操作办法先不必忙着调整。这样，就使整合之初通常由于运作不畅、协调欠佳而经营下滑的现象，并没有在本集团身上发生。相反，各大龙头单位的经营业绩均有稳定的提升。②

---

① 戴晓军：《统出合力分出活力》，《新闻战线》2010 年第 1 期。
② 戴晓军：《统出合力分出活力》，《新闻战线》2010 年第 1 期。

根据5年来媒介融合的实践，集团总结摸索出了一套套运作理念与成功模式，如"媒体担纲、企业支撑、群众参与"的大型社会活动运作模式；"媒政互动、媒企互动、媒镇互动""产学研联动"的产业发展理念；以及"大事不缺位、大事不越位、大事做到位"的新闻报道理念。这些成为集团各子单位的行动指南。

在这些理念和模式的指引下，佛山传媒集团承办了第七届亚洲艺术节与首届亚洲文化部长论坛，助推首次落在地级市的国家级文化盛事获得成功；组织跨媒体采访团队，两次出访泛珠会议，深入汶川地震现场进行救灾报道，越洋赴美采访美国总统大选等。还尝试承办体育赛事，筹划涉足旅游行业、会展经济；进军影视圈，投资筹拍大型电视连续剧《孔子》，同时参与合拍电影《叶问二：宗师传奇》等。

在这些跨媒体、跨行业、跨所有制的开拓与合作中，集团的报纸、电台、电视台有机融合，整合创新，报纸发挥做时政报道与深度报道、办图片展览的特长，电台发挥搞户外活动的长处，电视台发挥搞直播、办晚会的优势，各媒体各有侧重、各有专攻。

举办各种活动使传媒在品牌深度推广的同时，获得了发行和广告之外新的商机，活动经济已经成为传媒经济重要增长点。佛山跨媒介集团组建后，着力开发创意新颖、参与性强、社会关注度高、可持续开发的媒体活动，而媒介融合和整合营销的优势使得集团在开拓媒体活动方面具备了更强竞争力。从表3-1来看，佛山传媒集团经营上已经开始摆脱单纯依赖广告的局面，媒体活动经营收入增长迅速，从2008年的3190万元增长到2009年的5979万元，占经营总收入的比重从5.3%增加到10%。

表 3 - 1   2008 - 2010 年度佛山传媒集团各媒体活动收入占经营收入比例①

媒体	2008 年度			2009 年度			2010 年度（计划）			备注
	经营总收入（亿元）	活动经营收入（万元）	占比	经营总收入（亿元）	活动经营收入（万元）	占比	经营总收入（亿元）	活动经营收入（万元）	占比	
日报	1.35	900	6.6%	1.3	1500	11%	1.3	1950	15%	专刊、专版策划 + 活动
时报	0.47	130	2.7%	0.43	430	10%	0.56	840	15%	专刊、专版策划 + 活动
商报	0.57	250	4.3%	0.53	585	11%	0.425	638	15%	专刊、专版策划 + 活动
电视台	2.47	1700	6.8%	2.49	1500	6%	2.7	2700	10%	电视主营业务
电台	1.15	210	1.8%	1.19	1964	16.5%	1.1	3300	30%	
合计	6.01	3190	5.3%	5.94	5979	10%	6.085	9428	15.4%	

从传媒经营来看，传媒产业的传统商业模式主要被抽象为"二次售卖"和规模经济，这种经营模式造成了现在广受诟病的盈利渠道单一的问题，并带来了为片面追求高发行、高收视率而危害社会道德和公众利益的问题。在媒介融合背景下，传媒产业的新经营模式遵循着这样一种转变逻辑：从规模经济向规模经济和范围经济并存转变；从二次售卖向 N 次售卖转变。在国外，规模越大的传媒集团，在跨媒体经营方面越庞杂、越充分，充分发挥了范围经济的效益。从二次售卖到 N 次售卖模式的升级意指媒体不仅仅售卖内容信息和受众资源，还包括无线增值服务、在线服务、信息管理等多层次多角度的价值挖掘。

也就是说，媒介融合还带来了媒介服务方式的转变、服务范围的拓

① 《佛山传媒集团 2010 年经营工作会议讲话纪要》。

展，进而带来媒介功能定位的转变，随之衍生出新的传媒产品和服务，改变过分依靠广告收入的局面，发展的空间被大大拓宽。如融合媒介不仅承担了信息制造商的服务，还将作为一个更大的平台或者渠道，满足人们除信息需求之外的其他各种需求，如人们可以从中享受到类似于家庭购物、教育培训、旅游休闲等各种各样的生活服务；在产业融合的背景下，传媒的功能也大大超越了之前已有的范畴，例如当前非常火爆的电视购物，就是一个媒体涉水零售业，完成一次从受众的信息供应商到消费者的购物管家的"华美转身"的鲜活例子。①

近年来，佛山传媒集团事业、产业呈现良好发展势头，显示出跨媒介发展所取得的成效。集团的总资产从 2006 年的 20 亿元增长到 2008 年的 31 亿元，经营总收入 4 年实现翻番，从 5 亿元增长到 11 亿元，2008 年缴税 8657 万元，利润逾亿元。其中佛山日报的经营收入由 2006 年的 9600 万元增长到 2008 年的 1.3 亿元，排在全省地级市前列，入选"中国地市报经营十强"；佛山电台的经营收入由 2006 年的 8500 万元增长到 2008 年的 1.2 亿元，排在全省同行业第二位，2008 年佛山电台参评的四套频率均入选全国城市电台综合实力第一阵营；佛山电视台的经营收入从 2006 年的 1.7 亿元增长到 2008 年的 2.88 亿元，排在珠三角城市电视台的第三位；佛山珠江传媒网络有限公司经营收入从 2006 年的 3.7 亿元增长到 2008 年的 4.5 亿元，数字电视普及率排全省第三位。②

（二）跨媒介发展提升城市影响力

进入 21 世纪，中国的地域发展呈现出多样化的局面，各城市在经济、文化、教育、外贸等不同领域展开激烈竞争，各城市不仅要强化政治、经济功能，还要强化文化认同功能。以都市为中心的不同地域间的话语竞争十分热烈，以至于新周刊城市论坛就因争吵过于激烈而以

---

① 蔡骐、吴晓珍：《从媒介融合看我国传媒集团的未来发展走向》，《湖南大众传媒职业技术学院学报》2008 年 3 月。

② 戴晓军：《统出合力分出活力》，《新闻战线》2010 年第 1 期。

"改版"的形式"封坛"。而作为一种重要的社会资本，传媒融资讯、文化和意识形态于一身，在对地域经济的中心性建构和以都市生活为表征的文化中心建构方面，无疑扮演着重要角色。

以佛山为例，佛山正经历一个从小城市到大城市、从传统城市到现代都市的发展历程。作为珠江三角洲龙头核心——广佛都市圈的重要组成部分，佛山迫切需要提升自身的城市内涵和形象，从而与广州良性互动演绎好双城记。这需要佛山传媒以现代、国际的视野引领佛山城市的新发展。这种引领主要体现在宏观的文化层面，尤其是在思想、观念上的引领，扮演佛山城市发展的文化引领者，这是传媒作为城市文化软实力核心力量的重要体现。

佛山成立传媒集团后，将不同介质的媒体整合在一起，在北京奥运、神七发射、汶川大地震、美国总统大选等重大和主流新闻操作中形成合力，同时传媒集团承担了举办第七届亚洲艺术节、第十二届省运会、2007 国际中华小姐精选、珠江小姐环保行活动、佛山品牌企业评选、省港杯足球赛、佛山首届海峡两岸美食嘉年华等大型知名活动，在与城市、社会、企业的沟通、互动中，媒体影响力成倍放大，城市的知名度也得到很大提升。

2005 年 7 月，第二届泛珠论坛暨洽谈会在四川成都举行，佛山传媒集团派出了由佛山日报、佛山电视台、佛山电台、珠江时报、珠江商报等 5 家媒体组成的跨媒体联合报道组，这是集团成立以来首次组队去外地进行重大采访报道，尝试资源互补，提升传播效能。2006 年 11 月，佛山传媒集团举办"珠江环保行""珠江小姐总决赛"活动，集团组建了所属各媒体共同参与的大型联合采访团队，自驾车 21 辆沿珠江流域溯源而上，首次开展跨地域、跨媒体、大规模的采访报道活动，4 省区、21 个地市级媒体加入此次联动，在珠江沿线城市产生很大影响。

在跨媒体发展过程中，佛山传媒集团也开启了主动介入城市发展的探索。2005 年 11 月，亚洲文化部长论坛暨第七届亚艺节在佛山举办，由佛山传媒集团全权负责运营亚艺节。佛山传媒集团采取了"媒体担纲、企业支撑、公众参与"的机制，发挥媒体自身的影响力以及媒体与企业、文化、公众互动的优势，力促美的、佛山移动等单位与亚艺节组委会成功签约。集团还发挥跨媒体联合采访的优势，为活动前期准备、中期重头戏及后期圆满成功，作出重要贡献。

如首次跨媒体海外联合采访活动——"亚洲行"由传媒集团属下各媒体的记者、编辑、主持人组成，分10多组赴参加亚艺节的21个亚洲国家进行采访，拍摄多集电视系列新闻专题节目，出版了《亚洲行》《聚焦亚洲》等多种书籍和音像制品，并在报纸和期刊上开辟专栏；"亚洲音乐之旅"以及"亚洲大使全接触"等活动，也分别由集团下属各媒体记者、主持人走出佛山、走出国门进行实地采访。佛山传媒由幕后走向前台，由单纯的宣传报道提升到与文化、企业、公众进行互动，提升到与城市经济文化相融合上。

2007年，佛山市政府提出实施品牌战略，着力培育佛山品牌，以品牌带动城市产业发展，打响城市知名度。佛山日报启动"首届佛山市民最喜爱的品牌企业评选"活动，由于举办颁奖晚会是电视媒体的长处，集团把这个活动上升到集团层面来操作，跨媒体联动，扩大了活动影响力。众多企业积极报名参选，市民纷纷评议和参与投票，在"品牌企业一天游"活动中，短短3天就接到3000多个报名电话。评选活动引起强烈反响和关注，集团又通过整合长三角联系紧密城市的资源，筹备把活动推向第二阶段，开展"江浙行"，策划组织"著名粤商太湖文化之旅""企业与城市发展——佛山无锡品牌企业高峰论坛"等活动，提升企业品牌和城市影响力。集团组织一批佛山知名企业家赴江浙与当地企业家交流经验，并与当地媒体互动，为企业品牌走向全国创造更好的基础，为城市发展带来动力。

2007年8月，佛山传媒集团举办"扬帆珠江，走进东北"大型系列活动，内容包括"珠江小姐东北环保行""佛山传媒记者团走访东北""扬帆珠江聚焦东北"摄影大赛等，组织一批佛山企业家前往牡丹江市进行媒企互动和商贸活动，最后在牡丹江市举办媒企互动合作论坛，把整个活动推向最高潮。活动发挥两地传媒集团服务城市、服务企业发展的功能，积极推动珠江流域和牡丹江流域城市的文化交流和经贸合作，推动佛山城市、资本、品牌、技术等资源与牡丹江及东北的城市、资源、劳动力、市场的全方位对接合作和互动交流。一系列活动为佛山搭建了一个对外宣传佛山品牌企业、推介佛山城市形象的平台。

2008 年，佛山传媒集团秉承大事不缺位、不越位、做到位的原则，直击雨雪冰冻灾害、汶川大地震、北京奥运、美国大选等诸多国内外重大事件，尤其是集团派出由平面、广电等多媒体融合的 6 人采访组，越洋万里报道美国总统大选，开创了中国地市级媒体以媒体融合的方式跨国报道国际重大新闻的先河。据统计，美国大选期间，搜狐网的"佛山传媒集团走进美国大选"专题页面总点击量为 243 万多次，其中 11 月 5 日达到 98 万多次的日点击量最高峰。联合采访组还引起了包括美国媒体在内的各国媒体的注意，新加坡联合早报和美国当地媒体对联合采访组进行了采访报道，并表达了合作意愿，中国改革开放的成果和佛山的城市形象得到很好的宣传。

黄升民认为，这次佛山传媒集团赴美采访，有两点他比较关注：一是作为一个区域媒体，佛山传媒集团远涉重洋到美国报道美国大选这个重大事件，他是第一次看到。二是报道重大活动，过去常常是单媒体的采访，而这次佛山传媒集团采访美国大选，有电视、广播还有报纸，是以一种媒体融合的方式去报道，这在他印象中也是第一次。从这次越洋采访中可以看到，随着佛山的经济、文化和传媒业的发展，佛山传媒已经不仅局限当地新闻的报道，其新闻触觉已经扩展到全国以至世界，而且敢于到达一些重大的新闻现场，佛山传媒的这种表现，能够在沿途的媒体和社会扩大佛山的影响。①

（三）媒介融合推动社会媒介化进程

20 世纪 90 年代以来，数字化技术、通信技术和计算机技术的迅速

---

① 《区域媒体全球化时代的大胆尝试》，《佛山日报》2008 年 11 月 25 日，A3 版。

发展，使以其为技术支撑的诸多行业之间的边界正在由清晰走向模糊。正是这一重大变化推进了信息、电信、文化、娱乐、传媒、出版、金融、证券等众多行业之间的相互渗透和融合，在全球形成了大规模并购、重组的浪潮，多元化成为大公司的发展战略。与此同时，资源配置、整合方式也发生了结构性变化，许多新的业态应运而生，形成新的经济增长点，并直接改变了传统的产业结构，以顺应行业边界模糊的发展趋势。

媒介融合是在数字技术、网络技术和网络存储技术等传媒技术产生的基础上，以受众需求变化为导向，从整体上打破传统传媒业的边缘，彰显个性媒体的独特传播优势，实现立体式传播效果的演变过程，其终极目标是实现社会的媒介化。1997 年，欧盟对媒介融合的发展趋势进行了大胆预设，提出"电信业、广播电视业和出版业三大产业的融合不仅是一个技术性问题，更是涉及服务以及商业模式乃至整个社会运作的一种新方式"。作为信息社会形成初期的热点问题，媒介融合的提出标志着传媒业从物质和精神两个层面上面临一次前所未有的变革，一方面促使传媒业的内涵与外延重新界定，另一方面也再一次提升了传媒业的社会地位和社会影响力。①

在新的媒介技术特别是网络技术出现之前，媒介对于社会的影响力依然是有限的。在网络技术出现之后，社会的媒介化进程才开始大大加速。媒介化社会的一个重要特征，就是媒介影响力对社会的全方位渗透，媒介化社会从其本质上讲，意味着人的媒介化，或者说，每个人都是在媒介深刻影响下的"媒介人"，对于生活在媒介化社会中的人来说，不仅对于世界的想象主要由媒介来构建，其思维方式、个体意识也烙上了媒介化的烙印。而"媒介融合"浪潮不仅将引起媒介生产方式的革命，并将成为最终推动"媒介化社会"形成的核心动力。媒介融合得以全方位的参与到了个体与社会的媒介化建构当中，并逐渐成为推

---

① 杨海军：《媒介融合：缘起与终极目标》，《传媒》2009 年第 4 期。

动媒介化社会建构的核心动力。①

六、媒介融合的问题与趋势

地方性跨媒体传媒集团作为文化产业改革过程中的新生事物，在推动媒介融合的进程中也面临诸多未知因素，在组织机构整合、企业文化整合、媒介生态建设、跨媒介人才培养等方面仍然存在诸多困难，未来发展之路并非一帆风顺。

（一）组织机构"合"与"分"的问题

如何推进组织整合，处理好组织机构的"合"与"分"的关系，这是佛山传媒集团推动媒介融合的一大难题。与机械相加的"整合"不同，融合更加强调各个元素和环节间的重组、裂变，形成新的元素和环节。然而归根结底，融合之下还是有分立存在。这就要求融合时代的传媒集团必须注意"合"与"分"的统一，即"统"和"放"的协调。"统"，能够在集团的战略目标方面达成共识，并且充分发挥融合效应；"放"，则指给予各分支机构以充分的自主权，激发其竞争力与活力，以此减少内耗。如此这般，才能既把"所有的鸡蛋放到一个篮子里"，形成"五指握拳效应"，又能把"鸡蛋放到不同的篮子里"，多点开花，四处出击。②

对于业态多的佛山传媒集团，从横向看，拥有报纸、电视、广播、网站、有线网络、杂志、音像出版、演出公司及场所、票务公司等不同业态，不同的业态有不同的运作规律，从纵向看，市、区、镇三级管理，整合的难度很大，整合力度大，子媒体的创造力和积极性不能充分发挥；整合力度小，跨媒体集团的资源共享优势又难以发挥。因此如何

---

① 孟建、赵元坷：《媒介融合：粘聚并造就新型的媒介化社会》，《国际新闻界》2006 年第 7 期。

② 蔡骐、吴晓珍：《从媒介融合看我国传媒集团的未来发展走向》，《湖南大众传媒职业技术学院学报》2008 年 3 月。

处理好两者的关系，对于跨媒介集团发展至关重要。如佛山电视台为了实现整合，2007 年初将全市五区电视台的广告部（包括人员和所有业务）统一"平移"到总台，实行全市电视广告业务统管；一年后，因为操作难度问题，"平移"一年的广告业务部又"回归"各区分台，人员关系及业务重新归属各区分台，由此可见整合的反反复复。佛山传媒集团开展深度整合后，取消了区县电视媒体的法人资格，如顺德电视台从具有独立法人资格转变成一个频道，集团内部也有一种观点认为，这在一定程度上影响区县电视媒体发展的独立性和主体性，进而影响了区县电视媒体的市场敏感度与市场竞争力的提升。

从跨媒介集团的创立模式来看，国外大多是从一个实体派生出若干个实体，逐渐膨胀为集团的，因此内部关系先天和谐顺畅，开展跨媒体经营自然得心应手。而我国则正好相反，集团化在很大程度上是为了顺应现实的要求由官方"捏合"而成的。这种在行政力量的推动下形成的横向、地域性的集团具有后发性、他发性和成分单一的特点。而且行政力量过多参与集团组建，也间接造成原有利益受损的个人或团体的不满，不利于提高生产积极性。所有这些都无疑对跨媒介发展构成了先天性的阻力。[1]

因此，在媒介融合中采取渐进式的变革思维，成为一种现实的策略，以此逐渐克服组织结构调整中的体系惯性与路径依赖。对于大多数传统媒体而言，工作中长期密切协调的配合关系，已形成了一套成熟的采编操作规范，组织中的部门、岗位设置，职责、权限分工已相对固定与成熟，同时下属媒体间的人员流动、干部调整乃至下岗减员等都涉及复杂人事问题，需要谨慎稳步地推进。正是基于这样的考虑，对于在媒介融合过程中各媒体能否组成一个统一编辑部的问题，佛山传媒集团管委会副主任、集团报业工作委员会主任戴晓军认为，要将各媒体现有成熟模式打破重建，会有很大风险，因此暂不敢"妄动"。[2]

---

[1]　王基国：《国内跨媒介经营分析》，《新闻前哨》2008 年第 3 期。

[2]　辜晓进：《国内"媒介融合"现状》，《中国记者》2009 年第 2 期。

（二）企业文化整合的问题

国内媒体在开展媒介融合实践的过程中，往往忽略了集团企业的文化融合。相对于组织机构的整合，文化的整合难度更大。整合企业文化成为跨媒体发展的核心要素。媒介文化是一个媒介的灵魂，它为媒介的生存发展提供不可或缺的价值导向、智力支持和精神支柱。在一个跨媒介集团中，不同的媒体往往拥有不同的企业文化，它们之间的冲突很可能会抵消跨媒体发展带来的好处，直接损害到媒介集团的利益。可以说没有一种底蕴深厚的、强大的、统一的媒介文化统摄的媒体集团，很可能成为貌合神离的硬性拼凑，其生产经营也必将沿袭各自为政、分散重复的陈旧模式，穿新鞋走老路。因此媒介文化整合是媒介组织联合的黏合剂，也是推进集团化经营发展的精神动力。

佛山传媒集团高层领导也认识到集团整合的难度："业态多，区域广，就难以一统。有句话'求大同，存小异'，但我认为我们要'求大同，存大异'，不能存小异。这么大的集团，肯定有很多不同的意见，肯定不可能存小异，这样才能和而不同。"[1]

在媒介融合初期，应该尽量避免各种异质文化的直接冲突，国外媒介融合实践已经提供一些经验，如美国坦帕新闻中心对位于同一房檐下的《坦帕论坛报》、网站 Tampa Bay Online 和电视台 WFLA – TV 这三家不同形态的媒体，制定了如下规定来协调彼此之间的利益和关系：不能对不同平台的媒体新闻发布的标准评头论足、指手画脚；不允许说伤害感情的话；不允许因为报道方针的不同而迁怒他人。[2]

在媒介融合过程中，集团往往将优势资源集中到核心媒介，出现部分媒介边缘化的状况，进而对集团产生离心力。从佛山传媒集团近几年的发展来看，整合后减少或消除了集团内各媒体的恶性竞争，集团将整合后的资源优势主要投向集团层面的发展方向，忽略了对原区级媒体的

---

[1] 《佛山传媒集团工作通讯第十三期》。
[2] 蔡雯、郭翠玲：《美国坦帕新闻中心媒介融合的策略与方法》，《中国记者》2007 年第 9 期。

投入。以顺德电视台为例，集团整合后频道定性和定位改变了，集团对其发展规模和建设投入侧重于维持，从节目、经营与事业并重的发展思路，逐渐转变成以经营为中心。在集团架构中，佛山电视台顺德分台、南海分台，珠江商报，珠江时报等原区级媒体，在集团的重大活动中常处于边缘状态，如在 2008 年集团组织的北京奥运会、美国大选、汶川大地震等重大联合采访活动，均由集团一级媒体总部派出记者，很少有原区级媒体记者参与，发稿报道统筹中也没有原区级电视媒体的供稿考虑，本来有实力参与的原区级媒体因集团有统一安排也不能自行行动，从而使原区级媒体在重大活动面前失去参与资格和机会，原区级媒体也似乎默认自己在集团中的下游位置和边缘状态。

因此打破各媒体从业者之间的罅隙，适应组织形式所带来的内部变化，善于对集团内不同媒体进行文化上的整合，建设一种具有凝聚力的新的集团企业文化，真正从价值观和企业文化方面实现融合，这是传媒集团化背景之下媒介融合的关键因素。

（三）媒介生态和价格垄断的问题

在国际上，媒介融合虽然是大势所趋，但其出现和发展并非受到普遍欢迎与一致赞同。反对者们认为，媒介融合会破坏新闻的多样性和民主化，因为媒介垄断形成的同时也加剧了对于媒体市场的限制，因为这意味着政府想缩减在新闻和公共服务项目方面的预算支出，新闻的民主化程度将会受到严重的影响。而且媒体的声音正处于一种危险的收缩状态，因为媒体多样性会受到媒介融合的影响。[1] 柏德迪凯恩的研究显示全球媒介产业基本被时代华纳等 5 家媒介集团垄断。麦克切尼和席勒在研究中发现，传播技术发展使全球媒介集团的垄断加深，根本没有带来所谓的透明、互动或参与式的媒介生态。[2]

比如从公众利益和意见多元化角度，由于媒介融合的加剧，同一市

---

① 徐沁：《国际媒介融合发展的瓶颈》，《中国广播电视学刊》2008 年第 7 期。
② 纪莉：《在两极权力中冲撞与协商——论媒介融合中的融合文化》，《现代传播》2009 年第 1 期。

场的不同类型的媒介在新闻报道方面有更多的一致性，不利于多种意见的表达。同时媒介融合之后的合作媒体，由于有共同的利益存在，所以更容易形成市场势力，从而对消费者造成实质性的利益损害。

正是出于这种考虑，从国外来看，为了保障媒体市场的多元化，1975 年，美国联邦通讯委员会（FCC）制定交叉所有权的规则，禁止一家公司拥有同一市场上的报纸和广播电视台。换言之，若要跨媒体，必先跨地域。2007 年，出于对波及全球的报业衰退的担忧，FCC 才放松了这一实行了多年的禁令，允许占据全国媒体市场前 20 位的广播电视公司也可以拥有一家报纸。①

中国人民大学教授喻国明指出，在集团化背景下，媒介融合可能促使媒介集团过分追逐经济效益，导致自身环境监测功能弱化，给传统的新闻管理理念和政策体系带来考验，也带来不同类型媒体间的文化观念碰撞。

支庭荣通过对我国佛山、牡丹江、成都等跨媒体集团个案的分析认为，跨媒介集团主要是行政力量的推动，其成立以来的经济绩效不甚明显，部分个案对舆论生态的平衡起破坏作用，因此同一城市的报纸、广播、电视应避免并入同一家集团。比如在佛山个案中，集团化在舆论生态方面存在正负两方面影响，2006 年起，《珠江时报》从都市报化的路线改回了《南海日报》的模式，加强区域政策新闻版，去掉了副刊类的文学版、都市笔记版以及时评版，报社的经济效益提高了，报纸对于普通读者的阅读价值却下降了。还有受众质疑，2008 年的南海公交司机罢工、2009 年的佛山城管殴打老太太、佛山教育局长受贿案等事件，全国沸沸扬扬，佛山本地媒体却集体失语。集团化之于媒体消费者，究竟孰利孰弊呢？作者认为，地方政府的投入基本不变而获益最大，受众从跨媒体集团中获益最少。②

---

① 支庭荣：《我国报纸、广播、电视跨媒体集团的政治经济学分析——以牡丹江、佛山、红河、成都个案为例》，《国际新闻界》2009 年第 6 期。
② 支庭荣：《我国报纸、广播、电视跨媒体集团的政治经济学分析——以牡丹江、佛山、红河、成都个案为例》，《国际新闻界》2009 年第 6 期。

在跨媒介经营中，垄断性失灵还会造成价格操纵的现象。垄断性失灵表现为市场上只有为数很少的几家供应商甚至出现独家垄断的局面，垄断厂商通过操纵物价，牟取暴利，使市场均衡作用失灵，资源不能得到合理配置。比如过去北京有线和无线还有某种竞争，因为它们的利益不一致，竞争实际上是有利于消费者的，而合在一起之后就会形成相对垄断的局面，在一定程度上阻碍市场发展和竞争的势头。① 2001 年 4 月 19 日，上海文化广播影视集团正式挂牌，原先分散在各个电视台或频道的广告经营权与节目购买权被收回集团统一经营。于是，上海文广成为上海频道资源的独家垄断者，上海一些大广告公司一直的担忧成为现实，上海文广所有的广告价格由多达 35% 的折扣一律降为 25%，上海的电视广告涨价了！上海负责文广节目采购的人士也称，以前节目在上海卖得最贵，电视剧一集要卖 11 万元，这种情况再也不会出现了。②

（四）跨媒介人才培养的问题

跨媒介发展的成败，最终取决于媒介从业人员的素质与实力。就目前来看，我国媒介集团的人才结构并不合理，采编型、策划型的人才不少，管理型的人才却明显不足，通晓各类媒介和采编和经营的复合型人才更是凤毛麟角。因此建立完善的人力资源开发体系，整合各种人才资源，梳理人才结构建设，合理分配人力资源，成为构建传媒核心竞争力的智力资源。

中国人民大学新闻学院教授蔡雯认为，在媒介融合的趋势下，需要两类新型人才：一是能在多媒体集团中整合传播策划的高层次管理人才；二是能运用多种技术工具的全能型记者编辑。③

要培养一支适应媒介融合发展的管理人才，具备信息内容生产、高新技术应用、发展战略策划等素质，不仅要有经营媒体的能力，也要有

---

① 王基国：《国内跨媒介经营分析》，《新闻前哨》2008 年第 3 期。

② 黄升民、周艳：《中国传媒市场大变局》，中信出版社 2003 年版，第 20 页。

③ 蔡雯：《新闻传播的变化融合了什么？——从美国新闻传播的变化谈起》，《中国记者》2005 年第 9 期。

资本运营的能力，还要具备把握未来的战略策划能力，能以高屋建瓴的视角，统筹集团内部多媒体产品生产、发布、营销过程中所用到的资源，进行整合、共享和互动。

对于采编人才来说，一方面要培养一支既要有文字功底，又要熟练驾驭声音、图像等各种传播符号的传播规律，能运用多种媒体进行超文本结构思维和报道写作的全能型记者队伍；另一方面，不仅要强化发现和采集新闻的能力，而且要强化加工新闻和信息的职能，实现从新闻采编到知识管理的转变。

从佛山传媒集团来看，在人事制度改革方面，采用全员聘用和竞争上岗制度，变"身份管理"为"岗位管理"，逐步形成了良性循环，但集团内部各个媒体单位之间的人员流动和分配仍受限制，缺乏竞争上岗的机制保障，除了因决策需要的人员轮岗制度之外，不仅平面媒体与广电媒体之间人员流动困难，而且各平面媒体之间的从业人员也未实现充分合理流动。用人机制无法实现充分合理流动，达不到人力资源的优化配置，就不利于跨媒体融合人才的涌现，也限制了媒介融合的深度发展。

第四章

城市社会分化与传媒整合

随着中国社会分化的加剧，社会整合成为社会转型的重要趋势，时代对报纸提出新的角色与功能要求，报纸要成为社会各阶层利益表达的工具，成为促进社会冲突与问题的解决，帮助社会实现调解和跨阶层沟通的整合工具，报纸的这一转型也将有力地推动中国社会的转型与发展。

城市化的发展是一个社会分化的过程，改革开放以来，中国都市人口的社会分化过程中出现了身份、收入和地位等方面的差别，派生出各种不同的社会阶层、社会群体，形成了多层次、立体式的都市社会结构。这种社会分化有正面的作用，它促使社会结构功能更加完善、更加充满活力，但同时也使社会结构更加多样化、复杂化，从而给社会稳定带来隐忧。而随着社会分化、文化分化的加剧，我们的媒体中普遍出现了传播分化、传播失衡的问题，反而进一步加剧社会分化。

面对社会分化，如不能采取有效的社会整合策略，将会导致社会分化严重，社会冲突加剧，社会结构失衡甚至社会动荡。而传媒在搭建多元社会话语体系、建构社会整体意识和价值观念、促进社会整合方面功能强大。从这个意义上说，大众传播是建构社会认同、实现社会整合的基本手段。

第一节　城市化进程中的社会分化与传播分化

一、城市化进程中社会分化的加剧

按照社会学的观点，社会分化是指社会结构系统不断分解成新的社会要素，各种社会关系分割重组最终形成新的结构的过程。它不仅包括社会异质性增加，即群体的类别增多，还包括社会不平等程度的变化，即社会群体间的差距拉大。

社会分化与城市化密不可分。在现代化的进程中，城市化是一个很重要的方面。伴随城市化过程的是日益明显的社会分化。在西方资本主义社会现代化的发端时期，由社会分工所导致的职业分化是城市化的显著性标志，同时这一职业分化也促进了资本主义社会的繁荣与发展；资本主义发展到今天，城市化已高度发达，甚至出现逆城市化的趋势，社会分化依然存在，其内容已不仅仅包括职业分化，而是包括产业分化、阶层分化等在内的多元化的社会分化，并且产生一系列结构性问题，如产业结构不合理、社会贫富差距日益扩大等，从而引发社会震荡。

从理论上说，分化是社会从传统形态向现代形态转化的重要动力，尽管这种现象在传统社会也存在，但是到了现代阶段，分化明显加剧，成为现代性的重要标志。① 毫无疑问，社会分化在促使社会结构功能更加完善、更加充满活力的同时，也使社会结构更加多样化、复杂化，从而给社会稳定带来隐忧。有学者认为，与经济改革前相比，社会分化的结果是一方面促进社会异质性增加，即群体的类别增多；另一方面是社会不平等程度的变化，形成社会群体的间距。②

---

① 周宪：《审美现代性批判》，商务印书馆 2005 年版，第 113 页。
② 陈卫星：《传播的观念》，人民出版社 2004 版，第 401 页。

从 1978 年起，随着改革开放的推行和社会主义市场经济的发展，中国的社会结构发生了烈度、速度、深度和广度比任何时期都要深刻的社会分化。有专家指出，中国的社会分化，不仅是领域的分化和区域的分化，而且包括阶层分化、组织分化、利益分化和观念分化。①

社会成员的结构日益分化是改革开放以来珠三角社会结构变迁的一个显著特征，一些新的社会阶层逐渐形成，各阶层之间的社会、经济地位和生活方式及利益认同的差异日益明晰化，其中以社会成员的阶层分化和属地性分化较为明显突出。

从阶层分化来看，随着所有制结构和产业结构的变化，加剧了职业流动和分化，形成了新的体制内外两大空间，并导致了收入、权力、声望三者产生分离，阶层结构越来越复杂，社会成员的阶层分化不断向纵深发展。以广东省佛山市为例，就工人而言，按所有制划分，可以分为国有企业工人、集体企业工人、合资合营企业工人、外资企业雇工以及私营个体等，他们的收入、地位、声望相互分离、参差不齐。传统意义上的农民也发生了深刻的职业分化，所谓的农业人口已不能用简单的农民二字来概括，它已经分化为农业劳动者、乡镇企业工人、农民工、雇工、农村文教科技医疗工作者、农村个体工商业者、农村私营业主、乡镇企业管理者、农村管理干部等。上述每个群体又可按收入（财富）、地位、声望等差别分成若干次级群体。

社会成员的属地性分化是改革开放以来大量外来人口涌入广东形成的。外来人口流动是地区间政治、经济等差异导致的一种社会现象，是地区间经济发展不平衡引发经济发展缓慢地区的人口向经济发达地区移动。

改革开放以来，广东增加了几千万新客家人即外地人，从事着各种不同的职业，其中大部分人是民工。在经济发展上他们受到社会的欢迎，但在社会生活和公民待遇上又受到各种有形无形的排挤和歧视。他

---

① 文军、朱士群：《社会分化与整合及其对中国社会稳定的影响》，《理论与现代化》2000年第2期。

们在创造财富、寻找机会的同时，渴望改变自己的社会身份。从某种意义上说，都市社会当中已经具备正式居民身份的人和没有具备这种正式身份的人在户籍、住宅、教育、医疗、保险、就业、婚姻等许多方面存在非对抗性的利益冲突。可以说，都市化进程的进度取决于都市对农村流动人口开放所引起的社会震荡的承受能力。以佛山市为例，2008年佛山常住人口592万人，户籍人口361万人，有130多万外来人口，基本上每三个人中就有一个外地人，其中大多数属于打工阶层，本地人所享有的住房、医疗、教育等地方性社会福利，他们均无法平等分享，同时由于存在属地性社会歧视，导致部分外地劳工连一些基本的劳工福利与保障都无法享有。

由于不同人群拥有的资源不同，从而催生出强势群体、中间群体和弱势群体。有学者依据各阶层对组织资源、经济资源、文化资源这三种资源的拥有量和其所拥有的资源的重要程度，将当代中国社会各阶层结构大致划为三大块，一是强势集团，由拥有充分的组织资源的国家与社会高层管理者、拥有充分的文化资源或组织资源的大型企业经理人员、拥有充分的文化资源的高级专业人员、拥有充分的经济资源的大私营企业主构成；二是中间阶层，由拥有相当的或一定的组织资源、经济资源、文化资源的国家与社会管理者、经理人员、私营企业主、专业技术人员、办事人员、个体工商户、商业服务人员、产业人员、农业劳动者构成。三是弱势群体，由仅仅拥有很少量的或基本没有三种资源的商业服务业员工，产业工人，农业劳动者，城乡无业，失业，半失业者构成。①

一个人数较多的弱势群体的生存状况已引起许多人的关注。目前城市新生的弱势群体，属于"利益相对受损集团"和"社会底层群体"，主要包括城镇新生贫困群体（下岗失业人员以及部分离退休人员）、进城农民工群体等，这个群体不仅人数众多，而且产生的速度也比较快，

---

① 俞虹：《当代社会阶层变迁与电视传播价值取向》，《现代传播》2002年第2期。

并有逐渐扩大的趋势，其利益受损是比较长期性的。① 他们丧失了原有的文化价值，丧失了原有的组织和心理归属，相对剥夺感和不满情绪的增加，成为影响中国社会稳定的最大的潜在因素。

以佛山来说，外来务工人员群体庞大，其中80%以上来自农村，其权益受损的事实给佛山构建富裕和谐城市带来不利影响。第一，加剧了本地人和外地人的矛盾，影响社会稳定；第二，外来务工人员对佛山缺少归属感，频繁流动，也直接影响经济发展和产业升级所需要的人力资源，近两年出现的民工荒已经敲响警钟；第三，境外势力利用慈善组织，以资助本地民间救济人员为手段，收集外来务工人员的伤病、欠资、人身侮辱及伤害等各种信息，作为攻击我国人权状况的情报，另外还有一些民间非法地方性的黑社会势力的出现，试图左右这一群体的行为，这都给社会稳定带来不利影响；第四，阻碍劳动力转移，影响佛山城市化进程。外来务工人员权益保护的现状不利于农村剩余劳动力的转移，不利于外来务工人员的流入、就业、生存和发展，这将直接影响佛山的城市化进程。②

有学者研究认为，在城市地区，由于20世纪90年代中期以来，国营企业改革加速，下岗和失业工人人数急剧上升，加上社会福利和社会保障制度的改革，取消福利分房制度，实施有偿教育和有偿医疗等制度，从而在减少工人群体收入的同时，增加其相对开支。由于中国都市地区同时还提供显而易见的相对剥夺情境（中国都市地区的收入差距，已经赶上甚至超过了西方发达社会的程度，而且富裕者当中，相当一部分是依据非法的途径，如腐败、贪污、逃税等来获得自己的财富），因此在工人这一弱势群体中，产生怨恨的机会就相对比较高。刘能认为，单就怨恨生产的规模这一分析维度而言，当前中国都市地区已经达到了这样一种局面：种类多样的怨恨正处于高度积累并且极容易爆发成为集

---

① 李强：《转型时期的中国社会分层结构》，黑龙江人民出版社2002年版，第110页。
② 唐锋军、王静：《化解社会矛盾构建和谐社会》，《佛山日报》2006年8月19日A7版。

体行动的临界水平。①

　　群体性事件是社会分化冲突加剧的集中体现。近年来，中国频繁发生因人民内部矛盾引发的集体上访、集会请愿、游行示威、罢工等群体性事件，数量多、人数多、规模大。据统计，从1993年至2003年，中国发生的群体性事件由每年1万起增加到每年6万起，参与人数由73万人增加到307万人，至2007年群体性事件已达8万起，2009年则超过10万起，中国已经进入突发群体性事件的高发期。以2008年为例，全国具有影响的群体性事件就有法国家乐福超市事件、贵州瓮安事件、云南孟连事件、重庆出租车罢运事件、甘肃陇南事件、广东东莞劳资纠纷事件等。群体性事件频发是20世纪90年代以来中国社会转型造成的社会分化冲突与断裂加剧的集中体现，对社会稳定与和谐造成很大冲击。一旦这些事件与较大的经济危机（特别是金融危机）或外源性危机（如台湾问题、国际冲突）结合，将会产生全局性影响，并有可能触发较大规模的社会动荡。

二、社会分化趋势下的传播分化

　　所谓传播分化，是指在社会发展过程中，由于传播技术的迅速发展和有效应用，以及传播主体对传播资源占有的不同，从而导致的社会不同的传播主体之间的异质化，并由此产生的不断扩大的社会分化现象。② 可以说，社会分化影响传播分化，传播分化又加剧了社会分化，进一步转化为社会分化的动因，社会分化和传播分化具有明确的互动性。③

　　英国传播学者麦奎尔充分认识到传播分化和社会变迁之间的内在联系和相互影响。麦奎尔指出，传媒早期是与快速城市化、社会流动和传

---

① 刘能：《怨恨解释、动员结构和理性选择——有关中国都市地区集体行动发生可能性的分析》，《开放时代》2004年第4期。

② 姚君喜：《社会转型传播学》，上海交通大学出版社2008年版，第104页。

③ 姚君喜：《我国当代社会的传播分化》，《当代传播》2006年第2期。

统社会衰落等问题相伴而生的。现在，它们仍然与社会混乱，人们设想的个人不道德、犯罪和无序的增长相关联。大众传播作为一个过程，常常被视为主要是个人主义的、非私人的、无关的、无序的，因而是导致社会控制水平和社会团结水平降低的因素。传媒把商品、思想、技术和价值观方面的新的和流行的信息，从城市传播到乡村，从社会上层传到基层。它们也描绘另类的价值系统，潜在地削弱传统价值的控制。麦奎尔认识到大众传播对传统的价值取向、文化观念、政治制度、经济发展等有控制和分化的作用。①

在任何社会转型期，社会结构必然发生裂变，社会分化加剧，社会的价值、文化、政治、经济等都不同程度地产生各种形态的分化现象，传播分化也成为社会分化的主要载体和催化剂。② 因此，伴随着社会分化而发生的传播分化，加速了社会分化的进程，又体现着社会的文化冲突和文化分化。

随着传播分化的加剧，最直接的结果就是传播的非均衡发展，亦即传播失衡，进一步又导致传播断裂、冲突与失语，加剧社会和文化的分化，这主要表现在以下几个方面。

一是传播冲突，导致社会弱势群体边缘化状态加剧。社会经济地位的差异，造成媒介资源占有和使用中的强势和弱势群体，强势群体对媒介资源的占有意味着对媒介话语权的掌控，在社会传播结构中处于弱势地位的社会阶层，在意见表达和诉求上没有畅通的渠道，导致社会弱势群体在大众传媒上的"集体失语"，真正游离于社会文化的边缘状态，社会冲突难以避免。

从场域理论来看，穷人与富人生活在不同的场域，虽然他们有时候在同一个场域中游戏和竞争。但多数时候，他们的场域是不同的，是没有交集的。人们的鸿沟很大，不断加强着对对方的偏见。当代中国社会面临的一个很大的问题是人们彼此间无法信任，社会各个阶层之间缺乏

---

① 姚君喜：《社会转型传播学》，上海交通大学出版社 2008 年版，第 108 页。
② 同上。

有效沟通和对话，各自的两个场域内有很强烈的力量来加强对彼此的恶感，在社会弱势群体对社会其他群体的看法上表现得更为突出。①

近年来，由于资源配置、利益分配和机会拥有而造成的城乡差别、贫富不均等在舆论产生和形成强度上有所体现。如房地产大亨任志强的"房子只为富人建"和"富人区与穷人区"的观点和言论就曾在网络上掀起十级以上的批判风暴，全国政协委员、女首富张茵在第十一届政协会上提出代表自己所处利益集团的"降低富人税负"提案不仅遭到与会委员的强烈指责，而且还遭到了网民和媒体的尖锐批判。从现实来看，对立群体的利益冲突与碰撞越激烈，其声音越响亮，影响力越大，从"杭州飙车案"到"我爸是李刚"，单一的"仇富"发展为"仇富又仇官"，"不怕富二代飙车就怕官二代飙官"成为又一个"舆论热点"，折射出"贫二代"和"民二代"对"富二代""官二代"等强势群体极端仇恨与对立的社会心态。②

而关于弱势阶层的信息传播，又是按照强势阶层为主的社会主流阶层所确定的标准进行的，传媒的这种不平衡报道已经在城市受众的心理中形成对弱势群体的如下刻板印象：文化水平低、素质不高、容易犯罪、法盲、不讲卫生等。传媒的刻板印象会进一步加深城市内部的隔离，加剧弱势群体与主流群体之间的信息鸿沟，甚至可能为公共管理决策提供错误的现实依据。如2005年深圳市曾出台限制"低素质"的外地人进入本地的决策，与人们对弱势群体的刻板印象不无关系。③ 大众传媒的发展形成以强势话语为主的传媒歧视，弱势群体长期处于边缘化状态，势必会产生心理的失衡，而全社会范围对弱势阶层的忽视甚至排斥，极有可能演化为社会阶层之间的利益冲突与对抗，其负面影响是全社会性的，也是许多国家和地区社会动荡的重要原因。

在群体性事件报道中，媒体的意识形态化倾向就比较明显。由于群

---

① 蔡鑫：《社会过激事件的场域理论研究》，《思想战线》2006年第4期。
② 赵雅文：《和谐社会背景下"舆论雪崩"的控制与疏导——辩证法三大规律对社会舆情转化及引导的启示》，《新闻与传播研究》2011年第3期。
③ 付晓静：《弱势群体的传媒失语探析》，《当代传播》2006年第6期。

体性事件往往被地方政府认定为少数别有用心者煽动、利用部分不明真相的群众所致，媒体又往往追随或不得不跟随地方政府的信息发布，必然导致新闻报道往往带有一种明显的"偏见"，视群众为"敌对一方"，将群体性事件政治化或意识形态化。① 瓮安事件发生第二天，新华社通稿《贵州省瓮安县发生一起打砸烧事件》写道："一些人煽动不明真相的群众冲击县公安局、县政府和县委大楼。随后，少数不法分子趁机打砸办公室，并点火焚烧多间办公室和一些车辆。"事实上，每当群体性事件发生，诸如"一小撮""别有用心""煽动""不明真相""不法分子""恶性势力团伙成员""刁民"等话语，往往充斥于群体性事件报道中。这种高度意识形态化的报道已经不合时宜，只会引起人们的反感和不满。

二是传播断裂，大众传媒的媚俗化现象加剧。在现实发展中，大众媒介作为社会公共信息平台的公共服务功能没有得到充分体现，片面强调"喉舌论"及利益化追求，使得人们对大众传媒的认识观念僵化，媒介很容易忽视其作为社会公众意见表达的功能，而为政治、文化、经济利益服务的工具功能却在不断强化。这样，政治话语和经济利益话语成为媒介的主导，社会的公共利益表达严重缺失，部分空洞的政治口号和商业广告成为媒体的主流，关涉公众生活的严肃社会主题很少去关注。特别是在收视率、发行量、广告营业额等经济指标成为国内很多媒介考察发展水平的基本指标，也几乎成为其唯一要求，传媒极易滑向娱乐化和媚俗化，所谓的媚俗、煽情、暴力等不健康的传播内容充斥媒介，而媒介作为社会公器的诸如人文关怀、社会正义的弘扬等价值取向则被放在次要，甚至根本不被关注的地位，从而对社会整体价值的追求造成极大破坏。

三是传媒失语，导致社会公众情绪的负面表述。传播失衡导致传媒失语，当社会公众的情绪或意见无法通过大众媒介表达时，传媒作为社会"减压阀"的作用没有得到发挥，其社会情绪的宣泄就会采取其他

---

① 董天策、钟丹：《当前群体性事件报道的回顾与反思》，《南京社会科学》2010 年第 3 期。

途径，如制造流言、谣言，导致社会公众的非理性表达，甚至采取偏激行为，借以报复社会。这种消极的、负面的非常态传播一旦占据社会传播的主导地位，其结果必然是流言蜚语大行其道，谣言与小道消息满天飞，这极易惑乱视听，成为阻碍社会发展的阻力。传媒失语在包括群体性事件等负面新闻报道中尤其突出。由于传媒失语，在许多群体性事件中，如贵州瓮安事件、湖北石首事件、云南孟连事件、甘肃陇南事件的背后，都能看到流言和谣言的影子，流言和谣言在传播中具有类似性、重复性和广泛性，产生共鸣效果、累积效果和遍在效果，在一定的条件下甚至会出现"一边倒"，成为"多数人的意见"，产生极大的破坏性。①

传播分化、断裂、冲突与失语，映射出媒介生态所出现的失控或失衡的现象，将对社会的和谐协调发展产生很大负面影响，对已经形成的生态平衡关系造成严重破坏。因此媒介迫切需要一个均衡有序的媒介生态环境，从而使媒介、社会、个人实现和谐发展、共生共荣的良好生态效应。

三、大众传媒的社会整合功能

"社会不仅通过传播而存在，而且我们可以正当地说社会存在于传播之中。"② 美国哲学家、社会学家杜威的一句点评，指出了传播与社会的密切关系。仅有社会要素还不等于一个社会，社会要素能形成社会还得靠文化传播的联系作用，文化传播的这一功能通常又被称作社会整合功能，即使社会形成一个整体。③

传播与社会的关系，始终是传播学的重要关注点之一。不论是在传统的功能学派对传媒内容的具体效果的实证研究中，还是在批判学派将

---

①　赵志立：《群体性事件的舆论引导策略》，《西南民族大学学报》（人文社会科学版）2010年第9期。

②　Dewey, John. Democracy and Education [M]. New York: Macmillan. 1916, P. 5.

③　胡申生、李运行、章友德：《传播社会学导论》，上海大学出版社2002年版，第202页。

传播置于广阔的社会关系结构中进行考察的研究中，都不难找到对这种问题的关注。而在媒介与社会理论中，大众传播理论家和社会学家，对如何维持社会秩序以及人们对各种社会单位的依附，怀有共同兴趣，大众传播、社会整合、文化认同与归属感等，往往是紧密联系在一起的社会存在。

（一）媒介整合功能的双重视点：离心与向心

西方早期大量的媒介理论与研究都把焦点放在整合的问题上。在媒介基本的社会功能中，意见最一致的是媒介是社会的整合器。①

20 世纪可以看成是"大众媒介的第一时代"，也是大众媒介影响力抑或惊叹抑或警醒的时期。20 世纪前二三十年出现的对于媒介潜在社会意义的讨论，并不仅仅具有历史重要性，这些早期的思想也为理解当下的情形提供了参阅点。一开始，就有三种观念具有特别重要的意义：一是新传播方式的作用问题，二是新传播方式可能引起的社会整合或分化问题，三是新传播方式可能提升或削弱的公众启蒙教化问题。②

19 世纪末 20 世纪初的社会理论家，对随着缓慢的、传统的、社区的生活方式让位于快速的、世俗的城市生活及社会活动规模的极大扩展而发生的"大转变"非常敏感。如费迪南德·滕尼斯（Ferdinand Tonnies）、马克斯·韦伯（Max Weber）、罗伯特·帕克（Robert E. Park）等人开展的欧洲及北美的社会学主题研究中均反映了对这一问题的关注。

美国社会学芝加哥学派的代表人物路易斯·沃尔斯（Louis Wirth）第一次明确地把城市化理解为社会生活方式的变革过程，都市环境产生了一种特殊的社会生活即都市主义，城市中的社会生产是建立在某种正式关系和由不同成分组成的人口所构成的复杂劳动分工基础之上的，都市中的社会生活更具刺激性，同时也更异化。沃尔斯认为，城市的本质

---

① ［荷］丹尼斯·麦奎尔：《麦奎尔大众传播理论》，清华大学出版社 2010 年版，第 71～81 页。

② 同上书，第 42 页。

是异质性，城市是由"城市异质性的个人组成的、较大规模的、较高密度的永久性的聚落"。人口异质性的增加、人口规模的扩大，人口密度的提高综合作用于城市生活，他将这种"都市化生活方式"描述为："次要接触的取代、族群关系的转弱、家庭重要性的递减、邻居的消失和维系社会团结的传统价值消失"。①

芝加哥学派另一代表人物罗伯特·帕克（Robert E. Park）注意到，随着人口的大规模流动，人们对地方的依恋感情被破坏，邻里这一城市地方组织和政治组织中最小的单位失去了原有的稳定性、原始性和亲密性，这意味着首属团体中原有的抑制作用和道德训诫被削弱了，次级关系取代首属关系成为趋势，基于道德的社会控制被基于成交法律的社会控制取代。② 在这一社会重组的过程中，犯罪、离婚、遗弃、贫困等社会问题与现象大大增加了，而这与现代生活中日渐增强的隐匿性、疏离性以及不确性密切相关。帕克认为，在现代以次级关系为组织基础的社会中，舆论作为社会控制的一种手段，已经成为一种非常有效和非常重要的手段，出版业和媒体成为教育民众的工具和实行社会控制的一种形式。③

传播在芝加哥学派眼中成为社会得以可能的基础，是人与人之间关系赖以成立和发展的机制，而媒体被看作与移民和城市发展有关的社会文化心理现象，是恢复受工业化、城市化和移民侵蚀的大众民主和政治一体化的组织机构。

美国著名传播学者罗杰斯（Everentt Mitchell Rogers）也认为，大众媒介具有在广泛大众中凝聚零散个体的能力，或是透过一套共同价值观念与信息，将新来的人整合进入都市社群中，并促进认同的形成。与旧式的宗教、家庭或者团体的控制比较起来，这种大众传播的过程能够更

---

① Wirth L. Urbanism as a way of life ［M］. New york：Free Press，1938，P46

② 蔡禾：《都市社会学研究范式之比较——人类生态学与新都市社会学》，《学术论坛》2003 年第 3 期。

③ 罗伯特·帕克等：《城市社会学——芝加哥学派城市研究文集》，宋俊岭等译，华夏出版社 1987 年版，第 38 页。

有效地将大规模的、松散的现代社会整合起来。①

不仅是美国，19 世纪后期欧洲古典社会学家均关注到社会转型期"都市化的工业社会中人际关系的瓦解和远距离的、非个人的社会控制的新形式"，这段时期的社会理论都认为，社会需要新的整合形式，他们把大众传媒的兴起，看作社会转型期填补传统的人际关系纽带瓦解带来的真空的社会控制形式。

与此同时，大众传媒作为一个过程，通常又被认为具有个人主义、缺乏人性和堕落的特征，早期的媒介与迅速的城市化、社会流动和传统社区的衰落等问题有着联系，继而与社会动荡及所谓的个人不道德行为、犯罪、无序的增加有着联系。

尽管有社会和经济因素，但有一种普遍的观点认为，报纸、电影和其他形式的大众文化（音乐、书籍、杂志、漫画）也是造成个人犯罪、道德沦丧、无根感、人性退化以及归属感或集体感缺乏的潜在因素。早期的大众社会理论家因此认为，大众传媒对社会产生了负面的强大的效果，在他们看来，新兴大众媒介是一种肿瘤般的恶性力量，它的力量能直接到达、转变、腐化个体的头脑，破坏了血缘关系和直接的面对面的接触，可能导致个人孤立、个人主义、社会多样化甚至碎片化，造成大量的社会问题。②

这两种情况似乎有天壤之别，一个强调离心趋势，另一个强调向心趋势，离心指的是带来社会变化、自由、个人主义和离散的动力，向心指的是社会统一、秩序、凝聚与整合的效果形式，"大众媒介似乎原则上既能够有助于也能够颠覆社会团结"。③ 在复杂以及不断变动的社会中，这两种力量往往都是同时运作的，不过，在某种程度上其中一种力

---

① Rogers E M. Beyond Agendas: New Directions in Communication Research [M]. New Haven, CT: Greenwood, 1993, P. 19.
② ［美］斯巴利·巴兰、丹尼斯·戴维斯：《大众传播理论：基础、争鸣与未来》，曹书乐译，清华大学出版社 2004 年版，第 65 页。
③ ［荷］丹尼斯·麦奎尔：《麦奎尔大众传播理论》，崔保国等译，清华大学出版社 2010 年版，第 72 页。

量会是另一种力量的互补。

在杜威、库利和帕克等芝加哥学派的代表人物身上就体现了这种矛盾的心态，他们一方面对媒介技术带来的总体进步加以肯定，在本质上将现代媒介解释为在美国恢复广泛的道义和政治一致性的力量，希望借助于传播的巨大力量形成有利于维持良好秩序的社会舆论，来抵制当时社会的种种不良现象，但是，他们同时又对传播的巨大力量会助长不良风气感到担忧，而对现代传播媒介产生的新的大众文化望而却步。①

传播学者麦奎尔（Dennis McQuail）通过对媒介与社会整合理论的回顾，总结了对媒介与社会整合关系的积极与消极的理论认识："大众媒介与社会整合之间的关系，容易被看做是负面的（更多的犯罪与道德沦丧）以及个人主义的（孤独、集体信念的丧失）。但是我们也可能看到现代传播对凝聚力和集体感做出的积极贡献。大众媒介是形成新型凝聚力的潜在力量，能够把同一国家、城市或地方的分散个体联合起来。大众媒介也能推动新的民主政治以及社会改革运动。如何诠释媒介影响常常取决于一个观察者对现代社会的态度和他们的社会观众乐观主义或悲观主义的程度。"②

（二）社会整合与认同效应、凝聚力

群体生活是人类社会的基本特征，群体生活的维系离不开社会整合，即社会凝聚力量，它协调着整个社会关系，使社会、群体、个人之间配合默契，使社会生活得以有条不紊的运作、发展。所谓社会整合，也就是一个特定社会的成员通过某些方式而凝聚在作为社会核心的价值观、信念周围，彼此结成紧密关系，并在行为方式上基本保持一致。社会整合有多种方式，如领土的整合、政治的整合、经济的整合、文化的整合、宗教信仰的整合等，而所有这些整合方式都必须有传播手段的支

---

① 梁艳红：《芝加哥学派的理论来源及其基础》，《东南传播》2006 年第 5 期。
② ［荷］丹尼斯·麦奎尔：《大众传播理论》，清华大学出版社 2006 年版，第 32 页。

持才能进行①。

在当今时代，虽然经济和社会环境与 20 世纪初已经大大不同了，但连接个人—社会纽带的弱化，共同价值观的缺失，社会和市民参与的减少，以及"社会资本"衰退等问题，仍然带来社会整合的需要。贸易组织、政界、宗教和家庭的关系逐渐变弱；社会融合的问题伴随着新的种族群体和移民从乡村和偏远地区向工业化城市的转移而出现；新老少数群体在一个更大范围中对身份认同需求的表达，以及社会和谐的新要求，呼唤着大众传播媒体的介入。②

英国传播学者詹姆斯·卡伦（James Curran）认为，"在分层化的现代社会中，不大可能出现整体性的社会聚会"，而媒体代表性的再现提供了"对具体的群体交流行为的功能性替代"。在接触大众传媒的过程中，"每个人通过对他们共同经历的某个事件的共同庆祝被联结在一起，进而与整个社会联结到一起。这些媒介事件证实的是一种共同的身份认同。它们使受众以一种理想化的方式来看待其所处的社会，其所宣扬的是一种共同的价值观、记忆或体验。"③

美国传播学者丹尼尔·戴扬和伊莱休·卡茨对媒介事件进行了深入研究，他们认为，电视中描述的大多数社会事件（公共的或国家的典礼、主要的体育赛事）经常吸引全世界大量观众，有助于在一种分散的社会团体中形成社会凝聚。媒介事件提供"机械团结"的时刻，把中心和边缘联结起来，不仅通过大众的体验，而且通过与象征和价值的直接交流，通过在官方领导人主办的仪式中承担仪式角色，以及通过有名的、受重视的其他人的小群体的出席，使得广大观众部分地克服了自

---

① 邵志择：《大众传播与社会整合》，2000 年 1 月 12 日，智维网（http://www. zeview. com/index. php）。

② ［荷］丹尼斯·麦奎尔：《麦奎尔大众传播理论》，崔保国等译，清华大学出版社 2010 年版，第 43 页。

③ ［英］詹姆斯·卡伦：《媒体与权力》，史安斌等译，清华大学出版社 2006 年版，第174 ~ 175 页。

己的离散和分裂。①

传播有利于形成民族认同，增强民族的文化内聚力。可以说，任何一个整合程度较高的社会，都具有对某种文化取得较为一致的认同的特点，即具有较强的文化内聚力。而文化的认同与内聚力的增强与文化传播的作用密不可分。例如，在中国历史上，汉族文化和儒学的传播就对中国传统社会的"超稳定性"结构整合起了重要作用。②

美国当代社会学家和传播学者鲍尔·洛基奇（Sandra Ball - Rokeach）针对网络化时代的传媒现实与社会现实，展开围绕传播和社区归属感的关系的实证研究项目"传媒转型：改变社区黏合纽带"，论证了在经济全球化、信息传播新技术和人口多样化因素影响下，社会结构与传播结构具有互动性的构建作用，传播结构通过意义的构建作用，从而形成同一社区的人们的归属感和社会认同。③

（三）社会整合与媒介功能角色的转型

随着改革开放的推行和社会主义市场经济的发展，中国的社会结构发生了烈度、速度、深度和广度比任何时期都要深刻的社会分化。社会分化在促使社会结构功能更加完善、更加充满活力的同时，也使社会结构更加多样化、复杂化，从而给社会稳定带来极大隐忧。中国社会学家们对此进行多角度的分析和描述，如陆学艺的"分层论"、李强的"碎片论"、孙立平的"断裂论"，无论是"断裂"，还是"碎片"、"冲突"，都揭示出当下社会财富分配失衡、社会矛盾激化、社会冲突加剧的状况，由此社会整合成为社会转型的重要趋势。

2004 年以来，中国将"构建和谐社会"这一执政理念放到了"统揽全局的位置"。构建和谐社会，致力于解决的是我国社会存在的利益失衡、运行失序、规制失范、市场失灵等严重问题，以达到调节利益分

---

① ［美］丹尼尔·戴扬、伊莱休·卡茨：《媒介事件》，麻争旗译，北京广播学院出版社 2000 年版，第 230 页。

② 胡申生、李运行、章友德：《传播社会学导论》，上海大学出版社 2002 年版，第 202 页。

③ 张咏华：《传播基础结构、社区归属感和谐社会构建：论美国南加州大学大型研究项目〈传媒转型〉及其对我们的启示》，《新闻与传播研究》2005 年第 2 期。

配，缓解利益冲突，维护社会稳定的目的。和谐社会既是解决当下社会问题的策略选择，又是社会整合发展的目标追求。社会整合阶段的到来，有两个重要标志：一是国家直面并解决现存的社会过渡分化、断裂等社会问题，二是提出了社会整合的和谐社会构建这一政治体制改革与社会发展的目标范式。①

传播活动将促成新的社会整合机制的形成。陈卫星认为，在当代中国由计划经济向市场经济过渡当中，利益主体多元化和利益分配机制多元化的形成，使得以经济利益为维度的社会阶层分化更加明显，并伴随着社会离散、社会脱节、社会失范，甚至社会断裂。同时，社会关系的连接纽带在增加，社会关系的方式也变得多元化和复杂化，而传播手段和沟通方式在调解社会关系当中也越来越重要，并在一定情况下，产生社会性的信息补偿或心理释放。②

因此，从社会整合与和谐社会构建角度，对大众传媒的角色与功能提出了一系列期待：社会碎片化需要一个整合社会各阶层的沟通工具；社会整合需要充分保障公民知情权的实现；协调社会各层次的利益关系需要建构大众公共领域。

根据社会学理论，越是分层细化的社会，整合就越重要，社会碎片化需要媒介充当整合沟通的工具。正是大众传媒对社会生活的反映，在受众当中培养起一种集体的身份认同和归属感。传媒对春节联欢晚会的精心策划，对重要的体育比赛的报道和直播如北京奥运会、广州亚运会，对社会生活中突发的重大事件如"9·11"事件、"非典"事件、"神五"升空、汶川大地震等客观真实的报道，就营造了统一的、仪式化的体验，构成重大的媒介事件，展示了媒介有助于集体性的自我实现、协调、社会整合与身份认同的功能。

整合社会是一个利益博弈和均衡相结合的社会，构建和谐社会需要协调各层次利益关系，建构大众公共领域。从当前现实来看，伴随着中

---

① 吕尚彬：《中国大陆报纸转型》，上海交通大学出版社 2009 年版，第 41 页。
② 陈卫星：《传播的观念》，人民出版社 2004 年版，第 414 页。

国的社会分化产生了传播分化，最直接的结果就是传播的非均衡发展，亦即传播失衡，进一步又导致传播断裂、冲突与失语，加剧社会和文化的分化，这主要表现在：一是传播冲突，导致社会弱势群体边缘化状态加剧；二是传播断裂，大众传媒的媚俗化现象加剧；三是传媒失语，导致社会公众情绪的负面表述。传播分化、断裂、冲突与失语，映射出媒介生态所出现的失控或失衡的现象，将对社会的和谐协调发展产生很大负面影响，对已经形成的生态平衡关系造成严重破坏。

在现代都市社会，社会的传播结构体现的是社会关系，而社会关系的核心是人们的利益关系，利益关系不但要靠社会的制度因素来保证，更为重要的是，要通过社会的话语体系的构建，使得社会各阶层的大众，不但享有社会的信息资源，而且有表达自己的利益诉求的平台。因此，"当社会结构出现矛盾与冲突时，媒介则通过参与意见的构建，将这种结构性矛盾加以揭示，从而使社会分歧得到讨论、理解，最后可能会达于共识，直至解决社会矛盾。在这一过程中，媒介构建社会议题的功能与社会整合的功能是同步进行的。"① 因此，在当今中国的社会分层、媒介分层不断加剧的情况下，媒介更要充分重视整合作用。如果每一家媒介都只片面强调自己的目标受众的立场和利益，忽视甚至排斥与其他阶层的关系，整个社会轻则隔膜疏离，重则分崩离析。因此，综合性的媒介要重点阐发、宣扬全社会共同的价值理念，揭示各个社会阶层的共同利益所在。专业性媒介则应该在做某一阶层代言人的同时，充分揭示与其他阶层的利益连带关系，协调各个阶层之间存在的矛盾和冲突。②

作为公共空间的大众传媒尤其应当为弱势群体留有一席之地。大众传媒从其诞生起便负有两种职能：一是作为政权的"喉舌"（多依附于政府组织，以政治权威的意志为导向来整合社会，这仅仅是政府、政权政治的延伸），二是充当社会的公共空间（对上负责但不迎合，相对独

---

①　姚君喜：《社会转型传播学》，上海交通大学出版社 2008 年版，第 147 页。
②　孙玮：《多重视角中的媒介分层现象》，《新闻大学》2002 年第 3 期。

立但不回避主流，贴近下层但不从俗）。① 但是我国传媒在很长一段时间内却较少提及公共空间的作用。事实上，大众传媒作为公共空间可以通过各方的话语诉求与利益协调实现权力机构与大众，权力机构内部系统之间以及公众各群体之间的全方位沟通，进而促成彼此之间的了解、共识、信任与合作。

西方新闻学有一种比喻，称传媒为"社会排气阀"，即不同阶层、不同集团、不同人群，可以借助传媒表达自己的看法，提出自己的主张，同时又在这种表达与叙述的过程中，让这些阶层、集团和人群发发牢骚，吐吐怨气，不使社会情绪和愤懑累积得太多太满，久久得不到释放，最后来个总爆发，酿成社会动乱。传媒的这种情感宣泄功能，就是"社会排气阀"作用。在现代，许多社会心理学家都认为宣泄可以减少人的侵犯性行为，并主张将宣泄行为控制在社会所允许的范围内。西方的一些企业根据这一理论建立了"情感发泄控制室"这样的设施，让工人和职员在里面发泄对老板或上司的不满与愤怒，以缓和人际关系的紧张状态。② 但长期以来，中国传媒过分相信新闻传媒的教化功能，忽略宣泄功能。厦门 PX 事件发生前，不少市民的手机上流传着这样一条短信："翔鹭集团已在海沧区动工投资（苯）项目，这种剧毒化工品一旦生产，厦门全岛意味着放了一颗原子弹，厦门人民以后的生活将在白血病、畸形儿中度过。我们要生活、我们要健康……为了我们的子孙后代，见短信群发给厦门所有朋友！"市民利用手机短信将自己的情绪宣泄得淋漓尽致，而当地政府和官方传媒一开始并没能为市民提供这样的机会。情绪宣泄就是公民自由表达的权利的体现，尊重和保护公民的表达权，就是支持和满足公民自由宣泄的权利，执政党和政府应创造条件，全力支持传媒去实施这一功能。③

事实上，我国一些地方政府对于包括群体性事件在内的负面报道仍

---

① 张福平：《公共空间：大众传媒的必然选择》，《郑州大学学报（哲社版）》2003 年第 6 期。

② 童兵：《突发公共事件的信息公开与传媒的宣泄功能》，《南京社会科学》2009 年第 8 期。

③ 童兵：《突发群体性事件和新闻传媒的社会使命》，《当代传播》2010 年第 6 期。

然采取"捂盖子"的办法。随着我国改革由"普遍受益期"过渡为"利益调整期"，群体冲突成为常态，一些基层部门面对这些冲突表现出"体制性迟钝"——习惯于封锁消息、控制舆论。因此，大众传媒的自由表达权利的实现，也有赖于政府以及执政者理念的转变，保持并扩大媒体开放，特别是传统媒体的开放。新媒体为什么会在中国屡屡成为突发事件舆论的核心载体？主要原因在于传媒体制造成的传统媒体的失语与缺位。而政府和有关各方也应当抓住一些突发事件的契机，创造类似"孙志刚事件"这样的示范性案例，促成依托于法治建设基础之上的制度性变革，重建社会信任，尤其是对政府作为公权力的信任。

随着中国社会分化的加剧，社会整合成为社会转型的重要趋势，大众传媒能否真正地发挥好"社会瞭望哨""预警器""排气阀"和"社会协调者"的角色功能，转型成为社会各阶层利益表达的工具，成为促进社会冲突与问题的解决，帮助社会实现调解和跨阶层沟通的整合工具，将对中国社会的成功转型与发展起到重要作用。

第二节　大众传媒与城市弱势群体的利益表达

中国的城市化进程就是一个农民进城的过程，自 20 世纪 80 年代初期以来，中国打破了相互分割、相互隔绝的城乡刚性二元结构，随着城市化的加速，大量农村剩余劳动力涌入城市，由此形成了农民工群体——我国社会转型过程中在城市社会出现的新生社会群体，特别在珠三角，农民工是一个庞大的人口群体。据统计，2009 年 1 月 26 日（大年初一）至 2 月 24 日，入粤农民工数量就达到 946 万人。[①] 而广东总人口在 1 亿左右。这样一个数量庞大的弱势社群能否获得公共表达的机会和空间，以表达他们的利益与诉求，是促进弱势社群与城市社会整合以及城市社会和谐建设的重要条件。

①　《入粤农民工数量达 946 万人》，《广州日报》2009 年 3 月 3 日。

　　相对于政府官员、企业主、知识分子等强势群体，以农民、农民工和城市失业人群为主体的弱势群体作为改革利益重新分配过程的利益受损者，处于社会空间的边缘地带，他们不仅在经济和政治利益方面处于实际的被剥夺地位，而且在利益表达能力和机会方面处于更加严重的权利贫困状态。尤其是农民工群体，由于身处城乡二元体制矛盾的边缘地带，现有体制无法为其提供必要的社会保障，致使这一群体在迁徙、居住、工作、子女教育、医疗等方面处于严重的权利真空状态。① 现有体制导致这些群体内部的自组织性较低，从而无法使其成为具有足够的与体制进行对话资格的独立主体，而且法律和其他表达渠道也存在种种体制障碍。在这种情况下，新闻媒介的表达渠道成为这些弱势群体利益表达的重要选择之一。②

　　当代大量涌现的传播理论和文化研究都认为，大众传媒是当代文化的重要产制者，它对于社会文化过程的建构和影响不容忽视。作为文化的重要产制者，大众传媒对于新移民及弱势群体的呈现或再现（representation），关涉到他们的主体经验能否在公共文化空间中得到表达和体现，并具有重要的社会文化后果，构成和影响着弱势群体的社会身份形成，并在很大程度上影响着主流社群对于新移民成员的情感、态度和想象，甚至影响到种种关于移民群体的公共政策。③

　　还有研究者认为，新生代农民工的城市融入，是事关转型期中国城市化成败的核心问题之一。单纯依靠政府机构、社会组织和政策法规，仅能推动表层的社会融入；而要实现深层理念意识层面的社会融入，则离不开符号生产者和传播者——大众传媒发挥的社会整合功能。④

---

① 洪朝辉：《论中国农民工的社会权利贫困》，《当代中国研究》2007年第4期。
② 黄典林：《新闻媒介与转型期中国弱势群体的利益表达——以山西"黑砖窑"事件为例》，中国传媒大学第二届全国新闻学与传播学博士生学术研讨会论文。
③ 李艳红：《一个"差异人群"的群体素描和社会身份建构》，《新闻与传播研究》第13卷第2期。
④ 袁靖华：《大众传媒的符号救济与新生代农民工的城市融入——基于符号资本的视角》，《新闻与传播研究》2011年第1期。

一、佛山报纸对农民工群体的再现分析

本人以佛山市 3 家日报《佛山日报》《珠江商报》《珠江时报》对农民工的新闻报道为例，探讨新闻传媒是否给予农民工这个弱势群体提供足够的主体表达空间，并考察媒体对农民工的再现对于该群体与城市主流社群融合的影响。

具体的报纸文本是通过对 3 家报纸 2005 年 1 月至 2007 年 12 月 3 年间的相关新闻报道随机抽样产生的，具体的抽样方式为：每年以 1 月 6 日为起点，每隔 8 天抽样，搜集当天报纸有关农民工的新闻文本，包括新闻报道、专栏、特写、评论等。总共收集到 385 篇新闻报道，其中《佛山日报》119 篇、《珠江时报》139 篇、《珠江商报》127 篇。

对收集到的新闻文本，本文采取叙事分析和文本分析的方法，解构各新闻报道的叙事成分，包括基本的角色分配和情节，将其进行归类，并且分析新闻报道所使用的叙事与不同社会主体之立场之间的勾连关系，解析文本对于读者之态度、情感等产生的影响。

希望通过分析回答的问题包括：正处于市场化转型中的城市媒体是否为农民工这个弱势群体的公共表达提供了足够的机会和空间？媒体呈现了怎样的农民工形象？这种"再现"是接近了真实，还是偏离了真实？是充分表达了这个群体自身的身份、主体性和文化，还是相反，忽略或抑制了这个群体自身的主体性，反映的是其他社会主体的立场？这些"再现"又如何构成和影响到该群体在城市社会形成的社会身份？这种再现将可能激起主流城市社会对这个社会群体的何种公共情感和态度，是有助于促进还是阻碍城市主流社会对其的文化承认和认可？

（一）报道数量分析

表 4 - 1 列出了 3 家报纸在抽样期内发表的农民工新闻报道数量和报道面积。

表 4-1　各报对农民工的新闻报道数量（单位：篇）和报道面积（单位：平方厘米）

报刊	总篇数	平均每天的篇数	报道总面积	平均每天的报道面积	占新闻版面的百分比
《佛山日报》	119	0.88	23217	171.9	4.8
《珠江时报》	139	1.02	23409	173.1	5.3
《珠江商报》	127	0.94	23178	171.6	5.1

从表 4-1 来看，佛山 3 份报纸都发表了一定数量和篇幅的农民工新闻，说明报纸对农民工这个群体给予了常规的关注，农民工这个社会身份已经进入大众传媒视野，成为一个较具常规性的新闻领域。但由于农民工的新闻报道所占比例较低，说明各报对农民工的报道还需要拓展，以便为农民工的利益表达提供更大的空间。

（二）新闻主题分布分析

表 4-2 是 3 家报纸对农民工新闻的主题分布。

表 4-2　各报农民工新闻的主题分布（按篇数统计）

主题	《佛山日报》		《珠江时报》		《珠江商报》	
	百分比	排序	百分比	排序	百分比	排序
人口迁移与管理	10	5	8.2	6	1	4
犯罪违规	25.2	2	28.2	1	26.2	1
工作关系与劳工事务	28.5	1	24.7	2	24.3	2
与城市和市民的关系	7.5	6	9.5	5	6.2	6
社会事务	12.6	4	4.7	7	5.1	7
日常生活	13.8	3	11.8	4	15.4	3
其他	2.4	7	12.9	3	10.8	5

从表 4-2 可以看出，"工作关系与劳工事务"主题的新闻排在 3 家报纸报道量的前两位，表明农民工作为城市的新兴劳动阶层，与其工作相关的各项公共事务成为重要的新闻主题，在报纸上获得了一定的显著度，这使农民工在劳工事务上表达自身利益诉求成为可能。

　　而"社会事务"主题的新闻排在 3 家报纸报道量的后列，表明农民工作为城市的新兴市民阶层，医疗、教育、养老、福利等与其利益密切相关的各项公共事务却没有能够成为重要的新闻主题，在新闻议程上没有获得足够的显著度，这也抑制了农民工作为城市新的移民群体表达其各项市民权的可能性，不利于农民工在城市社会中享有教育、居住、医疗等各项基本权利。

　　"犯罪违规"主题的新闻排在报道量的前两位，表明佛山报纸对农民工的报道构建了一种对农民工的负面印象，阻碍了城市主流社会对农民工的文化承认和认可。"与城市和市民的关系"主题的新闻排在报道量的后列，也不利于构建城市主流社群对农民工的认同与理解。

　　（三）对农民工形象的再现分析

　　各报有关农民工的新闻报道存在几种叙事类型，包括受难叙事、受爱护叙事、负面叙事、正面叙事、中立叙事，高度类型化的叙事构成了新闻报道的潜在结构，建构了农民工的特定形象（表 4 - 3）。

表 4 - 3　各报对农民工形象的再现

	《佛山日报》	《珠江时报》	《珠江商报》
受难者	20.4%	23.5%	22.1%
受爱护者	17.6%	10.2%	15.2%
负面形象	24.3%	30.5%	28.6%
正面形象	10.9%	7.1%	9.5%
中立	16.8%	20.7%	18.7%
不适合（无明确叙事）	10%	8%	

　　受难叙事可以描述为农民工经历了种种磨难，受难叙事最主要体现在"工作关系和劳动事务""日常生活"等主题的新闻报道中。在"工作关系和劳动事务"的新闻中，典型的有以下几种：农民工工资被拖欠的报道，如珠江商报 2006 年 7 月 8 日 B2 版的《民工打工三月老板玩失踪》；不签劳动合同，如《佛山日报》2005 年 2 月 7 日 B1 版的《工作勤勤恳恳合同遥遥无期》；工作中遭受不平等对待，如《佛山日报》

2005 年 3 月 11 日 A5 版的《少女辞工遭恐吓精神失常》；工伤残废乃至死亡，如《珠江商报》2005 年 8 月 6 日 B2 版的《机器轧断手指民工投诉无门》；找工作过程中被骗等，如《珠江商报》2006 年 9 月 12 日的《无良职介骗钱找工当心受骗》；在日常生活中遭受食物中毒，如《珠江商报》2007 年 3 月 22 日 B4 版的《十多外来工食物中毒》；无钱治病或在地下诊所就医导致伤亡，如《珠江时报》2006 年 7 月 8 日 A1 版的《窝棚生小孩　母子险丧命》；小孩被拐骗，如《佛山日报》2005 年 8 月 18 日 B3 版的《母亲持照片　街头寻爱女》；被抢劫被强奸等，如《珠江时报》2005 年 2 月 23 日 A5 版的《深夜等车遭暴打抢劫》。

受爱护叙事可以描述为农民工享受各级政府或其他社会成员对其的关怀，包括政府帮助农民索要工资，如《珠江时报》2005 年 2 月 7 日 A4 版的《先予执行　27 装修工讨回工资》；对农民工给予表彰或奖励，如《珠江时报》2005 年 5 月 14 日 A2 版的《南海年底评十佳外来青工》；丰富外来工文化生活，如《佛山日报》2007 年 4 月 28 日 B4 版的《容桂：打乒乓球"外来工优先"》；为困境中的农民工提供救助，如《珠江时报》2006 年 2 月 23 日 B2 版的《外来工染恶疾　老板捐巨款》；为农民工提供教育、医疗等各项社会福利，如《佛山日报》2007 年 4 月 12 日 B1 版的《外来工可享受免费技能培训》。

负面叙事，可以描述为农民工的举动、行为具有负面意义，既包括违法犯罪行为，如《佛山日报》2006 年 4 月 28 日 A2 版的《生活失意　杀人劫车》；也包括对城市环境、城市管理、社会治安等造成破坏的行为，如《佛山日报》2006 年 5 月 14 日 A3 版的《讨工资赖在警车不走》；还包括日常生活中出现的负面品性，如无知、贪婪等。

正面叙事，可以描述为农民工从事具有正面意义的行为或具备正面品格等。舍己救人的行为，如《佛山日报》2007 年 3 月 27 日 B1 版的《伐木工跳河涌救出受惊学生》；辛勤劳动的行为，如《佛山日报》2007 年 1 月 30 日 B2 版的《用青春的汗水浇灌平胜大桥》；发挥聪明才智的行为，如《佛山日报》2006 年 4 月 28 日 A2 版的《从"生手"到全国劳模》；经过拼搏取得事业成功的行为等。

上述的不同叙事分别再现了不同的类型化形象，受难叙事将农民工再现为受难者的形象；在受爱护叙事中，农民工作为弱势群体受到各种关爱，被呈现为幸福的群体；负面叙事再现农民工的负面形象；正面叙事中农民工的形象是正面的和英雄式的。

在这些不同形象中，最多和最频繁的形象再现是受难者和负面形象。受难者形象在《佛山日报》占 20.4% 的比例，在《珠江时报》占 23.5% 的比例，在《珠江商报》占 22.1% 的比例。受难叙事具有很强的道德和情感动员力量，尤其是各报新闻报道中的受难叙事对农民工的悲惨境遇进行了充分描述，而且常常涉及身体受伤甚至死亡，如《珠江时报》2005 年 12 月 16 日 A3 版的《亲情呼唤植物人儿子快醒来》，更容易激起城市主流社群对农民工群体的同情和理解，并推动导致农民工受难问题的解决，因此受难形象的建构对于农民工群体获得城市社会的接受和认同具有积极意义。

负面行为形象在《佛山日报》中占了 24.3% 的比例，在《珠江时报》占了 30.5% 的比例，在《珠江商报》占了 28.6% 的比例，这也是各报使用最频繁的一种叙事方式。这种负面再现可以分为两类：

一是将农民工再现为城市的威胁或问题，这主要出现在"犯罪违规"主题的新闻中，如《珠江时报》2005 年 3 月 11 日 A5 版的《保姆被人利用绑架雇主幼子》，而且这些犯罪新闻报道比较单一，大都发生于农民工与城市主流社会成员之间，农民工作为犯罪者，城市主流社会成员作为被侵害者都在很多的新闻报道中得到界定。

很多时候，媒体直接采用"外来工""打工仔"等这样的用语对犯罪者的身份进行界定，更多的是通过公布农民工的籍贯等间接方法来界定犯罪者的身份。"称谓是社会主流对一个群体的社会地位和身份认可的符号表征，其历史变迁可以集中体现这一群体在社会场域当中所获符号资本的微妙变化。大众传媒如何称呼和命名一个群体，表面上体现了主流社会的话语表达对该群体的身份指称，背后却体现着该群体符号资本和符号权力的大小。"① 这种 "污名化" 称谓，会加剧农民工在就业、住房、教育、社保、婚姻等许多方面遭受歧视和区别对待。

还有很多报道对犯罪过程、犯罪细节进行详细描述，更增强了读者的印象，强化了农民工对城市主流社群的生命财产安全造成威胁的建构。

二是再现农民工与城市文化不相容的负面品性，这些负面叙事大多出现在 "日常生活" 主题类的报道中，报道农民工的愚昧无知，如《佛山日报》2006 年 2 月 7 日 A4 版的《外来工误服 "神药" 中毒》；背信弃义，如《佛山日报》2005 年 8 月 18 日 B3 版的《妻子无辜染病丈夫袖手不管》；贪图便宜，非理性等。这种负面形象虽然不会直接导致城市主流社群的反对性情绪，但容易导致一种歧视性情绪，影响到城市主流社群对农民工的态度和观念，阻碍其被城市主流社会接受和认同。

与各报频繁出现的负面和受难形象相比较，农民工的正面形象很少出现在新闻报道中，从表 4 - 3 中可以看出，正面形象比例最高的《佛山日报》也只有 10.9%。正面形象的出现，可以平衡负面再现所产生的对农民工群体的偏见和排斥情绪，有助于城市主流社群更加全面和理性地认识农民工的意义和作用，增强对农民工群体的接受和认同感。但报纸对农民工正面形象的报道比例偏低，很难起到这一作用，即使在有限的正面报道中，很多也是出于政府形象管理的需要，而非农民工自身的主体经验表达。

二、大众传媒与弱势群体的话语权保障

从报道数量和新闻主题分布中可以看出，一方面，佛山报纸为农民工这个弱势群体的公共表达提供了一定的机会和空间，这主要表现在发

---

① 袁靖华：《大众传媒的符号救济与新生代农民工的城市融入——基于符号资本的视角》，《新闻与传播研究》2011 年第 1 期。

表了一定数量的农民工新闻，与农民工利益密切相关的"工作关系与劳工事务"主题受到很大关注。另一方面，佛山报纸为农民工提供的公共表达机会又是有限和不足的，这尤其表现在，与农民工作为城市新移民的社会身份和利益密切相关的"社会事务"主题报道量很少，媒体的沉默使得农民工要求实现其市民身份的话语无法进入公共话语体系，也无法推进农民工群体在城市社会实现其医疗、教育等多方面的市民权益，也就无法融入城市社会。

李强认为，"反省我国城市中的宣传、传播等舆论导向……流入城市农民主要被看成是劳动力的重要源泉，而没有看到他们也是需要有多方面社会生活的群体，甚至可以说是在我国当前城市中生活的两个最重要的群体类别之一。"① 从形象再现中可以发现，佛山报纸为农民工建构了一个经受磨难、令人同情的群体形象，与此同时这个群体又不断给城市社会带来威胁和破坏，拥有种种非理性、无知和不文明的负面品性。这种形象建构也形成了当代农民工社会身份的重要特征，成为社会公众中认知的农民工形象。因此可以说，媒体没有以均衡的方式描绘城市农民工的形象，也没有充分肯定他们的社会作用和贡献，存在对农民工负面的刻板印象。

佛山报纸上民工犯罪的新闻或表现民工素质低下的新闻占有很大比例，然而据调查，城市犯案人员中绝大多数为"三无"人员，他们只占外出务工农民的5%左右。② 零点调查集团对京沪穗汉 4 城市各 55 户居民入户面访，发现城市居民对外来务工经商人员正负感受之比为4.1∶2.4，正面感受居于优势。③ 事实上，城市农民工是我国农民中素质较高的一个群体。李强认为，城市农民工在个人素质上具有明显的优势，例如，他们一般都处在活力最强的年龄段，尤其具有很强的经济活动能力，教育程度普遍高于农村未流出人口。在农民群体内部，还隐藏

---

① 李强：《农民工与社会分层》，社会科学文献出版社 2004 年版，第 238 页。
② 余红、丁骋骋：《中国农民工考察》，昆仑出版社 2004 年版，第 164 页。
③ 余红、丁骋骋：《中国农民工考察》，昆仑出版社 2004 年版，第 143 页。

着一个特殊的精英群体——"底层精英"。① 报纸上频繁产生的农民工负面形象，往往导致主流社群对这个群体负面的刻板印象，农民工也从心理上对城市产生抵触情绪，扩大了两者之间的鸿沟，阻碍了农民工群体在城市社会获得承认和认可。

追根溯源，长期以来，在城乡二元结构下，城市居民对农民形成歧视与偏见，加之农民工的大量流动给城市和交流带来较大压力，也随之带来一些违法犯罪等社会问题，导致城市居民产生心理的恐惧感。有学者认为，很多时候对农民工的看法与负面相连是基于本地人的偏见，或者本地人与外地人之间的隔膜，如外来工的负面消息就更容易引起本地人的关注。② 而大众传媒的主要目标受众都是城市居民，为迎合城市受众，往往成为这种刻板印象的建构者。德弗勒也认为，大众媒介往往通过选择性的陈述和对某些主题的强调，来反映文化规范。因为只有反映这种规范，大众媒介才能与受众交流，并得到最大限度的认同。同时大众媒介也是模式化的重要来源，它在接受者当中造成印象。③

在弱势群体的利益表达和话语权保障方面，当代中国的新闻媒介扮演着重要角色，既发挥了积极的推动作用，但也囿于各种体制、机制的障碍，存在一定的矛盾和困境。媒介产权和权责归属的模糊状态，政治与产业二元属性之间的冲突，政府管治和市场驱动之间的抵牾，以及政治意识形态本身的内在矛盾，都使得媒介在话语操作层面呈现出自我分裂的矛盾症候，亦在行业效率的提升和职业伦理的培育方面出现了严重的困境。④ 比如受市场新闻生产模式的影响，国内新闻传媒的"补偿网络"呈现一个经济资源的控制与新闻现实之间的关系："新闻单位获取经济资源的领域容易受到新闻媒介的青睐，容易有专门的节目或版面予

---

① 周大鸣：《永恒的钟摆——中国农村劳动力的流动》，载《都市里的村民：中国大城市的流动人口》，中央编译出版社 2001 年版，第 309 页。
② 李强：《转型时期的中国社会分层结构》，黑龙江人民出版社 2002 年版，第 125~128 页。
③ 梅尔文·德弗勒、鲍尔·洛基奇：《大众传播学理论》，台北五南图书出版有限公司 1995 年版，第 236~250 页。
④ 黄典林：《新闻媒介与转型期中国弱势群体的利益表达——以山西"黑砖窑"事件为例》，中国传媒大学第二届全国新闻学与传播学博士生学术研讨会论文。

以反映，而缺乏这种经济资源的领域容易被忽略，甚至不容易在媒介存在。"弱势群体含金量太低，媒介内部缺乏"补偿"这方面报道的资源，结果导致弱势群体从媒介"淡出"。① 事实上，媒介上充斥着主要面向城市白领的汽车、房产、美容、美食、旅游等的版面和信息，媒介话语呈现明显的城市化、小资化取向，大量雷同信息充斥传媒市场的背后则是处在城市边缘地带的弱势群体的信息匮乏与失语，这是信息流通的严重失衡与话语权分配的不公正。

因此新闻传媒需要思考的是如何才能保障弱势群体的话语权，更多地为弱势群体提供主体表达机会？如何才能为弱势群体还原一个公正健康的社会身份？如何才能促进主流社群对弱势群体的文化承认和认同，进而促进弱势群体融入城市社会？

一方面，就农民工形象的建构而言，媒体需要在报道题材、报道角度、报道侧重点等方面有所选择，改变以往对农民工报道简化和模式化的倾向，拓展报道面，使农民工在报纸上所体现的不再是单一的负面形象和受难者形象，如作为打工者的农民工、创业的农民工、默默奉献的农民工、见义勇为的农民工……展现出各种各样的民工形象，读者对民工了解得越多，民工形象也就越客观。另一方面，大众传媒还应承担起消除城市居民与农民工心理隔膜的任务，站在公正角度对他们评说，对城市居民和农民工要使用同一评价标准，不能视之为"二等公民"。

而要使媒体对农民工群体社会处境的再现趋向比较理想的状态，首要一点，是媒体对农民工群体的定位，要实现从弱势群体到处于利益受损状态的社会群体的转变。农民工是一个有着多方面利益诉求的社会群体，而不单纯是一个劳动力群体，其政治权益及社会权利、经济利益和社会生活的需求，都理应得到充分表达。更重要的是，这种表达要从被代言状态转为自主表达，媒体要赋予他们更主动更积极的传播权利，要

---

① 潘忠党：《新闻改革与新闻体制的改造》，《新闻与传播研究》1997 年第 4 期。

在传媒上拓展农民工自主表达的渠道与可能性，而不是被关注的结果。①

在当前媒体的很多报道中，信息引述来源，排在首位的是政府部门，其次是权威专家、企业主和用人单位，最后才是农民工。媒体有关农民工的报道，其主要信源本应是作为故事"主人公"的农民工自身，但实际上媒体却更倾向于政府、专家和用人单位。由于媒体的农民工叙事更多采用他者陈述并以他者信源为主，削弱了农民工向公众进行自我解释的自主权。农民工在大众传媒中的自我呈现相当不足，其真实的面貌更易被他者的话语所遮蔽。匮乏表达的自主性，结果就是"失声"或被动地客体化呈现——作为一个被他者呈现的客体对象出现。②

佛山报纸近年的农民工报道中也出现了一些亮点，有反映家境贫困的外来工拾金不昧的新闻，如《佛山日报》2005 年 1 月 22 日刊登的《一个外来工的良知与现实》。也有反映城市市民对农民工的救助与关爱的报道，如《佛山日报》2006 年 3 月 3 日的《十年情结 永志不忘》、2005 年 1 月 24 日的《10 年，爱的暖流仍在流淌》，就讲述了春节返乡途中的民工宋水兰在南海大沥分娩，许多素未谋面的大沥人伸出援手，宋水兰回家后给儿子取名刘大沥的感人故事。《佛山日报》2005 年 2 月 15 日的《两间私家屋几成"救助屋"》，报道了三水余伯夫妇的老房子 12 年来免费接待上百名外来工，几成民工"救助站"，而自己的新房仍在贷款月供。像这种城市市民与农民工和谐共处、相互关爱的报道，有利于城市市民消除对农民工的歧视心理，促进农民工加快融入城市。

近年来，佛山报纸还对农民工的医疗、教育、社会福利等难题进行了一些调查性报道。2005 年底，佛山日报组成采访组，与政府部门联合进行"佛山市外来工生存状况大调查"，历时半个多月，直接访谈了

---

① 乔同舟、李红涛：《农民工社会处境的再现：一个弱势群体的媒体投影》，《新闻大学》2005 年冬。

② 袁靖华：《大众传媒的符号救济与新生代农民工的城市融入——基于符号资本的视角》，《新闻与传播研究》2011 年第 1 期。

上百位外来工，其中有近六成外来工抱怨借读生书杂费太高，更多外来工反映主要集中在权益保障、文化娱乐、婚姻家庭、子女教育等方面。在与劳动、工会、妇联、教育等部门沟通解决外来工问题的办法与思路后，采访组推出了《走近外来工》专题系列报道，《外来工：我们的伤痛谁来埋单?》《农民工子女：如何享受"同城教育"》等关注外来工作为城市新移民切身利益的报道出炉，整版的篇幅配有调查图表、记者手记、外来工心声、感人故事，试图给读者一个立体感的"外来工"，也为解决农民工问题提供了深层次思考。系列报道连续 6 天推出后，社会影响很大，佛山在线论坛一度掀起了外来工话题大讨论。

我国弱势群体问题的严重性在于：弱势群体形成主要是通过制度性歧视（农民及农民工）、整体性淘汰（如城市失业工人）这样一些集体排斥的方式，即落入弱势地位并非个人原因，主要是社会原因。因此应当侧重从社会支持等外部力量的角度考虑协调冲突，关爱弱势群体。①

作为社会环境监视的雷达和对社会舆论有巨大影响力的一种装置，应该说媒介可以在关注社会边缘群体上承担更多责任和作出更多努力，起码在三个方面可以发挥作用：推动针对农民工的制度演进、消除市民对农民工的歧视心理和帮助农民工在城市获得社会认同感。为此，大众传媒应为农民工融入城市提供信息平台，帮助农民工进行自我形象塑造，提升农民工的身份归属感、心理安全感和情感慰藉感，推动其成为具有现代特质的城市公民。

第三节　民生新闻与城市和谐社会建设

一、城市化与民生新闻的兴盛

《辞海》中对于"民生"的解释是"人民的生计"，是一个带有

---

① 吴清芳：《大众传播·社会角色·和谐社会》，2006 中国传播学论坛论文，第 103 页。

人本思想和人文关怀的词语，话语语境中显然渗透着一种大众情怀。"在现代社会中，民生和民主、民权相互倚重，而民生之本，也由原来的生产、生活资料，上升为生活形态、文化模式、市民精神等既有物质需求也有精神特征的整体样态。"① 在城市中，市民阶层开始争取自身的话语权，"民生"与大众传播媒介的结合就变得势在必行，于是，便出现了"民生新闻"这一概念。

因此民生新闻不是一种新闻类型，更多是一种理念，一种视角，反映新闻的价值取向。可以说，民生新闻的特质即以民众的日常生活为主要内容，以民众的人生诉求为基本出发点，以民众的生存状况为关注焦点，以民众的视角表现民主价值和人文关怀的理念。②

民生新闻的兴起与兴盛，与城市社会转型带来的巨大矛盾和问题有关。随着社会转型期社会分化的加剧，各种利益关系的急剧调整和变化，人们的社会角色、生存方式、生活环境发生巨大改变，引发的社会矛盾和社会问题呈现多样化、复杂化趋势。如物价高涨、就业困难等直接影响日常生活的问题；农民工收入、失地农民出路、下岗失业人员生活、退休人员待遇、毕业生就业、城市贫困人口生存状况等问题；资源不均、分配不公引发的矛盾问题；干部作风、行业不正之风引发的矛盾问题等等。这些与人们利益直接相关的问题，使人们生活上承受巨大压力，心理上缺乏稳定感和安全感，对城市社会的和谐构成巨大的不稳定因素。因此需要给社会转型中的市民阶层提供一种精神交往的领域，或者说是文化的精神家园，人们可以自由地交流、表达、传播，并对各种矛盾和问题加以评说与规范，民生新闻正是在这样的背景下应运而生的。

民生新闻的兴起与兴盛也与改革开放中日益加快的城市化建设有着直接的关系。随着城市建设的全面铺开，城市化进程使原有的城市地理范围扩大，城市人口急剧增加，城市管理部门的职责与权限扩大，政府

---

① 朱天、程前、张金辉：《解读电视"民生新闻"现象》，2004 年 8 月 17 日，新华报业网。
② 谭云明：《论民生新闻的两次提升》，《当代传播》2007 年第 4 期。

的管理方式也发生了变化，由传统的粗放式管理模式，转变为现代化城市管理方式，即从"政府主导型"向"社会主导型"转变。城市管理观念也将大大改变，典型的表现就是市民阶层的崛起和民众参与意识的增强，市民将作为城市管理的社会主体渗透到城市管理的各个环节。另外，政府与城市、城市与社会、社会与市民之间的传统关系面临着根本的转变，并衍生出众多新的关系主体与利益联系，这一切都为民生新闻寻求与社会发展新的互动关系提供了丰富的素材。民生新闻的诸多报道领域的拓展与关注焦点的延伸，都来自日益强化的城市化潮流，以及这一潮流中市民涌动着的物质与精神层面的更高追求。①

与此同时，城市化建设过程中不可避免地出现了一系列问题，首先是硬件方面的，由于城市原有基础设施条件差、欠账多，城市基本建设赶不上经济发展的速度，加之长期以来未能建立起高效的城市化管理体制，城市管理体制不顺，关系不清，职责不明，对城市化发展造成了影响，或多或少存在总体布局混乱、中心区人口和建筑密度过大、交通拥挤、居民居住条件差、环境和噪声污染严重、水资源短缺、生态恶化等等现实问题。其次是软件方面的，城市化使传统的人际关系发生变化，人与人的交往呈现出重物质轻精神的趋势，人们的交流方式也近乎物化了，也就是说人与人之间缺少一种精神层面的平等互动式的交流。

社会学家的研究还表明：城市化建设对居民生活结构的破坏是多方面的，不仅有居民赖以生存的社会资源的改组，生活方式的变化，交通生活的成本的增加，以及邻里关系的中断和改变等这些可观察到的损失，而且还有社会归属感的丧失、社区认同的弱化，以及对未来前景的迷茫等这些隐藏于居民内心世界的忧虑和紊乱。不仅如此，居民的谋生手段、社区认同、精神生活、社会网络等日常生活结构都会因此发生巨大变化。这主要是由于物质层面上的城市化与社会文化层面上的城市化不一致造成的，是物质层面的有意图行为与社会文化层

---

① 侯迎忠：《媒介与民生》，中国传媒大学出版社 2008 年版，第 128 页。

面的无意识所共同作用的结果。① 这样的结果必然使一部分人在得到物质层面的满足的同时，失去社会层面的追求，有的甚至二者皆空，一无所获。②

无论是城市社会转型引发的各种矛盾，还是城市化建设带来的各种问题，体现出我国社会存在的利益失衡、运行失序、规制失范、市场失灵等问题。"构建和谐社会"的提出，正是解决当下社会问题的策略选择，其核心是实现"以人为本"，以人的权利和利益的表达、交流、协调、整合、均衡为主调，促进最大多数人的根本需求的实现和最大幸福的满足；同时注重对人的尊重和人的素质的提高，从而实现社会各阶层在同一个社会平台上利益博弈富有弹性和整合性，实现个体—群体—社会的融通和协调，形成全体人民各尽所能、各得其所而又和谐相处的社会。③

民生新闻在构建和谐社会的重要作用凸显起来。就我国目前而言，民生问题突出表现在就业再就业、收入分配、社会保障、教育、医疗、安全生产、社会治安等方面，集中反映了广大城市市民的最根本利益，也很容易产生矛盾与冲突。民生新闻以"民生视角""民本意识"为取向，其触角深入到社会各个角落，对各种影响社会发展的问题保持高度敏感，对社会可能出现的重大冲突能快速准确地作出反应，充分发挥了"预警器"的作用；而传媒在民生新闻报道中能否审时度势，把握时机，化解矛盾，又决定着能否创造一种宽松、和谐、平稳的舆论环境，起到"排气阀"和"减压阀"的作用。因此，做好民生新闻报道，无疑能有效地推进城市和谐社会建设。

---

① 文军：《城市化的未预期后果对居民日常生活结构的影响——以 1990 年代后的上海城市改造为例》，2006 年中国社会学学术年会论文。
② 侯迎忠：《媒介与民生》，中国传媒大学出版社 2008 年版，第 128 页。
③ 罗以澄、詹绪武：《新闻传媒发展与和谐社会构建》，《当代传播》2006 年第 1 期。

二、民生新闻与城市和谐社会的构建

（一）民生新闻与政治生态环境

丹尼斯·麦奎尔认为，从传播与政治系统的关系来看，信息传播会影响政治决策、政治观念和意识形态等，反过来，媒介机构事实上受制于政治体制及其政治格局，国家的政治体制决定了媒介的所有权和控制权，大众媒介的活动空间及其功能的实现程度和范围必然会受到政治子系统的制约。

在政治民主化进程中，健康的媒介生态和民主的政治行为是协调一致的，民主政治的价值观念体现在社会政治活动中，就是公平正义、公共利益原则下的民主决策与民主管理，这为媒介创造了一个政治和谐的生态环境。民主政治的社会环境孕育了民生新闻，在加速民主政治建设、推进新闻改革的政治氛围中，以反映民生状态、代表民众言论为价值取向的民生新闻便会受到重视。①

政治生态是一个国家或一个地方政治生活现状以及政治发展环境的反映，是党风、政风、社会风气的综合体现。和谐社会建设，为民生新闻报道创造了一个良好的政治生态环境。2008 年 3 月举行的十一届全国人大一次会议上，温家宝同志在《政府工作报告》中强调，要深化政治体制改革，发展社会主义政治文明，保障国民的知情权、参与权、表达权、监督权。这反映出报纸的环境因子正在朝着民主、自由、法制的社会制度环境演进。在珠三角，多年市场经济的浸染，民主法制意识的培育，造成了相对开明和宽松的政治生态，也使得改革的成本较低，进程较快，旧的体制容易突破，新的体制容易生长。2006 年 12 月，佛山市召开第十次党代会，时任佛山市委书记林元和在作工作报告时，明确提出"要充分发挥新闻媒体构建和谐社会的作用，继续办好'民生

---

① 侯迎忠：《媒介生态学视野下的电视民生新闻探析》，《广东外语外贸大学学报》2008 年 3 月。

栏目'"。将办好民生栏目写入党代会报告，这在全国似乎不多见，表明了地处珠三角的佛山为民生新闻报道提供了一个良好的媒介政治生态环境。

近年来，佛山政府部门建立了媒体与政府的民生互动机制，把与媒体互动解决民生问题，贯穿于具体工作中，做到经常化、制度化、规范化，形成了被广东新闻界所赞誉的民生报道"佛山模式"。

首先，搭建民生互动工作架构。佛山市委办、市府办专门指定一位秘书长，负责收集媒体民生栏目所反映的各类民生问题，并形成市委办、市府办各一名副主任具体跟进，市委办信息科、市府办督查科、市委宣传部宣传科牵头，各党政部门及市新闻媒体积极参与的工作架构。其次，规范民生互动工作机制。佛山市先后印发了《关于印发党政部门与市新闻单位加强互动认真解决民生问题的工作方案通知》《关于进一步完善我市舆论监督的政府回应机制的意见》《关于在构建和谐佛山中充分发挥我市新闻媒体重要作用的意见》等3份文件，对推动民生问题的解决提出了明确意见。

为把媒体反映的问题落到实处，佛山市委办、市府办还建立了督办机制，由专人落实各问题的处理情况，并及时作出反馈。各部门也纷纷指定专人，经常主动与新闻媒体进行沟通和互动，佛山市公安局还特意为佛山日报、佛山电台、佛山电视台等新闻单位安装民生专线电话，专线电话免拨号10秒内直通市局110报警服务台。全市各党政机关都安排了一名领导作为本单位与新闻媒体互动解决民生问题的责任人，并指定了相关业务科室具体负责落实，明确在与新闻媒体互动中，党政部门不得借故推诿，对借故推诿的单位、领导，要批评教育，造成重大社会影响的，要追究领导责任。

政府还奖励民生报道优秀个人和单位。2004年12月28日，佛山市委、市政府联合召开表彰会，首次对佛山市民生报道优秀作品、优秀记者和最佳互动单位进行表彰。从此以后，对民生报道的总结表彰，形成了一种制度。这一系列的举措使民生问题的解决有了机制上的保障，大大提高了民生问题的解决效率。

　　健康的媒介生态环境，使媒介表现出健全和自我完善的环境监测机制，对政治民主化进程也是一种重要的监督与保障。因此，民生新闻反过来又能够推动政治民主化进程，这是由特定的媒介政治生态所决定的。[①]

　　近年来，佛山掀起了民生新闻报道热潮，各媒体均将民生新闻放在突出位置，如佛山日报每天有 4 个民生版，约占本地新闻版 1/4，常设栏目有"民生日志""百姓有话"等近 10 个，佛山电台开设"百姓事务所""民生直通车"栏目，佛山电视台开设"小强热线"栏目等。各媒体关注民生热点难点问题，从解决问题的角度出发，主动与政府诸多职能部门做好沟通互动，以建设性视角进行舆论监督，在人文关怀中不断提升民生报道影响力，在构建公共话语平台、调节社会矛盾冲突、参与社会管理、开展舆论监督、影响政治决策等方面发挥着积极作用。

　　（二）从民生新闻到公共新闻

　　民生新闻的内容生产具有平民化、接近性等特点，但同时在新闻来源、信息含量、人文价值等方面存在一定的缺陷。近年来国内媒体在民生新闻报道方面"高歌猛进"的同时，其自身局限性也慢慢显露出来：过度市场化、破而不立，由贴近民众逐渐演变成大肆迎合民众，对于负面事件的批评很多，却没有有效的解决建议；盲目追求可读性，导致低俗化和媒体公信力的缺失；报道题材过于狭窄，关注群众生活的广度不够；报道手法流于表面，触及社会问题的深度不够；主动介入社会生活的时候少，构建平民话语的力度不够等。

　　有人批判民生新闻的"四化"：浅薄化、娱乐化、琐碎化、同质化，还有人形象地描述民生新闻的报道内容：鸡毛蒜皮、鸡零狗碎、鸡鸣狗盗、鸡飞狗跳。一些有社会责任感的媒体工作者也发现："一些'民生新闻'为吸引观众眼球，对跳楼、暴力、扫黄打非、凶杀火拼、

---

　　① 侯迎忠：《媒介生态学视野下的电视民生新闻探析》，《广东外语外贸大学学报》2008 年 3 月。

色情事件趋之若鹜，为第一时间获取这一类'刺激性'题材，一些民生新闻栏目不惜派记者 24 小时守候在 110 指挥中心，一有情况马上随巡警出动。"

民生新闻该向何处去？一些城市媒体提出了增强报道深度、提升内容品质、增强服务性与实用性的改进措施，还有一些媒体如江苏卫视的《1860 新闻眼》等，开展了一场公共新闻的试验探索运动，通过积极吸收公共新闻的理念，实现民生新闻品质的提升。

以佛山为例，近年来，佛山日报提出了"社会新闻民生化，民生新闻互动化"的理念。在社会新闻方面，在"快""深""新""准""导"上下功夫，不猎奇媚俗，不跟风炒作，立足公众利益，从人文关怀的角度予以引导，努力挖掘一些"提醒"或服务于百姓的信息，使之民生化，成为老百姓有用的新闻，并且不断开设更贴近读者的新闻板块；而在民生新闻方面，要求做到从对少数人利益、一般事务的关注，转移到对公共利益、公共事务的关注上来，通过加强与政府的沟通互动，引导百姓参与到公众事务的探讨中，让百姓获得更多话语权，以方便政府倾听社会普遍意见，促进社会和谐进步。

佛山日报在民生新闻报道实践中逐步确立了"上升下沉"的操作理念。"下沉"是走进街区，让新闻更贴近民众。2005 年 6 月 15 日，佛山日报"社区新闻"板块正式出版，主要关注社区万象，展现社区人文，走近社区人物，服务社区需要，讲究趣味性、可用性、民俗性。"新闻就在家门口"成为该板块的努力方向，开设了"社区人物""走进街坊""屋企有宝"等栏目，受到读者的喜爱。"上升"则是以更高的视角审视新闻事件，不仅仅是要告诉政府官员或者普罗大众发生了什么，而更重要的是告诉人们这些事情为什么值得我们关注，告诉人们该怎样解决存在的问题和预防将会出现的问题，更加注重通过互动解决民生问题，为此报纸与相关部门合作开辟了一系列互动专栏，推动民生问题的切实解决。

"公共新闻"，是 20 世纪 90 年代在美国兴起的反潮流的新闻改革运动中出现的一种新闻学理论，其特点是主张新闻报道与媒介活动相结合，强调新闻传播者在报道新闻事实的同时，还可以组织者的身份介入到公众事务中，发起公民讨论，组织各种活动，寻求解决公共问题的对策，使公共问题最终得到解决。①

这种报道理念体现出一种"民生新闻"与"公共新闻"相融合的新闻价值理念追求，民生新闻常常倾向于反映普通大众日常生活中遇到的个人问题和遭遇，公共新闻更突出公众的权益维护，致力于提高公众参与社会公共生活的能力，因此公共新闻突出公众权益的价值理念对于民生新闻具有极大的借鉴价值。为了提升民生新闻的公信力、美誉度、引导力，佛山日报的民生新闻报道积极吸收了公共新闻理念中的合理元素，关注公众的公共利益，凸显题材的公共服务性，避免百姓平民意识形态的过量渗入，避免了民生新闻向市井化、商业化、低俗化方向滑行，同时加强与政府的互动，着眼于推动民生问题的解决，以达到民众关心与政府满意之间的平衡。

近年来，在强化与读者互动的同时，佛山日报明确了"加强与政府部门互动"的理念，让记者形成了这样的共识——对每一起事件调查了解后，迅速向有关部门沟通求证，由相关部门协调解决。报社与政府部门开设了一系列互动专栏：针对社会欠薪突出以及由此引发的跳楼讨薪问题，与市劳动和社会保障局互动推出"助你追讨欠薪"专栏；针对城乡结合部非法行医猖獗屡出人命等现象，与市卫生局推出"清剿非法行医"专栏；针对老百姓普遍关注且亟待解决的一些热点难点问题，与市政府行政服务中心互动推出"百姓点题·政府解难"专栏等。近几年每年都有一个专栏获得广东新闻奖名专栏奖，"百姓点题·政府解难"专栏还获得广东省新闻奖一等奖。

"百姓点题·政府解难"栏目创办之初，佛山日报便将其作为一个重点栏目来经营，计划将其打造成品牌栏目。报社领导层认为，要成为品牌栏目，必须引起读者的高度关注；要引起读者的关注，必须赢得读

---

① 蔡雯：《美国新闻界关于"公共新闻"的实践与争论》，《新闻战线》2004 年第 4 期。

者的认同；要赢得读者的认同，最大的法宝莫过于栏目所反映的民生问题能得到及时有效的解决。

"百姓点题·政府解难"栏目的上版稿件，主要由"百姓点题""记者调查""部门回应""群众打分"四个部分组成。稿件的出发点是"百姓点题"，它旨在解决老百姓反映较集中的民生难题。而落脚点即是"部门回应"，由相关部门就群众提出的问题，在一定的期限内进行解答，作出相应处理。这样一来，栏目的出发点和落脚点为同一点，那就是关注民生、促进民生问题的解决。专栏要求每一篇报道的"记者调查"部分，记者就老百姓反映的问题展开调查深入了解，调查务必做到缜密。而"群众打分"部分，由老百姓对相关部门的回应和采取的措施进行满意度打分，力求客观公允。

报社对专栏制定了较高的上稿标准，要求选题必须准确，要能抓住热点难点问题。在报社每周的部门周会上，特别将该栏目的报题单列出来，并讨论筛选，值班主任对每天的动态报道密切监控，发现有适合纳入该栏目的动态报题，立即联系记者按栏目要求写稿，由于选题把握得准，稿件分量有保障，栏目影响力得到体现。

如《群蝇造访村民难耐"七年之痛"》，反映一个弃置的垃圾处理场对附近居民生活造成严重影响的问题；《叠南路改造何时才能竣工?》反映旧路改造工程拖延，造成居民出行不便怨声多多的问题；《公交"回家"早市民"夜行"难》，报道了公交过早收车给市民工作和生活带来诸多不便。由于这些报道反映了与百姓利益密切相关的民生问题，因此受到了广泛关注。

为了促成民生热点难点问题的解决，佛山日报力求找准可以处理百姓所提问题的具体政府部门，同时千方百计请相关部门介入，通过其行政作为使问题解决。"百姓点题·政府解难"专栏在策划之前，就寻求与市政府行政投诉中心合作，为栏目的"解难"提供了有力保障。许多"难啃"的"点题"，佛山日报就请其共同介入，或联合发函，或联席会议，舆论监督与党纪监督双管齐下，最终解决了许多民生问题。许多部门的负责人坦言：上班第一件事，就是看有没有被"点题"。

2006年1月初，禅城区同华路2号小区居民在《佛山日报》上"点题"：设在该小区1楼的洗车店经常占用小区的停车位和人行道，洗车机器发出的噪音更是令人烦恼不堪，居民对此多次投诉无果。市政府行政投诉中心了解情况后召集区工商局、交通局、环保局等6个部门有关负责人，联合召开协调解决会议，最后决定由区交通局交管总站汽维办对该洗车店的经营资质重新实地核实。在城区执法局和交通局有关负责人多次上门对店主进行说服教育后，该店结业，饱受骚扰的居民终于重获清静。

互动栏目的稿件敢于反映民生疾苦，为弱势群体"说话"；也敢于抓住市民反响强烈的问题，踢爆"黑幕"，栏目的公信力和影响力由此增强。2005年初，佛山欠薪问题突出，堵路讨薪、跳楼讨薪等事件频发。佛山日报与市劳动部门策划推出"助你追讨欠薪"专栏，刊登了一批反映欠薪问题的报道。如《顺德一制衣厂欠薪数月遭调查》报道了顺德容桂某制衣厂拖欠290多名工人几个月工资的事件，《讨欠薪为妹交学费磨了满脚水泡》，则披露了南海一美容中心恶意拖欠打工妹数月工资，致使其大年三十为讨欠薪走到双脚全是水泡，其妹无法交学费陷入困境。报道引起强烈的社会反响，在有关部门帮助下，南海打工妹半个月后成功讨得欠薪；顺德法院召开执行款发放大会，两间工厂的358位被欠薪工人顺利领回近百万元的工资款。

2005年年中，市民通过民生热线对非法行医问题反映强烈，这些非法行医行为严重损害了市民健康和就医环境，佛山日报与市卫生局沟通后，决定联手推出"清剿非法行医"专栏。栏目开设后，记者通过热线获悉禅城区一个占地面积达1000多平方米的门诊"有问题"，于是深入现场暗访掌握了证据，马上向卫生部门反映，卫生、公安、行政执法等部门联手将其端掉。《康复中心面积逾千平米竟是黑门诊》《职工诊所"昼伏夜出"》等报道产生很大社会影响力，在"清剿非法行医"专栏推出3个月内，佛山市各级部门端掉191个黑诊所，使佛山医疗市场得到净化，保障了市民百姓的健康。

佛山日报推出"民生日志"小栏目，本着"每日为老百姓解决一件民生问题"的宗旨，从报料热线中摘录老百姓日常生活所遇所见的意见，以及有关职能部门答复或解决这些意见的"回音"。反映的内容题材多样，覆盖面广，治安、交通、执法、环保、教育等常有涉及，不平事、烦心事、扯皮事乃至好人好事则无所不包。"经民生日志刊登的321国道至河口商学院路段水浸问题已解决，谢谢你们！""昨天民生日志刊登《此路路灯亮得太早》，今天早上6时路灯就关了。"……"民生日志"栏目每天都收到市民发来的类似反馈信息，该栏目建有自己的"黄页"，内存500多个部门、单位的联系电话，使到每一条日志刊登后，都能及时找到相关部门跟进解决。

随着经济的发展，中国社会的主要矛盾逐渐由私人品的匮乏转到公共品的匮乏上，公共领域内有许多亟待解决的矛盾和问题，而关系到公民切身利益的诸多公共事务更引起了社会大众的普遍关注。从媒体层面看，原先播报式的党政经新闻已无法满足大家参与讨论与解决问题的愿望，而新生的民生新闻逐渐变得流于市井化和娱乐化，而且在报道公共事务时缺乏客观理智认识矛盾、探寻解决之道的精神。于是，一种新的、有助于在公共领域内解决当下社会矛盾的新闻理念和新闻形式的产生变得十分必要，中国的"公共新闻"理论与实践研究就这样应时而生了。

近年来，媒体力推媒政互动的理念逐渐被佛山政府部门认可，在改变着新闻媒体的报道理念的同时，也在改变着政府部门的执政理念。一些以往认为记者就是来找麻烦的部门，观念逐渐发生转变：媒体"挑刺"，目的都是促进部门做好工作，因此抱着认真和解决问题的态度去对待。与此同时，市民提升了自我的参与意识和公共意识，积极主动地参与到社会问题的讨论中。民生新闻与公共新闻结合的积极意义就在于，通过一个个公众问题的解决，重构媒体、政府、受众的关系，改善了政治生态，培养了公众公共意识，促进了社会问题解决，提高了传媒公信力，从而实现了民生新闻的良性循环。

（三）从民生新闻到后民生新闻

公共新闻的理念为民生新闻品质的提升提供了可能性，然而公共新闻在实践环节上面临很大困难。公共新闻的运作是媒介在较高层次上的自觉行为，不仅需要一个良好的媒体生态、政治生态、文化生态环境，同时还需要媒介拥有相当的物质实力和人力资源，运作需要很高的生产成本，否则公共新闻运作将举步维艰。在这种背景下，出现了后民生新闻概念。[①]

后民生新闻是在继承了民生新闻的基本价值理念，吸收公共新闻的部分价值理念之后出现的一种新的民生新闻形态，或者说它是民生新闻的"改进版"。后民生新闻与民生新闻有着密切的联系，也有着自己的一些特质。

一是强化上下结合、大小结合、点面结合。一方面新闻更加贴近普罗大众，另一方面站在民生视角做好党和政府的喉舌；一方面关注下层百姓的身边"小事"，关注"小民生"，另一方面关注上层党政部门的政治、经济、文化的"大事"，关注"大民生"。在打造和谐社会的进程中，既为百姓说话，也替政府分忧，成为联系政府和百姓之间的纽带和桥梁。

二是坚持新闻报道的理性、人文性和建设性。比如舆论监督着重点在披露问题，而不是批评；主要目的是解决问题，而不是追究责任；虽然批评责任者，但主要以建设性视角进行舆论监督，寻求解决问题的共识，更好地维护社会的稳定和谐，而不能为社会制造"精神恐慌"。通过强化社会责任感、建设性和人文关怀，也为媒介争取到更好的生存空间和舆论氛围，赢得了受众的认同。

应该说，这种操作理念和方法适应了当前中国国情，既继承了民生新闻的基本价值理念，又吸收了公共新闻的部分价值理念，提升了民生

---

① 谭云明：《论民生新闻的两次提升》，《当代传播》2007 年第 4 期。

新闻的品质，推动民生新闻成为新闻舆论的主流。

以佛山为例，民生报道的线索大多来自群众的报料和投诉，由于群众向报社反映的问题是直观的，有什么说什么。停电了就骂供电局，停水了就找供水公司。然而民生问题的产生，往往是矛盾长期积累的爆发，有其复杂的生成原因。对于媒体来说，就不能简单评判。首先要熟悉有关的政策法规，清晰政府部门的职能边界，掌握民生问题存在的多种因素，从把握问题本质、找准监督主体上体现媒体的专业能力。

佛山日报都市新闻中心形成了一套从接到投诉到审稿上版各环节的操作制度，其核心是依靠集体智慧，提高做好民生报道的专业能力。比如接到重要线索后经部门"会诊"，初步确定采访路径，避免工作盲目性；重视派记者到现场"查勘"，掌握第一手材料，而不简单地确定监督目标。即便有明确的监督目标，也要根据实际情况，分清责任，力求适时适度，以理服人，不胡乱"打棍子""扣帽子"。

2008 年 8 月，佛山市水业集团一条供水主管爆裂，造成市区大面积停水，一时间指责全指向供水公司。佛山日报认为，市民关注的是尽快供水，并不是追究责任。因此在报道中及时反映抢修情况，让市民知情，尔后在分析原因时既客观指出供水公司工作不足，也分析该水管处于马路主车道下方，周边陶瓷企业众多，每天大量大型车碾压，水管容易被损伤，以及每年城市公共设施欠账，城市水管材质老化等原因。这样的客观报道既分清责任，也让责任单位"服气"，认真吸取教训。

广东省建设厅提出七层及以上旧住宅没有安装电梯而又具备安装条件的建议增设电梯，市区一些老人几年来一直为此奔波，希望解决居家养老问题，但迟迟未能解决，故认为是有关部门不积极配合所致。佛山日报接到投诉后发现有关部门态度"暧昧"有客观原因，主要是业主意见统一难、电梯费用分摊难、运行管理难。如果住户不能自行解决，政府部门也没办法着手。《旧楼加装电梯：梦想能否照进现实？》披露了佛山市高层旧楼无电梯成居家养老之痛，引起国土、规划、建设、法制等多部门重视。报社还提供国内外城市解决这一问题的经验，在各方努力下，2008 年 3 月，有关部门出台配套政策，佛山首座高楼加装电梯的住宅获规划等部门批准进入施工。

进一步来看，传媒的角色与责任正在实现从意见表达者到意见平衡者的深刻转型。传媒常常被赋予"代言者"的角色，今天社会是一个多元的社会，任何一个规模化的社会群体的利益和主张都不能被系统地忽略，否则社会必为此付出沉重代价。因此媒体作为传播领域的守望者，其最重要的任务就是致力于各种社会利益、社会主张在一种相对的平衡当中获得自身的空间，只有这样社会这条大船才不至于倾覆。①

---

① 喻国民：《民生新闻：未来十年的发展机遇与角色转型》，《现代传播》2009 年第 4 期。

第五章

城市文化建构与传媒提升

　　城市社会转型时期，观念和文化层面面临多重复杂的矛盾冲突，渗透着对人文精神的挑战和冲击，而构建良性的城市文化，即建立在多元的文化生态、良好的人际关系、高尚的道德水准、团结互助的社会风尚基础上的城市风貌，成为顺利推进经济社会转型的重要保证。

　　作为现代城市文化的重要组成部分，大众传媒传播主流文化，为社会提供文化价值规范是其题中应有之义。传媒应秉持文化良知和自省精神，呈现城市社会厚实的文化基础，展示城市文化品位、文化生活的丰富性，弘扬传统文化，提升民俗文化，关注大众文化，同时开展规范有序的传媒竞争，避免为了生存而降低文化品质，在满足市民文化多元化需求的基础上，整合提升城市文化，构建多层面的城市文化传播体系。

第一节　城市文化与大众传媒

一、城市文化构建中的矛盾和问题

　　城市文化从广义上讲，是城市的物质文化与精神文化的总和；而从都市文明构建的视角来看，对城市文化的研究，往往侧重于城市群体意识、价值观念、思维方式、人文素质及生活方式、人际关系等文化现象。①

以社会主义市场经济为方向和动力的社会变革，把当代中国推到一个深层次的经济社会转型阶段。这样一种深层面的经济社会转型，是一种具有深厚文化内蕴和人文精神支撑的社会变革过程。高度重视转型时期人文精神的建构，既是经济社会转型的重要内容，又是顺利推进经济社会转型的重要保证，这也是转型时期社会矛盾提出的迫切要求。②

城市社会转型时期，观念和文化层面面临多重复杂的矛盾冲突：新旧体制交织，这种体制上的矛盾，在不同层面的社会成员思想观念上所产生的不同社会价值观的差异和冲突更加宽泛而又久远；利益分化显露，形成多元化的利益分配制度和不平衡的利益分配格局，造成新的利益不平等乃至两极分化，给社会稳定带来隐忧；价值取向各异，不同地位、层面、利益、经历的社会成员，表现出不同的价值评判行为和价值目标追求，在广泛层面上影响到我国的政治民主化进程和社会协调程度；"物化"状态严重，对社会人文精神不可避免地产生着严重的负面影响，如理想信念的消解，公共权力的腐蚀；文化碰撞加剧，对于社会变革中的各种事态和矛盾现象，社会成员会持有不同的文化视角，大量西方文化在与当代中国文化相交融的同时，也与传统文化产生尖锐的矛盾，在部分社会成员中形成强烈的观念文化反差。上述种种社会转型过程中无可回避的矛盾，都无不渗透着对人文精神的挑战和冲击；各种社会矛盾，都无不有着人文精神因素的背景。③

而城市文化不仅仅是与文化相关的硬件设施建设，更重要的是城市所蕴含的一种人文精神，是一种建立在多元化的文化生态、良好的人际关系、高尚的道德水准、团结互助的社会风尚基础上的城市风貌。因此构建良性的都市文化，从某种意义上说就是正视和解决在城市化进程中

---

① 李宁、龚世俊：《论都市文明建构中的文化冲突与整合》，《宁夏大学学报》（人文社会科学版）2006 年第 5 期。

② 包心鉴：《我国经济社会转型时期人文精神的建构》，《理论前沿》2001 年第 13 期。

③ 同上。

所面临的观念和文化问题，促成城市文化内部自我良性循环系统。

　　作为产业的文化在城市化过程中正在扮演着越来越重要的角色，这一方面来自文化经济、文化产业越来越成为地方政府解决就业问题、增加税收、提升城市形象的重要手段，另一方面也来自城市的文化生产更多地组织化、产业化的事实。文化产业的经济逻辑必然导致大众文化的产生，但在此过程中大众文化如何获得质的提升？传统文化如何才能得到完整保留？精英文化是否只能日益萎缩在少数知识分子那里？这些都是构建良性城市文化过程中需要解决的问题。

二、城市文化构建中的传媒力量

　　文化是城市软实力的重要组成部分，传媒又是文化产业的核心，联合国教科文组织这样定义传媒的地位和作用。可以说，传媒文化是现代城市文化的重要标志和组成部分，城市传媒的发展史在某种程度上说就是城市文化现代化的历史，传媒记载着城市及城市文化的发展轨迹，折射着城市风格的演进，同时也塑造着不同城市不同的文化内涵与城市形象。[①]

　　大众传媒对城市文化的影响持续而深远、广泛而普遍。城市的文化领土肯定远远大于它的地理空间，而一旦城市以文化的方式被理解，它就需要并促生一种整体象征化的叙事话语机制，它就是大众传播。[②] 英国学者尼克·史蒂文森认为，当代众多现代文化是依凭大众传媒来传达的，各种各样的媒介传播着古典的歌剧、音乐、关于政治的私生活的庸俗故事、好莱坞最新近的流言蜚语以及来自全球四面八方的新闻，这已经深刻地改变了现象学意义上的现代生活经验，以及社会权力的网络系统。[③]

---

①　蔡尚伟：《百年双城记：成都、重庆的城市文化与传媒》，四川大学出版社 2005 年版，第8页。

②　于德山：《当代媒介文化》，新华出版社 2005 年版，第69页。

③　[英] 尼克·史蒂文森：《认识媒介文化》，商务印书馆 2001 年版，第12页。

　　回顾城市和大众传媒的发展史，都市的诞生产生了与都市大众相匹配的大众文化；大众文化又是大众媒介的产物，大众文化的扩张其实就是大众传媒的扩张。大众媒介和大众文化影响了现代都市的生活方式和文化空间，重构了现代都市生活和都市文化的图景。

　　首先，大众传媒参与了都市公共空间的重建。大众媒介对于文化的制作和传播突破了传统的都市文化空间，使得都市的文化活动突破"本地在场的有效性"，人们更多的是通过媒介去了解世界、感受文化和欣赏艺术。传统的文化空间如剧场、公园、体育场馆的功能已经弱化，经由媒介进行文化交往已成为都市生活的常态和主要景观。

　　其次，大众媒介的发展导致了现代都市的重要产业——文化产业的问世。文化产业就是精神文化产品生产的规模化、商品化和信息化的方式和手段，其形成至少有两方面的条件：一是发达的市场经济体系的形成，二是现代科学技术尤其是大众媒介技术的发展。时至今日，文化资本代替了工业资本成为都市强大的经济动力，都市同时成为文化产业的中心。

　　最后，大众媒介的发展导致都市消费文化的兴起和盛行。都市消费主义的兴起，必然是大众媒介和大众文化盛行的结果。大众媒介和大众文化改变了现代都市的消费方式，从而也就影响了都市生活方式和文化形态，改变着都市文化的品性。[①]

　　城市化意味着社会结构的异质化和多样化，特别是在社会转型期，利益更大化的驱使，文化碰撞冲突的加剧，在每个城市的个体思想和行为的体现都将逐渐成为思想潮流和行为准则，进而影响城市人群的意识和行动，社会成员的互动、交往、争执、冲突更加频繁和激烈。作为一种更为柔性、也更具隐蔽性的控制手段，文化的力量在城市的发展过程中得到了极大的重视，现代传媒在促进现代城市文明，增强城市的文化向心力和凝聚力等方面，无疑是一种理想化的工具与载体。[②]

---

①　贾明：《大众媒介和大众文化对都市文化的重构》，《光明日报》2005 年 11 月 22 日。

②　张秀敏：《媒体与城市文化认同》，《传媒观察》2009 年第 2 期。

中国改革开放以来，随着现代大众媒介与大众文化的兴起，当代文化的城市化、商业化、娱乐化和媒介化的特征突显出来，现代城市媒介文化已经成为一种主导型的文化形式，支配着中国当代文化传播的格局。而大众传媒对于城市精神的凝结和推广，对于城市形象的塑造与运用，对于城市文化遗产的发掘与传承，对于城市艺术的繁荣与传播，对于城市文化产业的发展与壮大，都发挥着日益重要的作用。

第二节　大众传媒对城市文化的整合提升

从城市文化建设的角度，良性的文化生态就是保护和发展文化的多样性，促进城市文化的文化认同和精神凝聚力，构建和谐宽容的社会文化空间。作为现代城市文化的重要组成部分，大众传媒传播主流文化，为社会提供文化价值规范是其题中应有之义。传媒应秉持文化良知和自省精神，呈现城市社会厚实的文化基础，展示城市文化品位、文化生活的丰富性，弘扬传统文化，提升地域文化、民俗文化，关注大众文化，同时开展规范有序的报业竞争，避免为了生存竞争而降低文化品质，在满足市民文化多元化需求的基础上，整合提升城市文化，构建多层面的城市文化传播体系。

一、媒介空间与地域文化认同

在全球化和互联网的冲击下，城市的区域性和地方情结随之淡化或消失，个体性的身份危机成为严重困扰社会发展的突出问题。大众传播的功能是要重新定位个人与社会的关系，在不断变迁的社会环境中寻求最佳的认同方案。对城市媒体来说，如果不能在这一进程中塑造地方感与身份认同方式，城市文化的差异性就会在同一性中被淹没。就像布瑞特·克里斯托弗所强调的那样：我们须认识一个事实：地点与空间，地方与全球，彼此紧密相连且形塑彼此，经济、文化与地理要素之间相互作用，密不可分。① 因此，城市媒体通过传播具有鲜明特色的地域文化，培育媒介地方感，维系并强化城市个体对所处城市的归属感和文化认同，成为一种必然的选择。

（一）现代性的全球化扩张与媒介的非本土化演变

"全球性与本土性不是区位而是过程"，全球化和本土性使所有空间都混合在一起，形成既有分化又有融合的"全球本土性"。② 虽然媒介形态的演变历史是一个不断使空间从地点中脱出的过程，媒介在其呈现的全球景观中削弱了地方的影响力，但是媒介也能通过对城市景观、地方文化、地方生活方式的再现和阐释而突显地方感。在当今全球化的背景下，地方性面临全球性的侵蚀与挤压，而媒介在平衡地方性和全球性方面发挥着重要作用。

全球化意味着"时空分延"，使"在场"和"缺场"纠缠在一起，让远距离的社会事件与社会关系和地方性场景交织在一起。就是"世界范围内的社会关系的强化，这种关系以这样一种方式将彼此相距遥远的地域连接起来，即此地所发生的事件可能是由许多英里以外的异地事件而引起，反之亦然"③。全球化是现代性的必然结果，现代性内在地经历着全球化的过程，伴随着时空分延和脱域机制的发展，现代性和全球化对于地方性带来极大压力。而在现代性向全球蔓延的过程中，媒介扮演着重要角色。

英国社会学家安东尼·吉登斯将"现代性"定义为"在后封建的欧洲所建立而在 20 世纪日益成为具有世界历史性影响的行为制度与模式"，包括"工业化世界""资本主义"和"监控制度"三个纬度。④ 吉登斯认为，应该"依据时空分延和地方性环境以及地方性活动的漫

---

① 邵培仁、杨丽萍：《媒介地理学——媒介作为文化图景的研究》，中国传媒大学出版社 2010 年版，第 105 页。
② 同上书，第 136 页。
③ ［英］安东尼·吉登斯：《现代性的后果》，译林出版社 2000 年版，第 56~57 页。
④ 同上书，第 16 页。

长的变迁之间不断发展的关系，来把握现代性的全球性蔓延"。① 而大众传媒既是"现代性的抽离及全球化趋势的表达，也是这种趋势的工具"。②

19 世纪后期起，人们已经认识到了"时间—空间""时间—地点"概念的重要性，以及它们对于影响社会生活秩序和理解文化认同的重要性。在吉登斯看来，现代性正是围绕着时间、空间的演变而展开的，这样的演变正是摧毁传统的体制性推动力的核心。加拿大传播学家英尼斯及麦克卢汉也强调指出主导的媒体类型和时空转型之间的联结，"媒体有助于改变时空关系的程度并不依从于它所携带的内容或信息，而是依从于形式和可再生性。"可以说，在现代性的全球化扩散的过程中，大众传媒经历了一个蜕变的过程，它"不断增强自身使空间从地点中脱出的能力"③，具体实施并完成了时间和空间的分离，这也是一个新的信息传播网的"非本土化进程"。

吉登斯将时空分离视为现代性的最重要的动力。在前现代文化中，社会生活的空间纬度都是受"在场"支配的，即对于一个事件，空间和时间是同时在场的，社会互动和社会联系集中在面对面的时空或更小的地域范围，口语是信息存储、交流与传播的唯一方式。早期报纸在把空间从地点中分离出来发挥了重要的作用，语言通过印刷书写媒介而进一步得以传播，从而开始超越面对面的时空结构。电子媒介真正开始"废弃了空间向度"，把空间从"地点"中分离出来，消息的传递不再受"地理束缚"，因此"地点"对于行动的束缚就被取消了，而此前，时间和空间是通过"地点"来联结的。④ 比如电报的发明就使得早期的报纸将空间从地域观念中脱离出来，此前报纸的内容决定于新闻是否睡

---

① ［英］安东尼·吉登斯：《现代性与自我认同》，三联书店 1998 年版，第 3 页。
② 孙玮：《现代中国的大众书写——都市报的生成、发展与转折》，复旦大学出版社 2006 年版，第 18 页。
③ 同上书，第 17 页。
④ 郑中玉：《沟通媒介与社会发展：时空分离的双向纬度——以互联网的再地方化效应为例》，《黑龙江社会科学》2008 年第 1 期。

手可得。电报通过其特有性能把信息从社会地域概念中抽离出来，这意味着，媒介内容不再主要由时间和空间的接近性来决定，从而允许报纸变得更加以事件为导向了。随着电报以及之后的电话和其他电子媒介的引入，事件日益成为主宰新闻内容的决定因素，而不是事件在其中发生的地点。这种由来已久的变化促使了当代社会大量娱乐与新闻的日益全球化，更关键的是，这一过程中形成了文化的离散区域，在离散区域中，以品位、习俗与信仰维系的社群逐渐脱离了民族的背景①。

　　网络技术的发展，加速了全球化进程。在全球化及其媒介的作用之下，地方性正在受到损害。此时的"全球化"，指的是时空被骤然压缩，全球空间就是一个"电子空间"，一个"可以渗透疆界和边界的空间"。② 而新的移动媒介对个人生活进一步地侵入，使得空间不再是固定的区域，信息发送和接收随时随地，不再局限于特定的地理节点，"媒介对空间的再生产甚至宣告了空间最初得以产生的基础——地点和距离——的死亡"。③

　　在吉登斯看来，时空分离、脱域机制、知识的反思性运用构成了现代性的内在推动力。特别是时间和空间的分离、脱域机制的发展使地域化对人的影响相对削弱，相反，处于遥远地方的事件却使得人们产生一种亲近感和即时性效应。在这一过程中，大众传媒具体实施了远距离事件对于大众日常意识的侵入，经由传媒报道的处于遥远地方的事件比真实地发生在身边的事情显得更真切、具体。而大众传媒也以它特有的方式，即通过远距离地潜入日常生活，杂乱拼贴地报道各个空间的新闻事件，重塑了现代人的时空观念，即时间和空间不再需要通过场域连接在一起，它们首先在大众传媒中，进而是在传媒的接受者意识中，实现了

---

① ［英］尼克·史蒂文森：《媒介的转型：全球化、道德和伦理》，北京大学出版社 2006 年版，第 83 页。

② ［英］戴维·莫利、凯文·罗宾斯：《认同的空间》，南京大学出版社 2001 年版，第 155页。

③ 王斌：《从技术逻辑到实践逻辑：媒介演化的空间历程与媒介研究的空间转向》，《新闻与传播研究》2011 年第 3 期。

分离。① 在吉登斯对现代性的论述中，大众传媒被作为一个关键的因素被多次提及，他用总结性地表述解释为，"现代性和其'自身的'媒体密不可分"，"追溯高度现代性的起源，恰恰是大众印刷媒介和电子通讯媒介日益融合和发展才是最重要的。"②

（二）地域的复兴与地方文化的兴起

作为网络社会理论的奠基人，曼纽尔·卡斯特尔提出，建立在信息、电子和生物技术上的新技术范式的兴起，改变了原有的社会模式，促生了一个全新的网络社会的出现，流动的空间将取代地域的空间，地域要由流动的信息、文化、资本等等来设定。在网络结构中，传统的地域概念失去了意义，我们不再需要拥挤于狭小的城市空间，一切社会活动都可以在地理上获得延伸。

地方（place）是文化地理学的核心概念之一，是一种融主观与客观、特定空间与时间于一体的社会存在。地方感，是指一个地方的特殊性质，也指人们对于这个地方的依恋与感受，体现的是人在情感上与地方之间的一种深切的联结，是一种经过文化与社会特征改造的特殊的人地关系。可以说，"地方被用来确定人们在空间中的位置，借助媒介手段培养出人们的地方感与空间秩序"。③ 地方对于人们的意义并不仅限于经验和生存的范围，而是超出地点的物质含义，进而提供一种归属和认同的意识，并展现出广义的社会关系。

现代性和全球化并不简单地意味着地方的终结，地方的差异性和独特性仍在。第一，全球化用时空压缩的方法使地方之间更紧密联系在一起，但地理距离仍旧存在；第二，全球化并非在一个无差别的空间中呈现出来，相反它之所以把各个地方联系在一起，就是因为它们是不同的；第三，即使很多地方都受到相同的全球化力量的影响，它们的反应

---

① 孙玮：《现代中国的大众书写——都市报的生成、发展与转折》，复旦大学出版社 2006 年版，第 18 页。

② ［英］安东尼·吉登斯：《现代性与自我认同》，三联书店 1998 年版，第 26～28 页。

③ 邵培仁、杨丽萍：《媒介地理学——媒介作为文化图景的研究》，中国传媒大学出版社 2010 年版，第 101 页。

和变化也是不同的；第四，即使在今天，日常生活的很多方面或大多数的社会关系并没有全球化；第五，并不是世界上所有地方都同等程度地卷入全球化中。

实际上全球化的另一面就是本土化，并常常表现为"全球本土化"或"全球地方化"，"使全球压力与需求逐步适应本土条件的过程"，即我们从全球化中挑选自己喜欢的东西并改变它，使之嵌入和适应本土条件与需要。① 卡斯特尔提出的网络社会也是围绕着全球与地方的对立组织起来的，经济、技术、媒体、制度化权威当局的支配过程是组织在全球网络之中，但是人们的日常工作、私人生活、文化认同和政治参与在本质上是地方的。莫利和罗宾斯同样认为，与新的信息传播技术有关的"非本土化进程"不应该被看作绝对的趋势，"地域和文化的特性永远不能消除，永远不能绝对超越。全球事实上也跟重新本土化的新动态相连"。②

事实上，全球化背景下，包括地方经济、地方文化和地方认同的地方主义在复兴。在文化领域，利用地域意识，让本土的和特有的事物重新生效、焕发活力的文化地方主义开始盛行，如中国当前各地的传统习俗、节庆仪式、民俗文化（如读经运动、祭孔大典、传统节日）的复兴，无不说明从地方到国家掀起的传统和地方文化热潮。这种文化地方主义表明，"人们对于生命史深深铭刻于地域边界之内，认同和社会群体借地方记忆和遗产延续的兴趣与日俱增"。③

（三）地域传媒的崛起与新闻生产的地方化趋势

回顾报纸的发展脉络，报纸新闻报道经历了一个从地方到国际再到地方的轨迹。早期报纸上的新闻报道都是近期发生在身边的事件，远方的新闻以一种吉登斯称为"地理束缚"的方式出现，距离越远时间越

---

① ［美］罗宾·科恩、保罗·肯尼迪：《全球社会学》，社会科学文献出版社 2001 年版，第 56 页。
② 戴维·莫利、凯文·罗宾斯：《认同的空间》，南京大学出版社 2001 年版，第 157 页。
③ 同上书，第 158 页。

晚。随着电报、电话和其他电子媒介的引入，来自远方的、国外的新闻不断增加。"二战"结束以后，国际报道又不再是读者关注的焦点，报纸的报道越来越注重当地事件和人物。美国报纸协会2004年发起的一项"如何吸引更多的人读报"的大型调查显示，最有可能激发读者阅读兴趣的内容首先是：以人为中心的本地新闻，包括社区性的公告、普通人的故事以及新闻如何影响普通人生活的解释性报道，提供更多本地新闻是报纸必须努力的方向。[1]

报纸地方化是全球趋势。1978年以来，美国的全国性报纸在不断递减，目前只有《华尔街日报》《今日美国报》等少数几家，其他各报均成为地方性报纸。法国发行量超过10万份的全国性报纸有7种，地方性报纸有20份。[2] 地域传媒的崛起同样是20世纪90年代以来中国传媒发展的一个重要现象，包括晚报的复兴、都市报的兴盛和城市电视台的繁荣，媒介产品内容也日益呈现出都市化特征。进入21世纪，为接近更多受众和照顾地区差异，中国报纸还开发了"地方版"和"社区报"两种产品形态，以挖掘地方新闻。2002年以来，地方电视媒体纷纷创办民生新闻节目，掀起"中国电视的第三次浪潮"。民生新闻的兴盛，是地方电视充分利用所在地域的新闻资源，抓住新闻的贴近性和"软"性做文章，使原本"上不了台面"的日常生活进入电视，让原来说不上话的平头百姓频频上镜，这是对社会传播领域新的需求空间的一次满足。

作为全球化的媒介工具，网络媒体开发出"超本地化"的新闻生产理念和生产方式，以实现社会关系在地方的重新联结。虽然电子媒介是时空伸延和全球化的工具，距离在这里被瞬间消解，但空间障碍的消除不意味着"地方"意义丧失了。逻辑上，"地方"也因此可以在这些导致世界"外爆"的技术和过程的作用下得以重新组织。比如互联网

---

[1] 王斌：《地方新闻、社区信息化和传播自主性——传播与中国社会转型的一个分析框架》，《国际新闻界》2010年第10期。

[2] 郭可：《国际传播学导论》，复旦大学出版社2005年版，第32页。

的时空重组效应，从技术逻辑和社会实践层面上都可以在地方的重新组织中发挥重大作用，这种效应被称为"再地方化"效应，即本地社会成员借助于信息传播技术，在各个层面的社会行动上，无论是政治的、经济的还是文化和社会等方面，实现重新的社会组织和连接。① 这种再地方化效应早已付诸实践，如以城市和本地社区为主要对象的虚拟社区和论坛就发挥了这样的作用，本地成员可以借助网络实现对地方社会系统的方方面面进行讨论，并建立起线下联系。另外，超本地化新闻正成为美国传媒产业的一个热点，如《芝加哥论坛报》《波士顿环球报》以及甘乃特报团都建立超本地化网站，由公民高度参与信息的采集发布，聚焦于当地社区动态的详尽信息，重新接触到碎片化受众。美国地方报纸《诺克斯维尔新闻前哨》的网站，就以当地个人博客为内容源，相关内容都是博主们撰写的本地新闻及衣食住行，这些微内容构成了一个远超过该报所报道信息的全面生动的"地方拼图"。在国内也涌现了一批如腾讯·大楚网、大众点评网这样的互联网与本地生活相结合的"再地方化"网站，媒介地方化发展呈现不断接近、细分和深入的趋势。

（四）媒介地方感与城市文化认同

1. 媒介地方感的建构途径

全球化是现代生产力、资本和产品（包括文化、政治观念和生活方式）在世界范围内普遍化的过程，全球化超越地域的局限，带来同一性的思想和景观，但地区的归宿感和亲近性，对于个人而言仍然至关重要。因为重要的文化形式和社会习俗对于形成某种身份意识具有重要作用，而它们大都带有一定地域性，所以作为处于地方中的人们总是会进行强化地方感的种种努力，通过对地方及地方文化的体验来寻求自己的归属感。

"对于地方感的体验，往往与人们的主观思维、观察事物的角度，

---

① 郑中玉：《沟通媒介与社会发展：时空分离的双向纬度——以互联网的再地方化效应为例》，《黑龙江社会科学》2008 年第 1 期。

以及媒介的作用等等密不可分。"① 对于城市地方感的体现需要借助现代传媒的阐释，比如，不同的地方总能发现不同的语言、区域划分以及生活习惯，而这些差异往往通过媒介来予以展现。因此，媒介在地方感的塑造过程中作用并不单一。一方面，媒介可能在其呈现的全球景观中削弱地方的影响力，另一方面，媒介通过对城市景观、地方文化、地方生活方式的再现和阐释而突显地方感。

城市景观是地方感的重要标志，是城市文化的精髓与象征。城市建筑可以作为文化的容器，它承载、凝固的并不仅仅是建筑师的风格，还是不同时代的社会、历史、民族、地域、政治文化的综合。不同的城市面貌、街道景观，是我们区别、认识不同城市文化最直接的途径，也被看作地方形象或精神的载体。媒介通过在文字空间与影像空间中强化城市的地理景观，可以建立起自我、集体与地域景观之间的联系，强化城市的记忆功能，重建城市的凝聚力和文化认同。

城市景观只是城市文化发展的一种外在体现方式，除了这些可视的地理要素，地方感也包括那些超出了物质和感官的精神层面的东西，如再现遗失或即将消失的地方文化。为了缔造想象的共同体，乡土民俗以及地域文化逐渐成为当代传媒塑造城市形象的重要资源，这些传统文化因子将以何种形式嵌入现代性的媒介空间，它们如何被建构为认同的重要载体，它们能否为当代人提供强有力的精神支柱和心灵慰藉，这些都是传媒所要承担的重要任务。②

一个地方的生活方式也是媒介再现地方感的重要内容。有学者将一个人日常生活实践比喻为"身体芭蕾"，"地方芭蕾"就是当地许多人合演的芭蕾舞剧。通过在地方的日常活动，我们熟悉地方、感受地方。"地方芭蕾"的场所是能使个人及群体产生良好"地方感"的空间。通过文本对当地人生活空间和文化的再现，人们能够了解交织在其中的当

---

① 阿雷恩·鲍尔德温：《文化研究导论》，陶东风等译，高等教育出版社 2004 年版，第 148 页。

② 姚朝文、袁瑾：《都市发展与非物质文化遗产传承》，北京大学出版社 2009 年版，第 255 页。

地人的思想观念。如同张艺谋为 2008 年奥运会所拍摄的北京宣传片一样，将人们的某些日常生活活动文本化了。①

2. 媒介地方感与城市文化认同

在当代社会，地方感还被越来越多地作为一种"空间文化意象"来塑造，地方感及其意象成为可以交换的商品，以吸引游客，拉动消费，获取经济效益，即地方感体现出商品化趋势，而在地方感商品化的过程中，媒介起到了重要作用。②

中国已经初步建立起市场经济体制，但并没有能在文化领域形成相适应的认同机制。伴随城市化进程的飞速发展，个体性的身份危机成为严重困扰社会发展的突出问题。建构强有力的城市认同并塑造独具特色的城市形象已成为当代城市建设的核心任务，而媒体则发挥着越来越重要的作用。大众传播的功能是要重新定位个人与社会的关系，在不断变迁的社会环境中寻求最佳的认同方案。

推动中国 30 多年高速增长的基本观念是发展，科技的进步、物质产品的丰富、城市规模的扩大，加上量化为 GDP 之类指数的增长，是人们对"发展"这个概念的主要认识。这种传统的或典型的普适性发展观，带来经济高速增长的同时，也造成对资源和环境的破坏、由掠夺削剥引发的利益冲突、不同文化之间的矛盾加剧。如此复杂而剧烈的矛盾冲突集中在人口、物质和信息高度密集的城市中，蕴藏下不可避免的危机。

从 20 世纪 90 年代后期以来，长三角和珠三角两个主要的经济发展区域开始形成由核心大都会和一系列高速发展的中型城市集合而成的特大都市圈。同时这两个特大都市圈的发展理念也逐渐产生新的转向。这种转向的重要表现是开始摆脱普适性发展观，寻求适合自己特点的都市文化发展思路。认真考察中国自 90 年代后期以来城市文化的发展，"长

---

① 唐顺英等：《浅析文本在地方性形成中的作用》，《地理科学》2011 年第 10 期。
② 邵培仁、杨丽萍：《媒介地理学——媒介作为文化图景的研究》，中国传媒大学出版社 2010 年版，第 104 页。

三角"和"珠三角"两个特大都市圈的城市文化建设开始从追求规模、档次和"现代性"转向寻找城市的独特性格和精神。在珠三角城市，一些公众媒体开始着意构造一种特殊的都市文化，这就是在现代商业大都会与乡土文化的交融中形成具有岭南地域民俗色彩的都市性格。

如何建构城市市民对城市的文化认同感？对地方媒体来说，应该通过传播具有鲜明特色的地域文化，强化城市的群体归属意识，维系并强化城市个体对所处城市的归属感和文化认同。保护文化传统，发展文化的多样性，从根本上来说就是重新认识、发现、保护和发展至今仍然活在现代生活中的文化传统。

南方都市报策划的大型城市文化专栏"广州地理"，记录并报道了广州主要的古迹名胜和历史遗存，以此塑造广州独具岭南个性与文化底蕴的城市形象，开城市新型文化报道先河。这组报道凭借良好的抒情文字和各种极具冲击力的视觉图片，通过对历史追溯和还原现场的方式，强化了城市的记忆功能，重建了整座城市的凝聚力和文化认同。

佛山是一个传统文化底蕴深厚的城市，"岭南"二字，既突显佛山的位置，也让人联想到佛山是岭南文化主要形式如粤剧、粤菜、陶艺、狮艺、武术、剪纸、秋色、灯色等的发源地；佛山还有简文会、伦文叙、黄飞鸿、康有为、李小龙、陈铁军、陈李济、得心斋等众多传奇人物、传奇故事，脍炙人口；佛山还是中国古代四大文明古镇，曾经创造辉煌的历史。

佛山日报从 2005 年开始推出"行走佛山之寻找美丽的家园"大型系列报道，每次用一个整版，通过历史回忆、掌故追寻、故人访谈、言论等对佛山的地理变迁、城市风貌、风土人情等进行图文并茂的详尽报道，挖掘并书写能够作为城市精神象征的坐标体系，诸如"佛山新十景""即将消逝的行业""历史名人""老字号""经典建筑"等。这些报道以编码的方式组成城市的形象符号，用拟人化的文学书法为城市的文化品格定型，以编制能识别自己并能有效区分其他城市的认知地图。

如《黄氏大宗祠——未来顺德状元文化博物馆》《400 余年霍家祠

风采依旧》等展示佛山古老建筑风采；《古镇佛山老字号茶楼今何在》《找寻逐渐消去的老门牌》追寻佛山老地方踪迹；还有回顾佛山历史人物的报道，如《偏远小村诞生"中国报业之父"》；探寻佛山传统工艺的《南海南边：渐行渐远的竹编技艺》《罗行墟：诉说佛山竹器业的兴衰》等；展示佛山传统美食文化的《金榜牛乳：濒临消失的中华名小吃》《"大良炒牛奶"香飘世界》等。

急速的城市化进程，给城市外表、城市节奏、城市风俗和居民生活与心境都带来了巨大变化。从这组报道中引发的忧伤、落寞、苍凉等情怀，营造出来的怀旧或乡愁，成为叙事的重要元素，木版年画、竹编、牛乳、剪纸……这些远离现代化和城市生活的古老事物，留给都市人失落感伤，而老街巷的消失、传统工艺的后继乏人、文物古迹的随意拆毁，更引发都市人对自身生存环境的焦虑。因为哪怕是一幢老建筑、一棵古树、一方老牌匾等看似不经意的存在，都是饱含着市民记忆和情感的街景、风俗和城市细节，带来的是城市的安全感、亲切感和对家园的热爱。

在《金榜牛乳：濒临消失的中华名小吃》中，作者写道："作为顺德百年特产之一、中华名小吃的金榜牛乳，日渐没落……如若得到发展，再现辉煌，记者的镜头就仅当记录了金榜牛乳曾经的曲折历史；假如金榜牛乳从我们的身边消失了，那么记者的镜头就为很多曾经喜爱牛榜牛乳的人，保留了一份回忆的凭证。"这些随时间流逝正走向消沉的事物，由于报纸的传播重获文化意义与生存价值。

《珠江商报》"城市周刊"的"行走顺德"，是一个固定专栏，其定位非常清晰：以整版的报道规模，再现顺德历史古迹和传统风俗，挖掘和弘扬传统文化。以 2009 年 8 月该报推出的 3 处历史古迹为例，报道将这些或许已让人遗忘的旧建筑拂去尘埃，重闪昔日光芒。《昔日阜涌今成工业路》《不用一台机械建起超级大礼堂——顺德人民礼堂诞生记》《千里驹故居：藏在乡间人未识》等报道，采取由一位顺德老人引路的形式，由表及里，从浅至深，层层挥去历史烟尘，展现旧建筑所承

载的一段段历史、一份份艰辛、一种种智慧、一圈圈荣耀……看着对比
强烈的今昔图片，读着娓娓道来的追忆文字，不啻是重回历史的间接心
路历程。

可以说，正是这些老建筑、老地方、老地名、老人物、老风俗等，
构成了一个城市悠久的历史渊源和深厚的文化底蕴，媒体的报道保护和
发展了在当代佛山人生活中仍然存活着的传统文化，以营造具历史感和
社会认同感的文化精神，使得城市文化的承传和活力融合在一起。

"媒介文化的意义就在于提供一种个体性的情感记忆和社会认知，
由具有心理替代功能的个性叙事去推广一种有代表性的世俗神话。"[1]
类似"广州地理""行走佛山之寻找美丽的家园""行走顺德"等媒介
版本，都是为了树立一个共同体神话，因为只有具有高度认同性的城市
才能有强大的凝聚力和发展活力，媒体对共同体的想象正是寻找城市认
同的一种精神建构方式。

从传播的历史考察，媒体一直充当着建构新的社会秩序与文化观念
的重要角色。作为主导性的印刷媒介，报纸不仅仅是传播信息的工具，
而且还为整个社会群体提供了一种集体想象的可能，是实现群体文化认
同的实践方式。美国学者本尼迪克特·安德森论述印刷媒体（小说和
报纸）与新生民族国家的关系时认为，印刷媒体大大促成了现代民族
国家想象，它获得社会成员的普遍信服，因此对民族特殊性的种种想象
成为现代民族国家建立中不可或缺的条件。[2]

事实上，当代城市文化建设的中心任务就是要建构一种强有力的城
市共同体形象，公众媒体在形象建筑中的功能也在于此。不仅是城市，
当前全国范围内的读经运动、祭孔大典、传统节日的复兴等，无不说明
从地方到国家掀起的传统文化热潮。因此现实生活中各种传统习俗、节
庆、仪式的恢复，也就成为培养认同感的重要来源和方式。

---

①　陈卫星：《传播的观念》，人民出版社 2004 年版，第 293 页。

②　姚朝文、袁瑾：《都市发展与非物质文化遗产传承》，北京大学出版社 2009 年版，第 161
　　页。

　　广东地方文化的特色是以广东民间民俗文化为主体的文化，民俗文化以"活"的形态存在，成为非物质文化遗产。一个文化古城，尽管拥有众多物质文化遗产——古建筑、古董、古籍、历史记载，无论保存多少，都不能保证它的市民社会具有精神上的凝聚力。因为这些遗产只能意味着过去，当代市民可能早已与这些传统疏离了。而一个城市如果保留了比较丰富的民俗文化，就意味着市民在城市生活中具有更多共享的活动、习惯和情趣，就更易于形成社会各文化群落之群的情感认同，因而也更容易产生凝聚力。①近年来，佛山从政府到媒体，十分关注非物质文化遗产的保护、开发、创新和利用，特别是对粤剧、民间曲艺、武术的弘扬及民歌、民舞、秋色活动、重阳登高、元宵灯会、正月十六行通济等民间民俗活动的保护与开发、创新。

　　佛山有一个最具特色、独一无二的民俗活动，这就是延续了200多年的"行通济"，现在已成为广佛都市圈最具特色和影响力的元宵节活动。元宵节当晚，几十万人齐集佛山通济桥前，呼朋唤友，或者一家老小，每人手持一架小风车，汇入拥挤的人潮，施施然迈过通济桥牌坊，口中默念"行通济，无闭翳"（"闭翳"是粤语方言，意指忧愁、衰气），祈求来年平平安安、顺顺利利。这种习俗源于明朝，至今已有几百年历史。现在元宵行通济民俗的影响力，已扩展到整个珠三角和港澳地区，行通济已成为整个珠三角的年度盛事。

　　行通济影响力日益扩大的关键因素，一是体现了岭南民俗和广府文化，二是体现了祈福文化。这个早已烙在珠三角当地居民脑海的文化印记，经佛山当地政府的全力维持和推崇，加上近年来佛山传媒集团举全媒体力量积极参与和运作，成为共同的文化盛事和城市民俗。

　　2006年，佛山各报纸开始对"行通济"全程追踪报道，关注"行通济"每一个细节，专访众多民俗专家，对"行通济"的历史、掌故及近年发展现象进行解读，打开市民认识民俗活动的窗口。2007年，

---

　　①　高小康：《"双三角"：都市发展与非物质文化遗产》，载《城市文化评论》第1卷，上海三联书店2006年版，第23页。

佛山传媒集团策划系列品牌活动，首次举办"行通济"文艺晚会，并推出"行通济"主题歌曲。2007年，"全国著名作家闹元宵"，2008年的"省港传媒精英佛山行通济"等，广邀著名作家、各地媒体前来助兴，扩大影响力。2009年，50万人行通济，佛山传媒集团举行4个小时的"2009岭南文化名家行通济"大型晚会直播，中央电视台、广东电视台、深圳电视台、成都电视台、上海电视台以及搜狐、腾讯等网络媒体，连线同播"行通济"盛况，行通济这一传统年俗文化走出珠三角、走出国门。

2010年元宵节，佛山传媒集团与和讯网、第一财经、经济观察报、香港经济日报等联动，挖掘行通济中"求财"题材，策划主办"论财势行通济——财神爷闹元宵系列活动"，为投资者献上虎年理财金点子。此外，还与美的集团、中国农业银行等企业共同策划举办"财神爷虎年财势论坛""财经精英高尔夫球联谊活动""映像岭南、美的佛山"水幕音乐晚会，首届中国（禅城）岭南年俗欢乐节闭幕式暨行通济直播晚会等系列活动。

至此，在这场运动中，媒体正式进入民俗文化营销的形象工程和广告体系，完成自身的商业增值，这充分说明了民俗传统文化潜藏的财富资源。从全国各地来看，遍地开花的"民俗文化节"经常会演变成"民俗表演搭台，招商活动唱戏"，行政化和商业化的民俗传统文化振兴活动能否带来良性生态的城市文化发展，除热热闹闹的炒作外，在很大程度上取决于能否真正在民间生活空间获得认同和发展，增强城市凝聚力。

随着城市化进程的不断推进，城市人口的日益增加，由移民潮所带来的文化多元化以及身份认同危机，已经成为当代城市文化发展急需解决的重大问题，这也正是促成当下建构城市认同的深层次动因。在建构城市认同的过程中，传统与地方文化被无一例外地当作最重要的手段。然而，不同地域文化之间的冲突，反而有可能使得地域文化在某种程度上裂化为建构城市认同的异己力量。如果只强调地域文化所具备的认同功能，尤其是将其当作唯一的认同标准，恐怕会与日益多元化、异质性、不断变化的现代都市文明相背离，因此如何以更加宽容和开放的心态去构建公民社会的认同机制，值得思考。

二、媒介责任与核心价值观培育

城市文化的核心是城市精神，城市精神的本质是一种价值观。在西方社会科学研究中，价值观位居文化的核心。英国社会学家安东尼·吉登斯在他于 1989 年出版的社会学教科书中，将文化定义为"一个社会所有成员的全部生活方式"。他认为，文化的组成包括"一个社会群体的成员所持有的价值观，他们所遵循的常规，以及他们所创造的物质产品"。①

任何民族都要通过明确的荣辱观来维系基本的文化价值，并作为统一的道德行为规范和原则，才能形成起码的社会秩序，并实现社会和谐。美国社会学家赫伯特·甘特指出，新闻本身不局限于对真实的判断，这也包含着价值观，或者说关于倾向性的声明。在西方各国，新闻报道的基础是媒体认为国家和社会应该如何的图案，媒体不仅仅是在报道正在或已经发生的事实，还在或明或暗地提倡什么，反对什么，以其理想的图景力挺主流价值观。②

社会核心价值观的迷失，已经成为中国社会面临的最严重社会问题之一。当前我国正处于社会急剧转型期，由单一利益主体向多元利益主体转变，价值取向多元化，复杂的社会现实引发各种思潮，唯心论、封建迷信蔓延，拜金主义、享乐主义、极端个人主义及色情暴力现象抬头，出现了新权威主义、新自由主义、民粹主义、狭隘民族主义、教条主义、无政府主义、历史虚无主义等等多元社会思潮，强烈冲击着人们的价值观念和价值取向。受这些思潮影响，一些人出现信仰危机，迷失

---

① Anthony Giddens. Sociology, Cambridge, UK: Polity Press, 1989, P. 31.
② 林晖：《中国主流媒体与主流价值观之构建》，《新闻与传播研究》第 15 卷第 2 期。

了前进方向；一些人低级庸俗，以自我为中心，道德沦丧。

但同时，与思想"多元化""价值迷茫"并存的是，基层也涌动一股构建价值体系的热潮，对真善美的强烈渴望，对核心价值和共同理想的热切呼唤。尤其是十七届六中全会将社会主义核心价值体系视为兴国之魂，引起了社会各界的强烈共鸣，回应了时代呼唤，社会各界普遍希望加快推进价值体系建设，构建中国发展进步之"魂"。①

核心价值观在社会的价值观体系中居主导地位，代表着价值体系的基本特征，体现着价值体系的基本价值取向，统率着其他处于从属地位的价值观念，是一种社会制度普遍遵循的基本原则，是一种文化区别于另一种文化的基本价值观念。人类的核心价值是真、善、美、自由、公平、正义。社会主义核心价值观，是新时期以爱国主义为核心的民族精神、以改革创新为核心的时代精神以及社会主义荣辱观为主要内核的价值体系。各地各行业结合实际，在积极地探索与实践社会主义核心价值体系，这些实践可以大致概括为三种类型②。

一是高扬革命传统，弘扬红色经典文化，把抽象的核心价值理念转化为群众生动活泼的文艺实践。例如，重庆近年开展"唱红歌、读经典、讲故事、传箴言"等系列活动。

二是从培育城市精神入手，增强凝聚力，塑造共同价值观。例如，通过292万市民的投票参与，北京确定"爱国、创新、包容、厚德"的城市精神，体现了城市精神与核心价值的相互协调、城市共性与北京个性的相互兼容、历史底蕴与未来取向的相互统一、城市特色与市民气质的相互融合，反映了北京特有的文化品位和首善特质。

天津市评选"天津精神"中，在综合专家研究成果和市民意见的基础上，提出了10条"天津精神"候选表述语，向广大市民征求意见。通过网络、短信、信函等多种方式接受市民的投票，使活动本身就成为一个凝聚共识、鼓舞人心的过程。

---

① 黄豁等：《我国当前处在一定程度价值迷茫状态》，载《瞭望》，2012年1月。

② 同上。

深圳近年来从"特区精神"到"大运精神"，到 2011 年票选出改革开放 30 多年"深圳十大观念"，不断为城市精神注入新的内涵，成为市民的价值依归。以"赠人玫瑰，手有余香"为口号的深圳义工队伍已经突破 25 万人，无处不在的志愿者服务树立了深圳"爱心之城""志愿者之城"的良好形象。

三是以提炼关键词为切入点，推进核心价值观建设。上海市提出"公正、包容、责任、诚信"四大价值取向，为推进社会主义核心价值体系建设找到了一个有力抓手，既结合了上海历史文化的积淀，更符合现阶段上海的实际和未来方向。

此外，一些行业价值观关键词也不断涌现，比如"公正、廉洁、为民"的司法核心价值观，"忠诚、为民、公正、奉献、廉洁"的人民警察核心价值观，"忠诚于党、热爱人民、报效国家、献身使命、崇尚荣誉"的当代革命军人核心价值观，等等。

传媒所塑造的拟态环境，成为人们接受信息、形成观念的重要渠道，因此传媒在塑造核心价值观方面的作用越来越大。对一个城市的主流媒体而言，弘扬核心价值观，最重要的就是结合当地实际，融入当地文化特质，以传承当地文化内核为切入点，将弘扬当地传统文化与改革创新时代精神结合起来，将提升市民道德水准与弘扬社会主义荣辱观结合起来，传播爱国爱乡、崇尚科学、辛勤劳动、团结互助、诚实守信、遵纪守法、艰苦奋斗等核心价值观。在满足读者各方面需求的同时，"核心价值观报道"也是报纸所应当承担的责任。

传媒对核心价值观的作用，就体现在对价值观念环境的监测，对价值观念主体的协调，对价值观念议程的设置，对价值观念趋向的监督上。

当今中国正处于剧烈的社会转型期，利益格局发生深刻变化，很容易导致社会成员的认同危机和信仰迷茫，传媒加强对价值观念环境的监测，可以发挥"社会雷达"的作用，及时发出警告。媒介化社会的到来，传媒成为协调大众利益、沟通不同价值判断的重要工具，人们通过媒介来讨论、沟通和交换看法，协调态度和信念，往往可以缩小乃至消除分歧，达成社会各种价值判断最大公约数，维护或创新共同价值观念。传媒对价值观念的议程设置，往往决定着什么价值观念可以讨论，什么是主流价值观念等，也就是说大众媒介决定议题和影响个人认识变化的能力，是大众传媒最重要的功能之一，公众在传媒的议题设置影响下，形成自己的议题次序，型塑和固化价值意识。传媒对价值观念趋向的监督，是大众传媒在建设核心价值观中重要的"纠偏"功能之一，通过对现实社会的各种思想认识、价值判断乃至行为的公开报道，促使社会不同价值观念透明化，将错误的观念和行为置于大众的视野和舆论压力之下，这有利于推动国民核心价值观念的建构，消除不和谐的价值观念。①

传媒构建核心价值观的各种功能和方式，是一个紧密联系、相互作用的有机系统。其中价值观念环境的监测，是大众传媒了解、把握社会价值观念状况的基础性环节，也是民众适应环境的前提。价值观念议题的设置，价值观念主体的协调，价值观念趋向的监督，是传媒组织广大民众参与价值观念构建的重要途径，并在舆论传播中实施教化、引导作用。这些构建方式与价值导向的引导功能一起，以不同方式、从不同层面共同建立起社会价值观念的约束机制，使社会主导的价值目标体系内化为社会主流价值观念。②

地处珠三角的佛山经济发达，人民生活富裕，2007 年 GDP 达到 3500 多亿元，人均 GDP 超过 1 万美元，接近甚至超过中等发达国家水平。随着经济的不断发展，社会价值观趋向多元化，市民价值取向发生较大变化，甚至出现了一些不正确的价值观。如赚钱成为有些人唯一的精神寄托，为了眼前利益甚至可以不顾道德理想、法律法规。

面对这种现象，报纸在开展核心价值观报道时讲究传播艺术，典型

① 王传宝：《大众传媒对社会主义核心价值观的塑造》，《南京政治学院学报》2008 年第 1 期。
② 同上。

引导，精心选择，使核心价值观通过丰富多彩、真实可信的新闻报道进入受众心里，引导市民守住道德底线，树立正确的荣辱观，潜移默化地培养民众对真、善、美的追求。

2006 年年底，顺德勒流中学女教师萧清身患乳腺癌，在临终之际，嘱咐丈夫在她身后将眼角膜捐给有需要的人。珠江商报在获知线索后，觉得这一有情感张力的新闻应该被突出处理，连续刊发了《她把光明传递给别人》《她依然注视着这个世界》等整版的长篇通讯，对女教师的事迹进行报道。与此同时，在报纸的主要版面开展对这一事件的专题讨论，并刊发评论员文章，把女教师的感人事迹与社会主义荣辱观这一重大主题联系起来。这组系列报道前后历时近两个月，刊发文章、图片 100 余篇幅，受到了社会各界的广泛关注，对无私奉献这一社会核心价值观产生更多的认同。

近年来，珠江商报还开展对献血皇后郑慧仪、五星级义工邓家文等 59 名"顺德好人"的报道。"顺德好人"是从平民的视角，去发掘平凡人的真善美，既传承了中华民族的传统美德，又注入时代精神，让人感到好人可亲、可敬、可学、能学。这组报道不仅突出报道中的人性、情感因素，关注个体的生命价值，还尽量契合时代精神，对引导市民树立核心价值观起到了良好的推动作用。

在核心价值观的报道中，媒体仍然需要利用典型报道这种方式，但新时期典型报道已经有了很大变化，注重报道的精心策划和优化整合；典型报道的选取标准趋于多元化；从诠释作者理念转向展示人物本身，在关注人物的不寻常、不平凡之处的同时，关注他们作为常人的方面，甚至表现其缺点、弱点；注重活生生的人具有的情感和心理，只有将记者的情、报道对象的情、受众的情融合在一起，典型报道才可能成功。

2003 年 6 月，佛山日报创办"爱心佛山"专版，每周一期，旨在发动社会各界为困难群众奉献爱心，6 年来帮助数以千计的佛山贫困家庭实现基本生活愿望，帮助数百名贫困学子圆了求学梦。这个栏目定位为"有特色的人物选择、有风格的栏目包装、有个性的语言表达"，以吸引众多读者的关注。以 2005 年 8 月 8 日的版面为例,《6 年来他没有上过一天学》《想找份工赚钱供儿子上大学》《一周要洗两次肾的病人》等多篇稿件,均反映了社会底层弱势群体的呼声。

该栏目还将报道侧重点放到对爱心故事的挖掘上,传播社会的真情和温暖,从而使栏目更具感召力。佛山有一群退休老人,30 年来每月定期送一次汤到福利院给孤寡老人和孤儿,从未间断,当中好几对母女还以接力方式,演绎着爱心传递的动人故事。这群老人大多已退休,每个月靠几百元的退休金或生活费生活。《"爱心汤"薪火相传三十载》发表后,老人们的爱心故事深深感动了读者,不少人纷纷来电或发电子邮件要求参与送爱心汤行动,参与送汤或以捐款来支持的市民过千人。

在大众媒体领域,呈现出过多"惩恶"而非"扬善"的功能,充斥于都市媒体内容版面的,包含了过多"人性之恶"的渲染,中西方学者将其归纳为"星(明星)、腥(血腥)、性"新闻。这污化了社会空气,麻醉了人的身心,遮蔽了新闻传播的"社会能见度",将人们引向低俗、拜金、萎靡、唯利是图的价值轨道。

在这样一种媒介语境下,都市媒体的文化"建构"功能被提上议事日程:传媒的角色不应该仅仅停留在批判层面,在批判的基础上,弘扬城市中的真、善、美,建构并巩固适应于城市长远、良性发展的主流文化和价值观,更是都市传媒角色功能的一个题中要义。通过"扬善",对城市社区中充溢着正义、良知、博爱之行为的颂扬,传媒不仅可以增加城市居民的自豪感和荣誉感,同时可以在都市中缓慢地建构一种良性的文化氛围,潜移默化地影响到每一个体自觉的向善追求。[1]

三、媒介建构与多元文化需求满足

作为珠三角区域性重点城市,佛山是岭南文化发源地,有悠久的传

---

[1] 张秀敏:《媒体与城市文化认同》,《传媒观察》2009 年第 2 期。

统文化和民间文化；佛山又是移民城市，全国乃至全球各地的人在此工作、生活，带来各地不同的文化；佛山还毗邻港澳，深受西方文化的熏陶。因此佛山的城市文化近年来呈现出复杂、多元的趋势，单一的文化模式不能满足城市不同阶层的文化需求。

顺应这种趋势和需求，传媒在参与建设城市文化的实践中，应该逐步把准佛山城市文化发展演变的脉搏，以岭南文化为根基，以城市主流文化为重点，以流行文化及亚文化为辅助，构建多层面的城市文化传播体系。

著名报人赵超构曾说过："新闻是报纸的灵魂，副刊是报纸的面孔，报纸耐看不耐看主要看副刊。"另一著名报人金庸也有一句名言："对于报纸而言，新闻为攻，副刊为守。"近现代报刊的传统表明，一份报纸的副刊能够比较集中地反映出该报的文化内涵及文化倾向，代表着一份报纸所能达到的文化高度，同时对城市文化发挥着不容忽视的影响力。地方主流媒体要充分发挥文化"领头羊"的作用，就应该办好一份高品位的副刊，提升报纸的文化含量。

传统的城市副刊为生存空间的压缩和边缘化而焦虑，弱化现象日益突出。佛山本地报纸对如何办好副刊进行了一些探索。2006 年 10 月 28 日，佛山日报将带有副刊性质的版面整合后推出"品周刊"，成为展示城市文化特色的重点版面。封面栏目为"品·城事"，重点挖掘佛山独特的人文景观、最新的文化事件及本土民俗大观等。二版为"品·白兰"，为本地作者提供文学天地，通过描写身边人身边事来展示佛山这座城市的特质。三版为"品·读书"，品味经典作品，了解最新的读书资讯。四版为"品·网络"，关注本地网络，对各种新鲜热辣的网络事件进行跟踪报道，报网互动，打造时尚青年的乐园。

贴近性是地方报纸的重要特色，副刊与正刊都要重视贴近性，不同的是表现形式。贴近性最直接的体现就是地域性，即要求地方报纸副刊能体现本地的文化积淀、历史渊源、风土人情，能够反映本地群众的真实生活、喜怒哀乐、精神风貌以及本地在时代变迁中发生的变化等。

在"品·城事"中，旧日城市的人文风物、寻常巷陌的市井风情，乃至老城市的野史掌故、秘闻逸事，成为版面的偏爱，如《旧茶楼里的"雀友"会》《都市"双面"人》《拾远古石斧品六千年前文明》、《清代"镬耳"屋六巷幽深藏》《过万利市封百年喜庆史》等独具佛山特色的城事报道。《旧茶楼里的"雀友"会》讲述了一群爱雀成痴的佛山人，习惯在清早带上心爱的雀鸟，到老城区茶楼点上"一盅两件"，20 年如一日风雨无改，坚守的是一份对雀鸟的爱和老佛山人的生活闲情。《过万利市封　百年喜庆史》讲述禅城一家庭收藏清末至今的利市封记录传统年文化，《锻锤声声"箔铁"铺》则记录了佛山传统手工艺没落的经历，均洋溢着浓浓的对传统的怀旧味。

随着时代的发展，传统副刊纯文学"名家写、写名家"或者"名家写、写大家"的模式需要重新定位，副刊需要从"象牙塔"走出来，让普罗大众成为版面主角，遵循"老百姓写、写老百姓、老百姓读"的理念，走"平民化"之路是大势所趋。

"品周刊"大量采用本地读者的稿件，描写身边人身边事，其中"城市细节"栏目，刊登反映本地民生百态的叙事性笔记，以小见大，以口语化的文风和讽刺、调侃、幽默甚至夸张的语言风格，吸引了以市民、知识分子为主的读者群。针对网络文化盛行的趋势，"品·网络"版浓缩网络文化的精华，推出的大学生与老板网上"口水战"、佛山人网上铭刻爱情的地方、安文江网上遭遇"安文河"、论坛管家的别样生活、网上祭祀：轻点鼠标寄哀思、发帖召"驴友"出事谁担责等稿件，引起了网民很高的关注度。

随着时代的发展，读者对副刊的需求发生很大变化，副刊的传播内容由精英文化向大众文化转型。佛山日报 2008 年推出"乐周刊"，定位于传播大众文化，报道娱乐、体育、文化等资讯，以展现都市文化鲜明的时代特征。乐周刊推出"佛山新文化地图"系列报道，关注佛山新兴的流行音乐、街舞、动漫、打击乐等流行文化现象。如《佛山 DV人让本土偶像剧梦想照进现实》讲述一群佛山 DV 人拿起手中的摄像机，描述生活，导演生活，当起了生活的主角。《佛山动漫族：宅人的"痛快"生活》展现了动漫文化作为一种新的时代潮流，逐渐被佛山所接受。《佛山街舞从另类到全城时尚》则揭示街舞在佛山不再是专属年轻潮流人士的一种运动，而成为一种全民新时尚。

由于佛山毗邻港澳，改革开放以来西方文化影响力颇大，从文化的地域特色看，市民在观念上间接与西方接轨，强调知情权、平等权和娱乐性，社会群体热爱消费、重视娱乐、喜欢新潮、追求品位成为都市中突出的文化现象。这种观念反映在佛山几份综合性报纸的版面设置上，均突出了娱乐、体育及时尚消费信息等内容，其非新闻类版面与新闻类版面在数量上相近，在报纸中占据了同等分量。作为非新闻类版面，副刊是以随笔、小品、杂文、小说、诗歌等文艺性形式进入报纸的，主要功能是传播文化知识，丰富社会精神文化生活。但近年来，副刊已经向重文化性、实用性、服务性方向发展，佛山综合性报纸均开设了健康、休闲、汽车、旅游、教育、家居、娱乐等多种类型的副刊，时尚性、娱乐性、服务性得到进一步强化，这表明传媒的服务功能，从新闻服务拓展到全方位的社会生活服务，向受众提供了更多的实用信息，以满足多元化的需求。

展望未来，现代报纸的城市副刊在城市文化建设中要发挥更大作用，应该具有更强烈的时代性，顺应现代人经济生活、休闲娱乐生活焦点的转移来设置栏目，一切以百姓的生活为主，用百姓的声音发言，抒发现代生活所感。

城市副刊要获得生存和发展，还必须在新闻性和策划上下功夫，副刊文字区别于新闻文字，但并不排斥选取时下的新闻点为视角的文字，与当下新闻热点联系紧密的文字更能引起共鸣，在策划上则要加强栏目策划、主题征文策划、与作者读者的互动策划，这也是学界近年来提出的副刊生存状态的策略。

在消费主义文化盛行的今天，还有很多人在寻觅精神家园，纯文学被一些喜爱阅读的中产阶级重新加以重视。因为属于"高雅文化"而被逐渐摒弃的纯文学副刊文字，是否应该逐渐被重视，值得思考。

　　报纸的传统副刊在衰落，主要是指声音的衰落，敏锐的思想和深刻的见解就是声音。当前，副刊的文章缺少对历史的反思、缺少对大众关注的热点问题的深层思考，而读者对副刊的声音是有期待的。

结　语

　　在都市化进程中，传媒的作用、责任和挑战巨大。本书以佛山报业为个案来研究城市化与传媒发展的互动关系，以把握社会发展和媒介发展之间的良性互动关系，把握新闻信息与社会现实之间所构成的多层次复合关系，多角度地反映传媒的社会价值。

　　本书通过研究发现，城市化是传媒发展和变革的驱动力。现代传媒的新闻源、受众源、广告源均来自城市化所带来的巨大需求，城市化为传媒发展提供的支撑作用十分明显，同时传媒所进行的战略调整、内容形式创新等一系列变革，正是适应城市社会转型所进行的传媒转型，体现出媒介系统在与社会系统的互动作用中完成与社会环境的适应，这尤其体现在方兴未艾的媒介融合和跨媒介发展上，两者已经成为传媒适应城市社会文化环境变化和媒介竞争形势，提升传媒服务社会能力的重要手段。本书分析认为，现代传媒对于城市软实力的提升作用很大，城市文化实力的增强，城市区域品牌的打响和传递，城市向心力的凝聚和归拢，改革发展中的各种社会矛盾的舒缓和化解等，都离不开传媒的参与。可以说，现代传媒是城市经济发展的"助推器"，是城市社会整合的有效工具，是城市文化的建构者。

　　在看到传媒积极作用的同时也应当看到，传媒在城市化进程中存在种种失衡行为：城市弱势群体的信息匮乏与集体"失语"，这种信息流通的严重失衡与话语权分配的不公正，阻碍了弱势群体融入城市社会，极有可能演化为社会阶层间的利益冲突与对抗；传媒的娱乐化和媚俗化现象加剧，政治话语和经济利益话语成为媒介主导，社会的公共利益表达严重缺失，媒介作为社会公器的诸如人文关怀、社会正义的弘扬等价值取向被忽视……可以说，在城市社会分化加剧背景下，传媒的传播失衡的种种表现，导致传媒的传播断裂、冲突与失语，加剧社会和文化的分化，负面影响不容忽视。

中国的城市化、现代化的步伐还在不断加快，大众传媒已经成为民众了解社会与沟通彼此的重要中介和载体，大众传媒应该秉持强烈的批判意识，致力营造和谐公正的文化氛围；弘扬核心价值观，潜移默化地培养民众对真、善、美的追求；在地域、文化、民族、阶层等诸多社会性差异中求同存异，在尊重与包容多元文化的基础上，整合提升城市文化，构建多层面的城市文化传播体系。

在时代赋予的机遇与挑战下，大众传媒能否真正地发挥好"社会瞭望哨""预警器""安全阀"和"社会协调者"的角色功能，实现"和谐社会"应有的题中之义，这无疑是一个重大而具有长远社会意义的课题。

参考文献

中文部分

（一）中文论著

［1］多米尼克·斯特里纳蒂：《通俗文化理论导论》，商务印书馆 2001 年版。

［2］舒得森：《探索新闻》，何颖怡译，远流出版事业股份有限公司 1993 年版。

［3］罗伯特·帕克等：《城市社会学——芝加哥学派城市研究文集》，宋俊岭等译，华夏出版社 1987 年版

［4］丁则民、黄仁伟、王旭等：《美国内战与镀金时代》，人民出版社 2002 年版。

［5］迈克尔·埃默里、埃德温·埃默里：《美国新闻史——大众传播媒介解释史》，新华出版社 2001 年第 8 版。

［6］沃纳·赛佛林、小詹姆斯·坦卡德：《传播理论：起源、方法与应用》，华夏出版社 2000 年版。

［7］J. 赫伯特·阿特休尔：《权力的媒介》，华夏出版社 1989 年版。

［8］梅尔文·德弗勒、鲍尔·洛基奇：《大众传播学理论》，台北五南图书出版有限公司 1995 年版。

［9］阿历史斯·英格尔斯：《人的现代化》，四川人民出版社 1985 年版。

［10］阿芒·马特拉：《世界传播与文化霸权》，中央编译出版社 2001 年版。

［11］伟尔伯·施拉姆、威廉·波特：《传播学概论》，新华出版社 1984 年版。

［12］韦尔伯·施拉姆：《大众传播媒介与社会发展》，华夏出版社 1990 年版。

[13] 梅尔文·德弗勒、鲍尔·洛基奇：《大众传播学诸论》，杜力平译，新华出版社 1990 年版。

[14] 丹尼斯·麦奎尔：《大众传播理论》，清华大学出版社 2006 年版。

[15] 道格拉斯·凯尔纳：《媒体奇观：当代美国社会文化透视》，清华大学出版社 2003 年版。

[16] 罗杰·迪金森等：《受众研究读本》，华夏出版社 2006 年版。

[17] 包亚明：《现代性与空间的生产》，上海教育出版社 2003 年版。

[18] 黄凤祝：《城市与社会》，同济大学出版社 2009 年版。

[19] 孙玮：《现代中国的大众书写——都市报的生成、发展与转折》，复旦大学出版社 2006 年版。

[20] 吕尚彬：《中国大陆报纸转型》，上海交通大学出版社 2009 年版。

[21] 秦志希：《新闻舆论与新闻文化》，武汉大学出版社 1997 年版。

[22] 罗纲、王中忱：《消费文化读本》，中国社会科学出版社 2003 年版。

[23] 于德山：《当代媒介文化》，新华出版社 2005 年版。

[24] 姚朝文、袁瑾：《都市发展与非物质文化遗产传承》，北京大学出版社 2009 年版。

[25] 张军芳：《报纸是"谁"——美国报纸社会史》，中国传媒大学出版社 2008 年版。

[26] 高宣扬：《当代法国思想五十年》，台北五南图书出版公司 2003 年版。

[27] 张国良：《新闻媒介与社会》，上海人民出版社 2001 年版。

[28] 陈刚：《大众文化与当代乌托邦》，作家出版社 1996 年版。

[29] 刘建明：《现代新闻理论》，民族出版社 1999 年版。

[30] 李强：《农民工与社会分层》，社会科学文献出版社 2004 年版。

[31] 余红、丁骋骋：《中国农民工考察》，昆仑出版社 2004 年版。

[32] 孙立平：《转型与断裂》，清华大学出版社 2004 年版。

[33] 李强：《转型时期的社会分层结构》，黑龙江人民出版社 2002 年版。

[34] 陈卫星：《传播的观念》，人民出版社 2004 年版。

[35] 李强：《转型时期的中国社会分层结构》，黑龙江人民出版社 2002 年版。

[36] 姚君喜：《社会转型传播学》，上海交通大学出版社 2008 年版。

[37] 周大鸣：《都市里的村民：中国大城市的流动人口》，中央编译出版社 2001 年版。

[38] 李良荣等：《历史的选择》，武汉大学出版社 2009 年版。

［39］殷俊等：《城市新闻学——以成都为例》，中国市场出版社 2007 年版。

［40］刘士林：《2007 中国都市化进程报告》，上海人民出版社 2008 年版。

［41］崔欣、孙瑞祥：《大众文化与传播研究》，天津人民出版社 2005 年版。

［42］吴楚材：《城市与乡村——中国城乡矛盾与协调发展研究》，科学出版社 1996 年版。

［43］周大鸣：《现代都市人类学》，中山大学出版社 1997 年版。

［44］成德宁：《城市化与经济发展——理论．模式与政策》，科学出版社 2004 年版。

［45］沙莲香：《社会心理学》，中国人民大学出版社 1987 年版。

［46］张晓锋、王新杰：《传媒协同发展论》，新华出版社 2006 年版。

［47］崔欣、孙瑞祥：《大众文化与传播研究》天津人民出版社 2005 年版。

［48］竹内郁郎：《大众传播社会学》，复旦大学出版社 1989 年版。

［49］吴信训：《都市新闻传播学》，中国社会科学出版社 2001 年版。

［50］胡申生等：《传播社会学导论》，上海大学出版社 2002 年版。

［51］胡长顺：《21 世纪中国新工业化战略与西部大开发》，中国计划出版社 2002 年版。

［52］谢文蕙、邓卫：《城市经济学》，清华大学出版社 1996 年版。

［53］吉尔伯特·罗兹曼：《中国的现代化》，国家社会科学基金"比较现代化"课题组译，江苏人民出版社 1998 年版。

［54］杜骏飞、胡翼青：《深度报道原理》，新华出版社 2001 年版。

［55］黄升民、周艳：《中国传媒市场大变局》，中信出版社 2003 年版。

［56］周宪：《审美现代性批判》，商务印书馆 2005 年版。

［57］侯迎忠：《媒介与民生》，中国传媒大学出版社 2008 年版。

［58］张泽群：《城市灵魂》，大象出版社 2006 年版。

［59］潘知常、林玮：《大众传媒与大众文化》，文化艺术出版社 2004 年版。

［60］邵培仁、杨丽萍：《媒介地理学——媒介作为文化图景的研究》，中国传媒大学出版社 2010 年版。

［61］萨拉·L. 霍洛韦、斯蒂芬·P. 赖斯、吉尔·瓦伦丁：《当代地理学要义——概念、思维与方法》，商务印书馆 2008 年版。

［62］［英］爱德华·W. 苏贾：《后现代地理学：重申批判社会学理论的空间》，商务印书馆 2004 年版。

［63］［英］安东尼·吉登斯：《社会学》，赵旭东等译，北京大学出版社 2003

年版。

[64] 方玲玲：《媒介之城》，博士学位论文，浙江大学，2007 年。

[65] 杨伯溆：《全球化：起源、发展和影响》，人民出版社 2002 年版。

[66] ［美］丹尼尔·贝尔：《后工业社会的来临》，高铦等译，商务印书馆 1984 年版。

[67] ［英］保罗·诺克斯史蒂文·平奇：《城市社会地理学导论》，柴彦威、张景秋等译，商务印书馆 2005 年版。

[68] 孙英春：《大众文化：全球传播的范式》，中国传媒大学出版社 2005 年版。

[69] 潘家庆：《媒介、历史与社会》，台北五南 2004 年版。

[70] 陈瑛：《城市 CBD 与 CBD 系统》，科学出版社 2005 年版。

[71] 张理泉等：《北京商务中心区（CBD）发展研究》，经济管理出版社 2003 年版。

[72] ［美］曼纽尔·卡斯特尔：《网络社会的崛起》，社会科学文献出版社 2006 年版。

[73] 陈自芳、熊国和：《区域经济学概论》，浙江人民出版社 2002 年版。

[74] 吴高福、侯迎忠：《报业发展与全面建设小康社会——兼论区域报业发展构想》，湖南大学出版社 2008 年版。

[75] 杨光斌：《中国经济转型中的国家权力》，当代世界出版社 2003 年版。

[76] ［英］斯图亚特·艾伦：《新闻文化》，方洁等译，北京大学出版社 2008 年版。

[77] ［美］兰斯·班尼特：《新闻：政治的幻象》，杨晓红译，当代中国出版社 2005 年版。

[78] 邱林川、陈韬文：《新媒体事件研究》，中国人民大学出版社 2011 年版。

[79] ［荷］丹尼斯·麦奎尔：《麦奎尔大众传播理论》，清华大学出版社 2010 年版。

[80] ［荷］丹尼斯·麦奎尔：《大众传播理论》，清华大学出版社 2006 年版。

[81] ［美］斯巴利·巴兰、丹尼斯·戴维斯：《大众传播理论：基础、争鸣与未来》，曹书乐译，清华大学出版社 2004 年版。

[82] ［英］安东尼·吉登斯：《现代性的后果》，译林出版社 2000 年版。

[83] ［英］安东尼·吉登斯：《现代性与自我认同》，三联书店 1998 年版。

[84] ［英］尼克·史蒂文森：《媒介的转型：全球化、道德和伦理》，北京大学出版社 2006 年版。

[85] ［英］戴维·莫利、凯文·罗宾斯：《认同的空间》，南京大学出版社 2001 年版。

[86] ［英］罗宾·科恩、保罗·肯尼迪：《全球社会学》，社会科学文献出版社 2001 年版。

[87] 郭可：《国际传播学导论》，复旦大学出版社 2005 年版。

[88] ［美］阿雷恩·鲍尔德温：《文化研究导论》，陶东风等译，高等教育出版社 2004 年版。

（二）中文论文

[89] 秦志希、刘敏：《新闻传媒的消费主义倾向》，《现代传播》2002 年第 1 期。

[90] 喻国明、王斌：《规制与突破：传媒产业布局的演变路径》，《新闻与写作》2007 年第 4 期。

[91] 陈卫星、刘宏：《解析都市报的传播空间》，载《媒介文化》第一辑，四川大学出版社 2001 年版。

[92] 张咏华：《传播基础结构、社区归属感与和谐社会构建：论美国南加州大学大型研究项目 < 传媒转型 > 及其对我们的启示》（http//www. studa. net/xinwen/060527/17502050. html）。

[93] 张晋升：《城市化中的报业发展趋向》，《中国记者》2003 年第 2 期。

[94] 常征：《城市化与城市报纸的发展》，《中国记者》2002 年第 5 期。

[95] 吴旭华：《城市化：地方报广阔而深邃的发展空间》，《新闻战线》2005 年第 2 期。

[96] 范计春：《城市化的报纸与报纸的城市化——影响晚报都市报发展的城市因素》，《中国记者》2002 年第 10 期。

[97] 阮晓琴：《城市化与地方报业》，《中国记者》2002 年第 5 期。

[98] 汪源：《媒体对城市化议题的设置》，《当代传播》2006 年第 3 期。

[99] 郑也夫：《城市问题及其报道的梳理——一个人文学者眼中的城市》，《中国记者》2005 年第 9 期。

[100] 王鹤：《副刊对城市的多重阅读》，《新闻界》2007 年第 6 期。

[101] 周燕群、陈芳：《与城市一齐成长——珠三角三城记之历史回顾》，《中国记者》2005 年第 7 期。

[102] 伦少斌：《报业"强龙"与"地虎"的双赢性竞争——以佛山市场的报业博弈为例》，《中国报业》2008 年第 4 期。

[103] 谢昭良：《媒体合作：推动报业创新.进步的新亮点》，《中国记者》2007

年第 3 期。

[104] 辜胜阻、刘传江等：《中国自下而上的城镇化发展研究》，《中国人口科学》1998 年第 3 期。

[105] 陈为邦：《关于城市化的几个问题》，《城市发展研究》2000 年第 5 期。

[106] 刘士林：《都市与都市文化的界定及其人文研究路向》，《江海学刊》2007 年第 1 期。

[107] 税尚楠等：《试论我国的乡村城市化道路》，《经济地理》1984 年第 1 期。

[108] 仲小敏：《世纪之交中国城市化道路问题的讨论》，《科学·经济·社会》2000 年第 1 期。

[109] 刘勇：《我国城市化回顾与展望》，《中国经济时报》，1999 年 4 月 14 日。

[110] 刘耀彬．李娟文：《从城市化与现代化的关系探讨中国城市化道路》，《现代城市研究》2002 年第 4 期。

[111] 什洛莫·阿维内里：《马克思与现代化》，载《现代化：理论与历史经验的再探讨》。

[112] 李春梅：《城市化进程中市管县体制的利弊》，《陕西科技大学学报》2005 年第 10 期。

[113] 蔡尚伟：《成都、重庆的城市文化与报业》，博士学位论文，四川大学，2003 年。

[114] 何念如：《中国当代城市化理论研究》，博士学位论文，复旦大学。2006 年。

[115] 赵启正：《中国传媒：发展潜力巨大的产业》，《新闻记者》2003 年第 1 期。

[116] 喻国明、王斌：《规制与突破：传媒产业布局的演变路径》，《传媒观察》2007 年第 4 期。

[117] 朱铁臻：《"同城化"是城市现代化发展的新趋势》，《中国经济时报》2007 年 10 月 9 日。

[118]《2007 年上半年珠三角报业零售市场状况》，《传媒》2007 年第 6 期。

[119] 糜海燕、符惠明、李佳敏：《我国社会转型的内涵把握及特征解析》，《江南大学学报》（人文社会科学版）2009 年 2 月。

[120] 文军：《有意图行为与未预期后果：城市化建设及其对居民生活结构的影响》，当代中国：发展·安全·价值——第二届（2004 年度）上海市社会科学界学术年会论文。

[121] 喻国民：《我国媒体产业的发展态势预测及竞争策略》，2003 年 3 月 31 日，网上人大（http：//www.cmr.com.cn/community）。

[122] 陈立生：《民生新闻的界定与完善》，《新闻爱好者》2005 年第 9 期。

[123] 刘磊：《党报的"边缘化"趋势》，2005 年 7 月 1 日，传媒学术网（http://bbs. mediachina. net）。

[124] 喻国民：《整合力竞争——未来传媒竞争的制高点》，《传媒》2005 年第 8 期。

[125]《中国地市报发展高峰论坛嘉宾演讲精要》，《传媒》2008 年第 6 期。

[126]《全国报纸出版业十一五发展纲要》，2006 年 8 月 5 日，搜狐新闻网（http://news. sohu. com）。

[127] 熊振宇、徐胜斌、谢红：《报业集团产品结构分析》，《新闻前哨》2006 年第 11 期。

[128] 纪莉：《在两极权力中冲撞与协商——论媒介融合中的融合文化》，《现代传播》2009 年第 1 期。

[129] 张允若：《对于网络传播的一些理论思考》，《国际新闻界》2002 年第 1 期。

[130] 喻国明、戴元光：《媒介融合情境下的竞争之道——对美国电视的新竞争策略的观察与分析》，《新闻与写作》2008 年第 2 期。

[131] 王丽萍：《媒介融合：传媒与受众全新对话平台》，《中国传媒科技》2009 年第 8 期。

[132] 孙全胜：《WTO 整合中国传媒产业》，《改革与理论》2002 年第 8 期。

[133] 殷俊、殷瑜：《新闻集团的跨媒介经营》，《载新闻爱好者》2006 年第 6 期。

[134] 吴海民：《媒体变局和传统媒体的走向》2006 年 4 月 29 日，中国新闻传播学评论（CJR）（Http://www. cjr. com. cn）。

[135] 东南清：《对网络传播的思考——传媒的复合发展走向》，《中共郑州市委学校学报》2005 年第 3 期。

[136] 捧永斌、姜太碧、刘涌泉：《中国传媒产业经营基本模式及政策取向》，《西南民族学院学报·哲学社会科学版》2003 年第 4 期。

[137] 孙全胜：《WTO 整合中国传媒产业》，《改革与理论》2002 年第 8 期。

[138] 金鑫：《上海报业发展的四个趋势》，《传媒经济参考》2005 年第 9 期。

[139] 蔡雯、陈卓：《媒介融合进程中新闻报道的突破与创新——基于 2008 年重大新闻报道案例研究的思考》，《国际新闻界》2009 年第 2 期。

[140] 闻娱：《融合背景下的新闻报道模式创新》，《新闻战线》2009 年第 2 期。

[141] 邓英武：《构建跨媒体新闻采编系统之探索》，《中国传媒科技》2009 年第 8 期。

[142] 陈卓：《融合新闻实践的有益尝试——佛山传媒集团2008年美国大选报道策划始末》，《今传媒》2009年第2期。

[143] 蔡骐、吴晓珍：《从媒介融合看我国传媒集团的未来发展走向》，《湖南大众传媒职业技术学院学报》2008年3月。

[144] 杨海军：《媒介融合：缘起与终极目标》，《传媒》2009年第4期。

[145] 孟建、赵元珂：《媒介融合：粘聚并造就新型的媒介化社会》，《国际新闻界》2006年第7期。

[146] 陈可：《出版集团跨媒介经营探讨》，《编辑之友》2003年第3期。

[147] 辜晓进：《国内"媒介融合"现状》，《中国记者》2009年第2期。

[148] 蔡雯、郭翠玲：《美国坦帕新闻中心媒介融合的策略与方法》，《中国记者》2007年第9期。

[149] 徐沁：《国际媒介融合发展的瓶颈》，《中国广播电视学刊》2008年第7期。

[150] 纪莉：《在两极权力中冲撞与协商——论媒介融合中的融合文化》，《现代传播》2009年第1期。

[151] 支庭荣：《我国报纸、广播、电视跨媒体集团的政治经济学分析——以牡丹江、佛山、红河、成都个案为例》，《国际新闻界》2009年第6期。

[152] 蔡雯：《新闻传播的变化融合了什么？——从美国新闻传播的变化谈起》，《中国记者》2005年第9期。

[153] 商建辉：《警惕传媒产业化发展中的"市场失灵"》，《青年记者》2005年12期。

[154] 文军、朱士群：《社会分化与整合及其对中国社会稳定的影响》，《理论与现代化》2000年第2期。

[155] 俞虹：《当代社会阶层变迁与电视传播价值取向》，《现代传播》2002年第2期。

[156] 姚君喜：《我国当代社会的传播分化》，《当代传播》2006年第2期。

[157] 付晓静：《弱势群体的传媒失语探析》，《当代传播》2006年第6期。

[158] 邵志择：《大众传播与社会整合》，2005年1月12日，智维网（http://www.zeview.com/index.php?）。

[159] 孙玮：《多重视角中的媒介分层现象》，《新闻大学》2002年秋。

[160] 张福平：《公共空间：大众传媒的必然选择》，《郑州大学学报》（哲社版）2003年第6期。

[161] 黄典林：《新闻媒介与转型期中国弱势群体的利益表达——以山西"黑砖

窑"事件为例》，中国传媒大学第二届全国新闻学与传播学博士生学术研讨会论文。

[162] 潘忠党：《新闻改革与新闻体制的改造》，《新闻与传播研究》1997年第4期。

[163] 乔同舟、李红涛：《农民工社会处境的再现：一个弱势群体的媒体投影》，《新闻大学》2005年冬。

[164] 朱天、程前、张金辉：《解读电视"民生新闻"现象》，2004年8月17日，新华报业网。

[165] 谭云明：《论民生新闻的两次提升》，《当代传播》2007年第4期。

[166] 文军：《城市化的未预期后果对居民日常生活结构的影响——以1990年代后的上海城市改造为例》，2006年中国社会学学术年会论文。

[167] 邵培仁：《地方的体温：媒介地理要素的社会建构与文化记忆》，《徐州师范大学学报》（哲学社会科学版）2010年9月。

[168] 闵冬潮：《"流动的空间"与"消失的地域"——反思全球化过程中的空间与地域的想像》，《上海大学学报》（社会科学版）2008年7月。

[169] 陈卫星：《再现城市：影像意义和空间属性》，《博览群书》2005年第3期。

[170] 潘泽泉：《空间化：一种新的叙事和理论转向》，《国外社会科学》2007年第4期。

[171] 陈映芳：《城市与市民的生活》，《城市管理》2005年第4期。

[172] 高丙中：《今日消费的三个层次》，文化研究网（http：//www.culstudies.com）。

[173] 邵培仁：《论中国媒介的地理集群与能量积聚》，《新闻大学》2006年第3期。

[174] 王斌：《灰空间与传媒产制的集聚》，《国际新闻界》2007年9月。

[175] 陆小华：《传媒区域聚集规律分析》，《新闻实践》2003年第12期。

[176] 王斌：《空间变革：嵌入地域发展的传媒产业集群》，《山西大学学报》（哲社版）2008年11月。

[177] 陶建杰：《城市软实力构建中的媒体发展策略》，《新闻大学》2010年第4期。

[178] 《经营者》编辑部：《2007年中国最具传播力媒体》，《经营者》2008第1期。

[179] 赵振祥、罗任飞：《传媒的区域化趋势、问题及对策》，《新闻记者》2005年1月。

[180] 蔡敏：《地域传媒的崛起和走向都市化的传媒文化》，《新闻界》2005年第

3 期。

[181] 黄晓军:《竞合背景下传媒的区域化和区域传媒》,《国际新闻界》2011 年第 1 期。

[182] 张卫华、张志安:《关于组建区域性报业集团的构想》,《新闻大学》2004 年夏。

[183] 黄升民、宋红梅:《新趋势、新逻辑与新形态——区域媒体的形成轨迹与发展趋势解读》,《现代传播》2007 年第 2 期。

[184]《中国记者社交媒体使用报告》,2010 年 12 月 11 日,新浪网。

[185] 沈正赋、肖庆庆:《网络信源新闻初探》,《东南传播》2010 年第 8 期。

[186] 李立峰:《范式订定事件与事件常规化:以 YouTube 为例分析香港报章与新媒体的关系》,《传播与社会学刊》2009 年(总)第 9 期。

[187] 刘晓燕、丁未:《新媒介生态下的新闻生产研究——以杭州飙车案为个案》,《深圳大学学报》(人文社科版)第 27 卷第 4 期。

[188] 郑达威:《信源扩张与网络公共领域现状》,《当代传播》2005 年第 3 期。

[189] 梁艳红:《芝加哥学派的理论来源及其基础》,《东南传播》2006 年第 5 期。

[190] 王斌:《从技术逻辑到实践逻辑:媒介演化的空间历程与媒介研究的空间转向》,《新闻与传播研究》2011 年第 3 期。

[191] 郑中玉:《沟通媒介与社会发展:时空分离的双向纬度——以互联网的再地方化效应为例》,《黑龙江社会科学》2008 年第 1 期。

[192] 王斌:《地方新闻、社区信息化和传播自主性——传播与中国社会转型的一个分析框架》,《国际新闻界》2010 年第 10 期。

[193] 唐顺英等:《浅析文本在地方性形成中的作用》,《地理科学》2011 年第 10 期。

[194] 袁靖华:《大众传媒的符号救济与新生代农民工的城市融入——基于符号资本的视角》,《新闻与传播研究》2011 年第 1 期。

[195] 刘能:《怨恨解释、动员结构和理性选择——有关中国都市地区集体行动发生可能性的分析》,《开放时代》2004 年第 4 期。

[196] 童兵:《突发公共事件的信息公开与传媒的宣泄功能》,《南京社会科学》2009 年第 8 期。

[197] 蔡鑫:《社会过激事件的场域理论研究》,《思想战线》2006 年第 4 期。

[198] 赵志立:《群体性事件的舆论引导策略》,《西南民族大学学报》(人文社会科学版)2010 年第 9 期。

［199］董天策、钟丹：《当前群体性事件报道的回顾与反思》，《南京社会科学》2010 年第 3 期。

［200］赵雅文：《和谐社会背景下"舆论雪崩"的控制与疏导——辩证法三大规律对社会舆情转化及引导的启示》，《新闻与传播研究》2011 年第 3 期。

英文部分

（一）英文论著

［201］Mumford. L. The Culture of Cities, New York: Harcourt Brace Jovanovich, 1938.

［202］Wirth L. 1938, Urbanism as a way of life, in Hatt, P. Reiss, A. J. Jr. Cities and society, Glencoe: The Free Press

［203］The Production of space, Malden: Blackwell Publishing, LEFEBVRE H, 1991

［204］Mike Savage and Alan Warde, Urban Socioligy, Capitalism and Modernity, Macmillan, 1993.

［205］Bleyer, Willard Grosvenor. Main Currents in the History of American Journalism, The Riverside Press, 1927.

［206］Mott, Frank luther, American Journalism, A History: 1690～1960, The Macmillan Company, 1962.

［207］Park, Robert E. The Immigrant Press and Its Control, Brothers Publishers, 1922.

［208］Anthony Giddens. Sociology, Cambridge, UK: Polity Press, 1989.

［209］ZhouHe. Chinese Communist Party Press in a Tug－of－War: A Political－Economy, 2000.

［210］Analysis of the Shenzhen Special Zone Daily, Power, Money and Media, Northwestern University Press.

［211］Theodore Roszark. person－planet: The Ceative Destruction of Industrial soceity, London: Gollancz, 1979.

［212］McCullagh, Ciaran., Campling, Jo. Media power: a sociological introductionNew York: Palgrave, 2002.

［213］Chin－Chuan Lee Ed. Chinese media, global context. London: Routledge, 2003.

［214］Gandy O. H. Beyond agenda setting: Information subsidies and public policy. Norwood, NJ: Ablex, 1982.

［215］Herman，Edward S. ，Chomsky，Noam. Manufacturing consent：the political e-conomy of the mass media. New York：Pantheon Books，2002.

［216］McQuail，Denis. Media Performance：Mass Communication and the Public Inter-est. London：Sage，1992；Tuchman，G. Making News：A Study in the Construction of Real-ity，NY：the Free Press，1978.

［217］Zhao Y. Z. Media，Market，and Democracy in China：Between the PartyLine and the Bottom Line. Urbana：University of Illinois Press，1998.

（二）英文论文

［218］Andrew Rasiej，MicahL. Sifry. Withnewmedi，bamacamp takesstage.

［219］http：//www. politico. com/newsstories/ 0908/ 13341. html，2008. 09. 11

［220］Lee Chin－Chuan. China's Journalism：the emancipatory potential of social theory，Journalism Studies，Volume I，Number 4，November 2000.

［221］Lee Chin－Chuan. Chinese Communications：Prisms，Trajectories，and Modes of Understanding，Power，Money and Media，Northwestern University Press，2000.

［222］Yuezhi Zhao. Media Market and Democracy in China，Urbana：University of Illi-nois University，1998.

［223］Yuezhi Zhao. From Commercialization to Conglomeration，Journal of Communica-tion 50，Spring，2000.

［224］Huang Chengju．"The development of a Semi－independent Press in Post－Mao China：an overriew and a case study of Chengdu Business News"，Journalism Studies，Volume 1，Number 4，November 2000.